KB230864

노숙인의 심리사회적 외상과 보호시설

노숙인의 심리사회적 외상과 보호시설

남 기 철

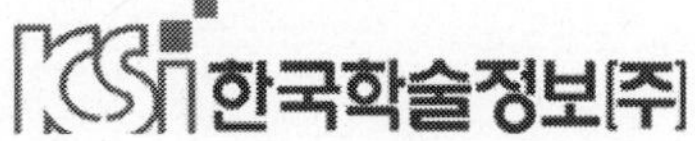
한국학술정보㈜

▓ 머 리 말 ▓

이 책은 필자의 박사학위논문을 정리하여 발간한 것이다. 우리나라에서는 1990년대 말 심각한 경제위기 상황에서 처음으로 '노숙자 문제'라는 것을 사회문제로서 경험하였다. 그 전까지만 해도 전문적인 사회복지실천과 '노숙자' 혹은 '부랑인' 문제는 서로 연결지어 생각하지 않았다. 90년대 말의 경제위기 상황에서 homeless 문제가 우리사회 관심의 대상이 되었고 사회복지적 개입체계와의 연관성이 논의되기 시작하였다. 그러나 homeless와 관련된 학술적인 연구는 우리나라에 전무한 상황이었다. 가끔 외국의 homeless 관련 서비스 체계를 번역하여 소개한 자료만이 전부이었다. 당시 초창기 노숙인 상담소에서 근무하면서 어떠한 사회복지실천이 필요한가에 대해 고민이 많았고, 당시 빈약한 연구상황은 필자에게 충분한 답을 주지 못하여 아쉬움을 남겨주었다. 한편으로 박사과정을 수료한 필자에게는 homeless 분야에 대한 사회복지적 연구의 강한 동기가 되기도 하였다.

필자는 당시의 상황에서 나름대로 객관적이고 전문적인 방법을 통해 노숙인 문제에 대한 과학적 접근을 시도하고자 노력하였고 그 결과 본 논문을 박사학위논문으로 완성할 수 있었다. 당시에 이 연구를 위해 노숙인 복지 현장의 많은 분들로부터 큰 도움을 받았다. 그럼에도 불구하고 연구결과로 내어 놓은 본 논문에 대해서는 부끄러운 마음이다. 하지만 수년이 지난 아직까지도 노숙인 문제와 관련해서는 전문적인 연구가 많지 않은 상황이다. 그래서 몇 년이 지난 시점이지만 작은 의미가 있지 않을까 하여 본 논문을 다시 한 번 책자의 형태로 내어놓게 되었다.

이제 어느덧 노숙인이 사회복지실천의 대상으로 부각된 지 10년에 이르는 시간이 지나면서 우리사회에도 여러 가지 변화가 나타났다. 노숙인에 대한 사회복지실천과 서비스는 이제 법령에 규정된 정규적인 사회복지사업의 한 유형이 되었고 '노숙인 쉼터'는 공식적인 사회복지시설이 되었다. 이에 따라 본 연구에서 제시한 제언들 중 일부분은 현재의 상황에 맞지 않은 것이 되었다. 하지만 변화한 상황에 맞는 새로운 실용적 제언은 별도의 연구에서 담당할 몫이라 생각되어 당시에 작성한 논문의 내용을 그대로 살렸다.

또한 homeless를 지칭하는 용어로서는 이제 '노숙인'이라는 표현을 사용하고 '노숙자'라는 표현은 사용하지 않는다. 하지만 수 년 전까지만 해도 노숙자라는 용어가 공식적인 것이었고 사용되었다. 관련된 조직이나 기관의 명칭, 연구저작물의 표현 등에서도 모두 마찬가지이었다. 본서에서는 연구가 이루어졌던 당시의 내용을 충실하게 반영하기 위해 '노숙자'라는 용어를 그대로 사용하였다. 이 점에 대해 독자의 오해가 없기를 바란다.

사회복지의 여러 영역 중에서 노숙인 복지의 영역은 지금도 특히 열악한 환경에서 실천이 이루어지고 있다. 연구의 주제로서도 그다지 각광받지 못하고 있다. 여러 가지 면에서 양적인 축적이 모자라고 질적으로도 고양되려면 많은 노력이 추가적으로 필요하다.

사회복지실천은 현장에서 활동하는 실천가와 당사자가 가장 정확한 내용을 알고 있다. 실천으로부터의 괴리는 정확하지 못한 연구를 낳는다고 생각한다. 필자가 연구를 위해 현장으로부터 많은 도움을 받았다는 점만이 아니라 (대학에 근무하고 있다는 이유로) 현장과 일정한 거리를 두고 있다는 점에서도 열악한 여건 속에서 노숙인 복지 현장에서 실천활동에 종사하고 있는 실천가들에게는 큰 빚을 지고 있다. 부디 우리나라의 노숙인 복지 체계가 신속히 제자리를 잡아가기를 바라는 마음이다.

2006년 월곡동 연구실에서

남 기 철

차 례

제1장 서론 / 13

제1절 문제제기 ··13
제2절 연구문제 ··18

제2장 이론적 배경 / 21

제1절 노숙자 문제의 양상 ···22
  1. 노숙자의 정의와 수 ··22
  2. 노숙의 원인 ··26

제2절 노숙자의 심리사회적 외상 ···31
  1. 심리사회적 외상의 양상 ··31
  2. 노숙자의 심리사회적 외상에 관한 이론 ·······························40

제3절 노숙생활의 이탈과 역동성 ···57
제4절 선행연구의 검토결과 ··61

제3장 연구방법 / 65

제1절 연구모형과 가설 ··65
  1. 연구모형 ···65
  2. 연구가설 ···69

제2절 표본선정과 자료수집 ··75

제3절 변수의 정의 및 측정 ·······79
  1. 종속변수 ·······79
  2. 독립변수 ·······81
  3. 개인/가족 인구학적 변수(통제변수) ·······89
  4. 척도의 타당도와 신뢰도 ·······92

제4절 분석방법 ·······95

제4장 결과 분석 / 101

제1절 조사대상자의 일반적 특성 ·······101
제2절 변수의 대표값과 상관관계 ·······104
  1. 주요 변수의 대표값 ·······104
  2. 변수간 단순상관관계 ·······107

제3절 노숙기간이 심리사회적 외상 특성에 미치는 영향 ·······109
  1. 노숙기간이 사회적 연계단절 관련변수에 미치는 영향 ·······109
  2. 노숙기간이 심리적 역기능 관련 변수에 미치는 영향 ·······121

제4절 심리사회적 외상 특성이 보호시설 퇴소에 미치는 영향 ·······129
  1. 보호시설 퇴소의 양상 ·······130
  2. 심리사회적 외상 특성이 퇴소 유무에 미치는 영향 ·······135
  3. 사회적 연계단절 관련 변수가 긍정적 퇴소에 미치는 영향 ·······138
  4. 심리적 역기능 관련 변수가 긍정적 퇴소에 미치는 영향 ·······143
  5. 사회적 연계단절 관련 변수가 부정적 퇴소에 미치는 영향 ·······148
  6. 심리적 역기능 관련 변수가 부정적 퇴소에 미치는 영향 ·······153
  7. 퇴소유무 영향요인과 퇴소형태별 영향요인의 비교 ·······157

제 5 장 결론 / 163

　제1절 요약 ···163
　제2절 연구의 함의 ···166
　　1. 이론적 함의 ···166
　　2. 실천적 함의 ···170

　제3절 연구의 한계 및 제언 ································172

참고문헌 / 176
부록 / 187

표 차례

〈표 2-1〉 Grigsby 등의 노숙자 유형별
　　　　　노숙기간, 관계망, 역기능 분석 결과 ·················· 56
〈표 3-1〉 본 조사에서 사용된 척도의 신뢰도 ························· 95
〈표 4-1〉 조사대상자의 일반적 특성 ································· 101
〈표 4-2〉 주요 측정변수들의 단순 통계치 ························· 105
〈표 4-3〉 변수간 단순상관관계 ····································· 108
〈표 4-4〉 노숙기간과 사회적 연계단절 관련변수의 상관관계 ············· 110
〈표 4-5〉 노숙기간의 사회적 지지에 대한 영향 회귀분석 결과 ·········· 113
〈표 4-6〉 노숙기간의 사회적 지지 원천별 영향 회귀분석 결과 ·········· 114
〈표 4-7〉 노숙기간의 사회적 관계망에 대한 영향 회귀분석 결과 ········ 116
〈표 4-8〉 노숙기간이 관계망에서 노숙자
　　　　　비율에 미치는 영향 회귀분석 결과 ····················· 119
〈표 4-9〉 노숙기간과 심리적 역기능 관련변수의 상관관계 ················ 121
〈표 4-10〉 노숙기간의 자기효능감에 대한 영향 회귀분석 결과 ············ 123
〈표 4-11〉 노숙기간의 외적 통제소에 대한 영향 회귀분석 결과 ·········· 124
〈표 4-12〉 노숙기간의 우울에 대한 영향 회귀분석 결과 ················· 125
〈표 4-13〉 노숙기간의 알코올 중독에 대한 영향 분석 결과 ················ 127
〈표 4-14〉 노숙기간의 만성화에 대한 영향 회귀분석 결과 ················ 128
〈표 4-15〉 심리사회적 외상 특성이 퇴소유무에 미치는 영향 ·············· 137
〈표 4-16〉 사회적 연계단절 관련 변수가 긍정적 퇴소에 미치는 영향 ··· 141
〈표 4-17〉 심리적 역기능 관련 변수가 긍정적 퇴소에 미치는 영향 ······· 145
〈표 4-18〉 사회적 연계단절 관련 변수가 부정적 퇴소에 미치는 영향 ··· 149
〈표 4-19〉 사회적 지지의 원천별 변수가 부정적 퇴소에 미치는 영향 ··· 151
〈표 4-20〉 심리적 역기능 관련 변수가 부정적 퇴소에 미치는 영향 ······· 155
〈표 4-21〉 심리사회적 외상특성이 보호시설 퇴소에 미치는 영향 ········· 158

그림 차례

【그림 2-1】 Grigsby의 만성적 노숙에 대한 사회적 과정 모형 ············ 46

【그림 2-2】 노숙에 따른 학습된 무기력 발현 과정 ························· 53

【그림 3-1】 연구모형 ··· 68

【그림 3-2】 자료수집과정 ··· 78

【그림 4-1】 입소기간에 따른 생존함수 그래프(퇴소 전체) ················ 131

【그림 4-2】 입소기간에 따른 생존함수 그래프(긍정적 퇴소) ·············· 131

【그림 4-3】 입소기간에 따른 생존함수 그래프(부정적 퇴소) ············· 132

【그림 4-4】 월별 전체 퇴소자 추이 ··· 133

【그림 4-5】 월별 긍정적 퇴소자 추이 ······································· 134

【그림 4-6】 월별 부정적 퇴소자 추이 ······································· 134

제1장 서 론

제1절 문제제기

최근 몇 년간 노숙자 문제는 우리사회에서 가장 주목받는 사회현상의 하나가 되어왔다. 그리고 IMF 경제위기 이후 사회복지계에서 가장 많은 관심을 가지게 된 사회문제의 영역이기도 하다. 최근 들어 이처럼 증폭된 노숙자 문제에 대한 관심은 그 정도의 차이뿐만 아니라 동일한 현상에 대한 사회인식의 내용적인 측면에서도 극적인 전환을 보여주고 있다.

노숙자(homeless)는 일반적으로 정규적인 적절한 주거지가 없어 길거리, 역사, 공원 같은 공공장소, 버려진 건물 등 사람이 자도록 고안되지 않은 장소에서 기거하는 사람들로 이해되고 있다. IMF 경제위기 이전에도 부랑인 수용시설이나 행려병동 등에는 10,000명이 넘는 '노숙자'들이 수용되어 있었다. 또한 길거리에서도 노숙생활을 하는 사람들을 볼 수 있어서 노숙자의 존재 자체는 세인들에게 인식되고 있었으나 큰 사회문제로 인식되어 오지는 않았다. 노숙자는 그간 일반 사회성원에게는 '부랑인' 등으로 표현되며 '걸인'이나 '정신병자'라는 식으로 이해되어 왔다.[1] 우리사회에 널리 퍼진 이러한 인식 때문에

---

1) Kroloff(1998)는 노숙자에 대한 일반인들의 선입견으로 ① 노숙자는 노숙을 하기를 원한다. ② 노숙을 하게 된 것에는 비난받을 만한 개인적인 책임이 있다 ③ 노숙자는 일

노숙자가 사회복지적 실천의 대상으로 여겨지기보다는 격리되어야 할 대상자로만 생각되어 왔다. 따라서 과거 우리나라의 노숙자 대책은 기본적으로 부랑인시설을 통한 수용보호 이외의 다른 내용은 가지고 있지 못했다고 할 수 있다. 이 때까지 우리사회에서 노숙자에 대한 인식은 게으르거나 정신건강에 문제가 있는 등 개인적으로 일반인들과는 다른 특성이 있어 노숙생활을 하게 된 것으로 보는 것이 지배적인 관점이었다고 할 수 있다.

그러나 1998년 이후에 노숙자 문제는 우리나라의 빈곤과 실업문제의 지표로서 급격하게 사회적 관심을 모으게 되었다. IMF라는 경제적 위기상황과 아울러 노숙자가 눈에 띄게 양적으로 증대하였기 때문이다. 경제적 위기 상황 하에서 개인적으로 방랑 '특성'이 있는 부랑인이나 걸인이 아닌 '보통의 정상적인' 사람들도 노숙자가 될 수 있다는 위기의식이 나타나게 된 것이다. 이에 따라 노숙자를 보는 시각도 과거에 개인적인 결함을 가진 '특별한' 존재로서 노숙자를 인식하던 것에서 이제는 일반적인 실업과 빈곤문제의 한 양상으로 노숙자 문제를 바라보는 것으로 전환되고 있다.

이러한 시각의 전환을 나타내는 대표적인 것들은 노숙자 문제에 관한 관심이 고조되기 시작한 1998년에 노숙자를 대상으로 이루어진 각종 조사내용이다. '경제상황이 급격히 악화되기 시작한 시점부터인 1년 이하의 단기적인 노숙자가 전체의 66.3%에 달하고 있으며(사랑의 전화 복지재단 부설 실직노숙자문제연구소, 1998)', '노숙의 동기도 실직 및 회사의 부도가 75%를 차지하고 있다(김미숙, 1998).' '공공근로사업에 참여의사가 있는 노숙자가 88%나 되고 구직을 가장 희망하는 것으로 꼽은 노숙자도 75%이다(김미숙, 1998)' 는 등의 조사결과가 그것이다. 이는 급격한 경제위기로 인해 근로의욕을 가진 '건강한' 개인이 일자리와 소득이 없어 단기의 실직노숙자가 양산되고 있는 것이 우리나라 노숙자 문제의 특징이라는 주장의 근거가 되고 있다.

노숙자 문제를 실업과 빈곤에 따르는 보편적 사회문제로 인식하게 되는 것

을 하려고 하지 않는다. ④ 노숙자는 정신질환이 있다 ⑤ 노숙자는 약물중독이 심하다 ⑥ 노숙자는 위험하다 등을 들고 있다. 이러한 선입견은 우리사회에서도 큰 차이 없이 나타나고 있는 것으로 보인다.

과 맞물려 많은 수의 노숙자 보호시설이 마련되고 사회복지계의 활동도 본격화
되었다. 지난 1998년 후반기 이후 1년에 걸쳐 새로 개설된 노숙자 보호시설
이 서울에만도 105개소이고 여기에 3,000명이 넘는 노숙자들이 추가로 수용
되어 왔다. 또한 1998년 이후 매해 200억 이상의 예산이 새롭게 노숙자 보호
사업에 투여되고 있다.

과거의 노숙자에 대한 개인적 결함 위주의 관점이나 최근의 실업과 빈곤 양
상 위주의 관점은 모두 노숙자 문제의 어느 한 측면만을 강조하고 있다는 점
에서 유사한 속성이 있다. 그러나 실제로는 모든 노숙자가 누숙을 하게 된 것
이 정신질환이나 나태 등 개인적인 결함에 의한 것만도 아니고, 동시에 모든
노숙자가 실업과 빈곤문제만으로 설명될 수도 없다. 이에 따라 기존의 극단적
관점을 유지한 채로 노숙자를 두 부류로 나누어 인식하는 관점이 나타났다.
즉, 과거부터 오랜 기간동안 노숙을 해온 노숙자는 부랑형 노숙자로, IMF 경
제위기 이후에 새롭게 등장한 노숙자는 실직 노숙자로 구별하는 관점이다. 실
제로 1998년의 노숙자 대책에서는 이러한 이분법에 의해 노숙자를 부랑형 노숙
자와 실직 노숙자로 구별하여 전자는 부랑인 수용시설로 격리하고 후자에게는 공
공근로활동 등을 알선하는 형태의 사업이 추진되기도 하였다.

이는 과거 Leach의 견해와 상당히 유사한 인식이라고 할 수 있다. 그는 노
숙자를 내생적(intrinsic) 노숙자와 외생적(extrinsic) 노숙자로 구별하여
내생적 노숙자는 노숙의 원인이 자신의 신체적 정신적 능력의 손상에 있는 경
우이고, 외생적 노숙자는 실직이나 빈곤과 같은 외부의 상황적 요인에 의해 노숙
자가 된 경우로 구별할 수 있다는 이분법을 제시하였다. 그리고 이 구별에 따라
노숙자는 내생적이냐 외생적이냐를 기준으로 서로 다른 형태의 서비스를 받아야
한다고 주장하였다(McNaught & Bhugra, 1996에서 재인용).

Leach의 견해에 대한 Wright의 반박은 중요한 의미를 갖는다. 그는 노숙자는
그 속성이 일반 인구집단 만큼이나 다양하여 한두 가지의 하위집단으로 나눌 수
없으며, Leach의 주장은 불분명하고 복합적인 성격을 가지는 노숙의 최초 원인에
대해 지나치게 집착하여 과잉단순화를 범하고 있다고 지적하였다. 이로 인해 결국
은 서비스에 대한 수급자격이 있는 노숙자(deserving homeless people)와

그렇지 않은 노숙자(undeserving homeless people)를 구별하는 도덕적 판단으로 귀결되는 것에 지나지 않는다고 비판하였다(McNaught, & Bhugra, 1996에서 재인용).

우리나라에서도 Wright의 견해와 같은 맥락에서 노숙 원인의 한 측면을 강조하여 과거의 노숙자와 현재의 노숙자를 부랑형 노숙자와 실직 노숙자로 구별하여 노숙자 문제에 대처하는 것은 적절치 못하다는 지적(김수현, 1998; 남기철, 1998)이 이루어지고 있다. 노숙자들이 대개 실업과 빈곤으로 고통 받는 것처럼 대부분의 노숙자가 노숙생활의 경험을 통해 심리사회적 외상을 겪게 된다. 따라서 원인의 측면에서 노숙자를 분류하기보다는 노숙자들이 나타내고 있는 다양한 외상 양상들을 체계적으로 파악하는 것이 보다 유용한 것이다.

노숙자 문제에 관한 외국의 선행연구(Marshall & Bhugra, 1996; Timms, 1993; Wright et al., 1998; McChesney, 1995 등)들을 볼 때, 노숙자들에게서 우울, 신체화 증상, 정신분열증, 사회적 지지의 결여, 외상후스트레스장애, 알코올 및 약물중독 등 다양한 형태로 심리사회적 기능수행에서의 장애가 나타나고 있다는 것이 일반적인 지적이다. 이는 노숙생활이 가지는 양상을 고려해 볼 때, 노숙자는 생활상에서 심각한 위기상황에 직면할 수밖에 없고 이에 따라 다양한 심리사회적 외상이 나타나게 되는 것으로 유추해 볼 수 있다. 우선 정규적인 주거가 없다는 점은 최소한의 필수적인 경제적 능력과 사회적인 지원체계가 상실된 것이므로 생활의 재생산이 크게 위협받는다. 안정된 주거공간이 없어 규칙적인 생활이나 사생활의 보장도 이루어지지 않고 위생과 건강상의 문제를 야기하기도 한다. 기본적인 생물학적인 욕구부분의 문제뿐만 아니라 노숙자는 심리사회적인 측면에서도 부정적인 영향에 노출되어 있고, 사회적 지지 자원의 결여가 나타난다. 가장 기본적인 형태인 안정적이고 사적인 심리적 지지체계에 해당하는 가정이 상실되어 있는 것이다. 이러한 측면에서 노숙 생활은 단지 주거의 상실 이상의 위기를 경험하게 하는 사건으로서 노숙자의 심리적 사회적 측면에 외상을 가져오게 된다.

노숙자 문제에 대해 대처하기 위한 사회복지실천은 바로 이러한 노숙자들의 생활위기와 심리사회적 외상에 개입하는 것이다. 그러나 아직까지 우리나라에서는 노숙자들에 대한 체계적인 개입이 이루어지기보다는 응급구호적인 보호와 자원알선 노력만이 이루어지고 있는 실정이다. 노숙자 문제에 대한 사회복지실천의 현장이라고 할 수 있는 보호시설이 전국적으로 200개소 가까이 생겨났지만 노숙자 보호시설과 관련하여 사회복지실천이 무엇에 초점을 두어야 하는지, 그리고 보호시설에서 퇴소하여 정상적인 사회경제생활로 복귀하는데 영향을 미치는 요소는 무엇인지 등에 대한 이해가 분명하지 못한 상태에 있다. 이와 같은 상태는 노숙자 문제에 대한 본격적인 대처 노력의 경험이 부족하기 때문이다. 그렇지만 이와 아울러 노숙자 문제에 관한 사회복지실천의 기반이 될 수 있는 체계적인 연구가 빈약한 점도 영향을 미치고 있다. 최근에 노숙자에 대한 사회적 관심에도 불구하고 몇몇의 실태조사나 선정적인 형태의 언론보도 등을 제외한다면 과거의 부랑인 수용시설에 대한 연구와 구별되는 노숙자 문제에 대한 연구는 소수에 불과하다. 노숙의 원인을 탐색하기 위한 연구(한국도시연구소, 1998; 정원오, 1999; 신원우, 1999), 노숙기간의 영향요인에 관한 연구(김혜성, 1999), 노숙자의 건강상태에 관한 분석(주영수, 1999), 노숙자의 음주문제에 관한 분석(유채영, 신원우, 1999), 노숙자에 대한 외국서비스의 소개와 분석(홍선미, 1998) 등이 있을 뿐이다.

이러한 상황에서 본 연구는 노숙자의 심리사회적 외상 특성에 보다 심층적으로 접근하고자 하는 시도에서 출발한다. 노숙생활을 통해서 나타나는 심리사회적 외상은 무엇인지, 그리고 노숙자의 심리사회적 외상은 이들이 보호시설에서 퇴소하여 정상적인 사회경제생활로 복귀하는데 어떠한 영향을 미치는지를 확인하고자 한다.

따라서 본 연구는 다음과 같은 면에서 그 필요성이 제기된다. 우선, 이론적인 측면에서 노숙자의 심리사회적 외상의 양상을 규명할 수 있는 이론적 틀을 제시하고 이를 실증적으로 분석해야 한다는 것이다. 아직까지 국내의 사회복지 연구에서는 정신질환이나 알코올 중독 등 노숙자의 심리사회적 문제 양상의 어느 특정 측면에 대한 현황기술만이 있고 이에 대해 이론적으로 체계화하거나 실증적인 설명이 없는 상황이다. 그리고 이러한 문제 양상이 노숙생활의 어떠한 측면과 관련되는지에 대한 분석노 이루어지지 않고 있어 이에 대한 분석이 필요하다.

그리고 실천적인 측면에서는 노숙자들이 보호시설에서 퇴소하여 정상적인 생활로 복귀하도록 심리사회적 기능수행을 향상시키기 위해서 사회복지실천의 개입지점을 제시한다는 점에 본 연구의 필요성이 있다. 노숙자 보호시설은 '임시보호시설'로서 궁극적으로는 빠른 시일 내에 노숙자들이 보호시설을 퇴소하여 정상적인 생활로 돌아가도록 지원하는 것을 목적으로 한다. 이를 위해서는 보호시설에서 퇴소하는데 영향을 미치는 요인은 무엇인지, 이를 위해 개입의 표적이 되는 심리사회적 외상 요소들은 무엇인지를 명확히 검토하는 것이 필요하다.

특히 우리나라 노숙자의 다수는 최근 경제위기와 관련하여 대량으로 발생하기 시작하였다. 이에 따라 외국의 노숙자들이 나타내는 특성으로 연구된 것과는 상이한 점들도 존재할 수 있으므로 이를 확인해 보아야 한다.

제2절 연구문제

앞에서 제기한 문제의식에 기반을 두어 본 연구는 노숙생활에 따라 나타나는 노숙자의 심리사회적 외상의 양상을 확인하고, 이것이 노숙자들의 보호시설 퇴소에 어떠한 영향을 미치는지를 확인하고자 한다.

먼저 외국에서의 선행연구들에 기초하여 노숙자의 심리적, 사회적 측면에서 나타나는 외상들이 노숙생활과 어떻게 관련되는지를 분석하고자 한다. 이는 특히 노숙의 원인을 규명하고자 하는 것이 아니라 노숙생활의 한 양상으로서 고찰하고자 하므로 노숙생활 기간과의 관련성 속에서 파악하려는 것이다. 이와 관련하여 우선 다음과 같은 연구문제를 제기할 수 있다.

【연구문제 1】 노숙생활 기간은 노숙자의 심리사회적 외상에 대해 어떠한 영향을 미치는가?

　다음으로 본 연구는 노숙자들이 보호시설에서 퇴소하여 정상적인 생활로 복귀하는 데에는 심리사회적 외상들이 어떠한 영향을 미치는지를 확인하여 사회복지실천의 개입지점을 규명하고자 한다. 그런데 여기서 보호시설에서의 퇴소 형태를 고려할 필요가 있다. 현재 노숙자들이 보호시설에서 퇴소하는 것은 긍정적인 것일 수도 있으나 부정적인 양상을 나타내기도 한다. 즉, 보호시설에서 퇴소하는 것이 자활하는 방향으로의 진전일 수도 있지만, 보호시설의 생활에도 적응하지 못하고 길거리 노숙으로 되돌아가 장기적이고 만성적인 노숙생활에 빠져드는 것일 수도 있다. 이 점을 고려하여 다음과 같은 연구문제를 제기할 수 있다.

【연구문제 2】노숙자의 심리사회적 외상은 노숙자의 보호시설 퇴소에 어떠한 영향을 미치는가?

제2장 이론적 배경

본 연구는 노숙자의 노숙생활 기간과 관련된 심리사회적인 외상과의 관련성, 그리고 이것이 보호시설 퇴소에 미치는 영향에 대해 실증적으로 살펴보고자 한다. 실증적 조사를 위해서 우선 노숙자의 심리사회적 외상과 관련된 국내외 선행연구들의 결과를 검토할 필요가 있다. 본 연구의 첫 번째 연구문제인 노숙기간과 노숙자의 심리사회적 외상 관련성에 대해 가설을 도출하고 실증적인 조사를 수행하기 위해서는 기존의 조사결과들에서 노숙자들의 심리사회적 외상특성으로 지적되고 있는 것들은 무엇인지, 또 이 특성에 대해서 선행연구들이 이론적으로 어떻게 설명하고 있는지를 살펴보아야 한다. 이를 통해서 노숙자의 심리사회적 외상을 나타내는 이론적 구성체들을 명확히 확인하고 연구가설을 설정하는 것이 가능하다.

그리고 다른 하나의 연구문제인 노숙자의 심리사회적 외상과 보호시설 퇴소 형태와의 관련성에 대해 살펴보기 위해서는 노숙자들의 노숙생활 이탈이나 재진입 혹은 노숙생활의 만성화와 관련된 선행연구들의 검토가 필요하다.

이를 위해 우선, 노숙자 문제의 현황에 대한 기존의 실증적 조사결과들을 검토한다. 다음으로 노숙자의 심리사회적 외상에 대해 설명하고 있는 이론적 연구들의 내용에 대해 검토한다. 마지막으로 보호시설로부터의 퇴소를 포함한 노숙생활의 역동적 변화에 대해서 고찰하고 있는 기존의 연구결과들을 정리한다.

제1절 노숙자 문제의 양상

1. 노숙자의 정의와 수

노숙자의 범주를 어디까지로 보고 이에 따라 그 수가 얼마로 나타나는가 하는 것은 노숙자 문제의 양상과 그 심각성을 보는데 가장 기초적인 자료가 된다. 우리나라에서는 아직까지 이에 대한 합의가 이루어진 바가 없이 서로 다른 개념과 범주를 사용하고 있어 그 규모의 확인에서도 견해의 차이가 크게 나타나고 있다. 외국의 경우를 참조하여 이에 대해 함의를 얻을 수 있다.

노숙자(homeless)의 범위를 엄밀히 규정하는 것은 쉽지 않다. 예를 들어 지하도에서 자고 있는 사람은 모두가 노숙자로 보겠지만, 부녀일시보호소나 쉼터에서 자는 사람들에 대해서는 서로 다른 견해들이 나타난다. 노숙자란 일반적으로는 일정한 숙소가 없어 길거리에서 자는 사람을 일컫는다. 그렇지만 노숙자가 길거리에서 자는 사람들만을 의미하는 것은 아니다. 많은 경우 임시보호시설 등의 숙소를 임시거처로 활용하는 경우를 노숙자의 범주에 포함하고 있다. 미국의 경우에 NCH(National Coaliation for Homeless)의 정의에 따르면 노숙자는 '정규적이고 고정된 적절한 주거시설이 없고 주로 길거리나 일시적인 보호시설, 사람이 자도록 고안되지 않은 공공의 장소… 등에서 자는 사람'으로 정의되고 있다(NCH, 1998). Stewart B. McKinney 법에서는 노숙자를 (1) 밤을 보낼 적절한 고정적이고 정규적인 주거가 없는 사람, (2) 밤을 보내는 주 주거지로 일시적인 주거의 제공을 목적으로 하는 공공 혹은 사설의 임시보호시설, 수용을 목적으로 개인들에게 임시적 주거를 제공하는 시설을 활용하는 사람, (3) 사람이 자는 것을 목적으로 고안되지 않은 공공이나 사설의 시설 등을 밤을 보내는 장소로 이용하는 사람으로 규정하고 있다(U. S. General Accounting Office; GAO, 1999 에서 재인용). 이렇게 볼 때, 노숙자는 크게 길거리 노숙자(street homeless)와 보호시설 이용 노숙자(sheltered homeless)로 구분 할 수 있다. 전자에는 주거가 없어 길거리나 숙박용도가 아닌 시설과 장소(공원, 역사, 지하도 등)에서 자는 경우가 포함되고 후자에는 희망의 집과 각종 쉼터 등 노숙자 보호시설을 숙소로 이용하는 경우가 포함된다.[2]

  이러한 범주에 기초하여 살펴볼 때, 노숙자의 수는 과연 얼마나 되는가? 일단, 보건복지부는 우리나라의 노숙자 수를 2000년 1월 기준으로 5,500명으로 추산[3]하고 있으며 이중 5,000명은 노숙자 쉼터에 그리고 500명은 길거리에서 생활하는 노숙자로 파악하고 있다. 그리고 이 중 70% 이상에 해당하는 3,870명 정도의 절대다수가 서울에 거주하고 있는 것으로 파악하고 있다(보건복지부, 2000). 그리고 서울시 노숙자대책반과 노숙자다시서기지원센터가 1999년 10월 8일, 14일, 15일의 3차례에 걸쳐 23시부터 익일 02시까지 서울시의 노숙자 거주지역을 중심으로 조사한 결과에 따르면 460명 내지 630명의 길거리 노숙자가 있는 것으로 조사되고 있다.

  그러나 노숙자의 현황을 파악하고자 하는 노력에도 불구하고 이 수치는 노숙자의 현황을 정확하게 반영하고 있다고 보기는 어렵다. 노숙자 문제에 대한 접근 경험이 우리보다 앞선 미국에서의 노숙자 실태파악을 둘러싼 논의를 통해 그 이유를 살펴볼 수 있다. 1990년대 초에 미국에서는 S-Nights라는 프로젝트를 통해 뉴욕, 시카고, 뉴올리언즈, 로스엔젤레스, 피닉스의 5개 지역에서 노숙자들이 밤을 보내고 있을 것으로 알려진 모든 임시보호시설과 길거리 장소

---

2) 일부에서는 위와 같은 정의에 대해 협의의 관점이라고 하며 실제로 노숙자 문제의 현황에 대해 정확히 파악하기 위해서는 임시로 친지의 집에 얹혀사는 경우나 일세나 쪽방 등을 전전하는 등 주거의 안정성이 보장되지 않는 경우를 포함해야 한다는 주장도 있다. 그러나 본 연구에서는 이와 같은 개념 확장이 어느 정도 타당성이 있으나 아직까지 일반화되어있지 않은 상태이고 연구의 범위를 지나치게 확장할 우려가 있어 노숙자를 길거리 노숙자와 보호시설 입소생활 노숙자로만 제한하여 살펴본다.

3) 물론 이러한 수를 작다고 할 수만은 없으나 5,500명이라는 수는 전 인구의 0.01%를 약간 상회하는 정도이다. 이는 미국에서 노숙자의 수에 대해서 특정한 시점에는 약 73만 명, 한 해에는 약 200만 명이 노숙을 하고 있다는 추산(1998년 National Alliance to End Homelessness의 조사치; 홍선미, 1998에서 재인용)이나 Culhane 등의 조사(1994)결과 전 인구의 3%가 2-4년에 한 번씩 노숙을 경험한다는 사실(NCH, 1998에서 재인용)에 비교해본다면 아직까지 우리나라의 노숙자 문제가 상대적으로는 심각하지 않거나 혹은 노숙자의 수가 과소평가 되고 있다는 것을 나타낸다. 이는 노숙자의 수를 파악하는 방법 차이에 따른 과소평가의 경향과 관련이 있다고 보인다.

를 정해진 날에 일제히 조사하여 노숙자의 수를 약 23만 명으로 추산하였다. 그러나 이 결과는 노숙자의 수를 과소평가한 것일 수밖에 없다는 견해가 이 프로젝트를 수행한 학자들에게서 표방되었다(Wright et al., 1998). 이와 같이 일정시점에 여러 장소에서 일제히 관찰한 숫자를 더하는 것으로는 정확한 노숙자의 수가 나오지 않는다는 것이다. 첫째로, 측정하려는 장소에 있었으나 숫자에 포함되지 않은 사람이 있을 수 있고, 두 번째로는 조사팀이 발견하지 못하는 장소에서 밤을 보내는 노숙자들이 있을 수 있다는 것이다. 그 경험적 근거로서 S-Night에서는 길거리 노숙자(49,734)보다 쉼터 노숙자(178,636) 가 더 많은 수를 나타내고 있으나 그 지역에서 이루어진 기존의 많은 연구들 에서는 길거리 노숙자가 몇 배 더 많거나 최소한 비슷한 수가 있다고 보고된 바 있었다. 이러한 점을 볼 때, 쉼터 노숙자의 수는 어느 정도(Wright 등의 주장에 의하면 약 90% 정도) 파악이 되었으나 길거리 노숙자의 수가 제대로 반영되지 못했다는 것이다.

즉, 노숙자가 많이 모여 있다고 판단되는 지역에서 특정 시간대에 모여 노숙하고 있는 사람을 조사자가 세는 방법4)으로 정확한 노숙자의 수를 파악하기 어렵다. 미국에서 1988년에서 1992년에 걸쳐 뉴욕인구의 3%, 필라델피아에서 1990년과 1992년 사이에 전체인구의 3%가량이 우리나라의 '쉼터'와 비슷한 성격을 띠는 노숙자 보호시설(shelter)을 임시주거로 활용한 경험이 있다고 보고 되었다. 엄밀히 말해 노숙은 한 개인의 삶에서 영구불변의 상황이 아니기 때문에 집이 없어 노숙을 하는 사람의 수보다는 노숙을 경험한 사람의 수를 측정하는 것이 올바른 방법이다(NCH, 1998).

James는 특정 시점에 노숙자로 확인된 사람은 전체 노숙자에 비해서는 일

---

4) 이를 노숙자의 수를 파악하는 'point-in-time counts' 방법이라고 하는데 이럴 경우 조사자가 잘 모르는 지역의 노숙자가 파악되지 않아 전체적으로 그 수가 과소평가될 뿐만 아니라 '간헐적'으로 노숙하는 사람이나 활동적으로 이동하는 노숙자보다는 '만성적'으로 노숙하거나 질환 및 중독자들의 비율이 높게 나타나는 경향이 있다. NCH(1998)에서는 노숙자를 파악하기 위한 방법으로 이와 같은 'point-in-time counts'와 특정 기간 동안에 노숙을 했던 사람의 수를 조사하는 'period prevalence counts'방법이 있다고 하며 이 중 후자가 보다 정확한 파악이라는 점을 제안하고 있다.

부분이며 더 적절한 파악방법은 '노숙의 위험'에 처한 사람을 확인하는 것이라고 주장하며 이를 위해 다음과 같은 식으로 특정 시점에 관측된 노숙자에 대한 정보로부터 노숙의 위험에 처한 사람의 전체 수를 확인할 수 있다고 했다(James, 1992).

$$[(\text{연령}-16) / \text{노숙의 회기(spell)}] \times [12 / (\text{현 회기의 길이} \times 2)]$$[5]

그는 콜로라도 지역에서 이러한 조사를 통해 임시보호시설에서 1,755명, 긴 거리나 다른 장소에서 850명, 종합 2,605명의 노숙자가 관측이 되었으나 노숙의 위험에 있는 수는 이보다 훨씬 큰 86,000명을 나타내는 것이라고 지적하고 있다.

물론 우리나라에서는 아직 노숙의 회기(spell)나 기간 등에 대한 정보가 얻어지지 않아 이와 같은 위험 수를 정확히 계산할 수는 없다. 그러나 본 연구의 조사자료 값들을 통해 위와 같은 방식으로 대략 추정해본다면, 보건복지부에서 발표한 5,500명의 관찰된 노숙자의 수는 노숙의 위험에 처해 있는 사람들의 수가 70,455명에 이르는 것을 나타내고 있다.[6] 따라서 우리나라에서 노숙자

---

5) 이 식에서는 우리나라에서 몇 가지 교정해야 할 전제를 필요로 한다. 우선 노숙의 spell 은 성인시기만을 대상으로 하므로 성인기를 구별하는 연령을 16세로 규정하고 있고, 조사된 노숙자는 현재 회기의 한 가운데에 있다는 전제를 하고 있다. 이 식에서 좌측은 성인기에서 1년에 노숙회기를 맞이할 확률을 통해 관측된 해당 노숙자가 몇 명의 유사한 위험에 있는 사람을 대표하는가를 나타내는 것이고, 우측은 그 노숙자가 개월 수로 표시한 현 회기의 길이에 따라 1년의 노숙기간에 관측될 사람 몇 명을 나타내는가를 표시하는 것이다.(예를 들어 26세인 노숙자가 성인기에 2회 노숙을 했고 현재 6개월째 노숙 중이라면, 그리고 현재 노숙자로 관측이 되었다면, 수식에 따라 5×1=5를 통해 이 1명이 관측되었다는 것은 5명의 동일한 노숙 위험에 있는 사람이 있다는 개략적인 파악이 되는 것이다.)

6) 물론 이러한 계산결과는 몇 가지 가정에 기반을 두어 얻어진 것이므로 정확한 것으로 볼 수 없다. 개략적인 수치파악을 위해 우선 우리나라에서 성인을 구별하는 일반적 기준인 18세의 연령기준을 사용하고, 본 연구의 조사결과 얻어진 355명의 자료를 토대로 연령과 노숙기간의 값을 식에 대입해서 얻어진 것이다. 그러나 노숙의 회기를 파악할 수 없었으므로 현재의 노숙이 첫 번째 노숙이라는 가정을 통해 값을 구하였고, 본 조사의 평균연령이나 노숙기간의 값이 5,500명의 값을 대표하고 있다는 전제하에 구해진 수치이다.

문제를 현재 point-in-time counts 방법의 일제조사 결과인 전 인구의 0.01%라는 수의 특수한 계층의 문제로 보는 것은 적절한 판단이라고 할 수 없으며, 이보다는 훨씬 많은 사람이 노숙이라는 위기에 직면하며 살고 있는 것으로 볼 수 있다.[7]

2. 노숙의 원인

노숙자 문제에 대한 이론적 논의들은 노숙의 원인에 대해 접근하는 시도들에서 가장 기본적인 형태로 발견된다. 노숙자 문제에 관해 관심을 가지고 연구하는 많은 학자들에게서 노숙의 원인이 무엇인가에 대한 설명이 나타나고 있다. 노숙은 사회경제적인 측면에서부터 개인의 심리 내적인 측면에 이르기까지 워낙 많은 요인들이 얽혀 있는 복잡한 문제이기 때문에 노숙의 원인에 대한 기존 연구들에서도 어디에 초점을 맞추고 있는가에 따라 다양한 현상들이 노숙의 원인으로 언급되고 있다.

노숙의 원인을 설명하는 논의들을 몇 가지 종류로 분류해 본다면 대체로 다음과 같은 맥락의 몇 가지 유형이 있는 것으로 볼 수 있다.

가장 기본적인 형태의 원인에 대한 설명은 적절한 주거의 불충분한 공급과 같은 구조적이고 거시적인 측면의 설명이나, 혹은 정신질환, 가족사에서의 특성과 같은 개인 내적인 측면에서의 요인들 중에서 어느 한 가지를 결정적인 요소로 들어 설명하는 경우가 있다. 물론 이는 다른 측면의 원인을 부정한다기보다는 강조점을 어디에 두느냐 하는 차이로 볼 수 있다.

Wright 등(1998)은 연구마다 서로 다른 노숙의 원인을 제시하고 있는 점들을 지적하였다. 이들은 어느 것이 맞고 어느 것이 틀렸다고 판단할 수는 없다고

---

7) James는 수식을 통해서 86,000명의 노숙의 위험에 있는 사람 중 그 해에 노숙할 확률이 3-10%인 저위험 노숙자가 64,800, 10% 이상의 고위험 노숙자가 21,200임을 파악했고 특정 해의 노숙확률이 10%라는 것은 10년에 걸쳐서 본다면 65%의 노숙위험이 있다는 것을 의미한다.

하면서, 원인(cause)이라는 용어를 사용하는 맥락의 수준이 서로 다르다는 점을 지적하였다. 이들은 여러 논의들이 원인의 강조점을 어디에 두고 있는가하는 차이점에 따라 여러 이론적 입장들을 '선택에 의한 노숙론', '부적절한 서비스에 의한 손상론', '사회구조론'으로 분류하고 있다(Wright et al., 1998). 선택에 의한 노숙론은 노숙자들이 가지고 있는 개인 내적 특성에 의해 노숙자들이 노숙이라는 생활형태를 선택했다는 설명을 말하며, 이는 '희생자를 비난'하는 시각으로 흐를 수 있는 위험이 있다고 했다.

'부적절한 서비스에 의한 손상론'은 지역사회의 충분한 서비스가 없는 상태에서 나타난 정신질환자에 대한 탈시설화나 사회복지 서비스의 결핍으로 인해 노숙자가 나타나게 된다는 설명이다. 이 논의는 세 가지의 명제들로 이루어진다. 첫째는 노숙자는 대부분 결함이 있는(defective) 사람들이고, 둘째 사회복지 서비스를 통해 이러한 결함들이 치료될 수 있으며, 셋째는 노숙자들의 이러한 결함이 치료된다면 더 이상 노숙자가 되지 않을 것이라는 것이다. Wright 등은 이 시각이 단지 부분적으로만 현실을 반영하고 있다고 보았다.

'사회구조론'의 설명은 노숙자가 나타나는 현상을 국가의 소득정책, 주택정책, 복지국가체계의 완결성 등과 같은 정책과 제도 측면에서 원인을 찾는 논의이다.[8] 그러나 이 경우 보편적인 상황하에서 어떠한 사람들이 노숙자가 되고 어떠한 사람들은 노숙을 하지 않게 되는지에 대해 간과하게 되는 문제가 있다.

Wright 등은 이 세 가지 원인에 대한 이론적 설명이 사회문제에 대한 설명들에서와 마찬가지로 이데올로기적으로 우파적 입장에서 좌파적 입장까지에 해당하는 것으로 보고 있다. 그러나 이 세 가지 설명은 어느 하나의 요인이 결정적이라는 점을 주장한다는 점에서는 동일한 것이다.

그러나 노숙은 워낙 많은 요인들이 관련되는 문제이므로 앞에서처럼 다양한 원인 중 자신의 입장에 부합하는 어느 한 가지 요소를 주장하거나 설명하기에는 무리가 따르는 점이 있다. 이에 따라 두 가지 이상의 주요 원인을 전제하면서 이들 요인의 관계에 대해 설명하는 형태의 이론들이 있다. 여기에 해당하는

---

8) Wright 등은 스스로는 노숙의 원인에 대해서 이러한 사회구조적인 시각이 문제를 올바르게 보는 것이라는 입장을 밝히고 있다.

원인 설명의 방식은 3가지로 나누어 볼 수 있다. 첫째, 주요한 원인에 따라 노숙자를 분류하는 방식과 둘째, 관련될 수 있는 많은 요인들을 병렬적·실증적으로 탐색하는 방식, 그리고 세 번째는 복합적인 원인이 서로 다른 수준에서 작용하고 있다고 보고 원인요소들의 순서나 수준을 정리하여 통일적인 설명을 시도하는 방식 등이다.

첫 번째의 방식으로 볼 수 있는 것이 서론에서 언급했던 바 있는 Leach (1979)의 연구인데 여기서는 노숙의 원인이 사회구조적인 것에 있는 노숙자는 '외생적' 노숙자, 개인적 결함에 있는 경우는 '내생적' 노숙자로 분류하고 이 두 유형의 노숙자는 서로 다른 특성을 가지고 있다고 보았다. 얼마 전까지 우리나라에서 소위 '부랑인'과 'IMF 경제위기형 실직노숙자'로 노숙자 집단을 분류하고 이 양자의 차별성을 강조하던 것들도 이와 같은 시각이라고 할 수 있다. 결국 이러한 시각에서는 노숙의 원인요소가 여러 가지이기는 하지만 한 개인이 노숙자가 되는 과정에서는 주로 하나의 요인만이 관련되고 이 요인이 무엇인가에 따라 서로 배타적인 특성이 나타난다고 본다.

두 번째의 방식은 노숙과 관련되는 것으로 보이는 다양한 요인들에 대해 실증적으로 검토하는 많은 연구에서 나타난다. Jackson(1998)은 이전의 여러 연구들을 종합하여 노숙을 예측할 수 있는 주요한 8가지의 요인으로 알코올 및 약물중독, 정신질환, 가정폭력, 가족구성, 경제적 자원의 결핍, 사회복지 공공부조의 활용, 사회적 자원의 결핍, 적절한 주거지의 결핍을 들고 있다. Wright(1990)는 22가지의 노숙관련 원인요소들을 분석하고 그 설명력에 따라 순위를 부여하고 있다. 우리나라에서는 신원우(1999)의 연구가 유사한 사회경제적 상황에서 누가 노숙자가 되는가하는 결정요인을 분석하였다. 실직상태의 건설일용노동자에 대한 로지스틱 회귀분석을 통해 개인특성, 가족특성, 사회환경적 특성을 분석하고 그 결과로 개인 특성 중에서는 교육 정도와 구직방법, 실직 이전의 월평균 수입 요인이, 그리고 가족특성에서는 결혼 안정성, 주거 안정성 요인, 사회환경적 특성 중에서는 친척 및 친구의 사회적 지지 요인이 노숙여부에 유의미한 영향을 미치는 주요한 결정 요인임을 밝히고 있다.

세 번째 방식에 해당하는 것으로 볼 수 있는 Shinn과 Weitzman(1990)은 노숙의 원인에 대한 포괄적 관점의 이해를 강조하면서 개인적 수준의 요인(individual-level factors), 사회적 요인(social factors), 사회경제적 요인(socioeconomic factors)이라는 세 가지 수준에서 요인을 추출하고 이 요인들의 상호작용 속에서 노숙문제를 이해해야 한다고 보았다. 즉, 다중적인 수준에서 노숙의 요인들이 작용하고 있으며 이 요인들이 서로 다른 수준에서 작용하여 노숙으로 전화되는 과정이 나타난다는 것을 강조하고 있다. 이는 노숙이 한두 가지의 요인보다는 다중적 수준에서 복합적으로 작용하는 요인들에 의해 나타나는 현상으로 인식한다는 점에서 의미가 있다. 즉 이러한 논의가 첫 번째 유형의 논의들과 차이가 나는 점은 한 개인이 노숙자가 되는 것과 관련되어 여러 가지의 요인이 서로 다른 수준에서 복합적으로 작용하고 있다고 보는 점이다.

McNaught와 Bhugra(1996)도 노숙자가 되는 경로와 다양한 요인들의 상호작용을 통해 노숙의 다양한 원인들을 통합적으로 이해하는 노숙의 모형(model of homelessness)을 제시하고 있다. 여기서는 개인의 연령이나, 인종, 성 등의 인구학적 요인과 알코올 중독, 범죄전과, 교육수준, 사회적 지지망 등의 개인적 요인, 실업과 주택정책 등과 같은 사회적 요인이 한 개인에게 실업과 빈곤을 거쳐 노숙자가 되는 통로를 밟게 한다며 각 원인이 서로 다른 순서로 작용하는 것을 설명하고 있다.

우리나라의 노숙자에 대한 연구에서는 실증적인 조사가 뒷받침된 것은 아니지만, 정원오(1998)의 연구나 남기철(1998)의 연구가 원인요소들을 통합적으로 설명하려는 시도를 하고 있다. 이 연구들에서는 사회구조적 배경요인들을 전제로 하고 개인의 심리사회적 취약성을 위험요소로, 사회적 지지를 보호요소로 살펴보고 있다.

대개의 경우 통합적인 설명을 시도하는 논의들에서는 비슷한 내용이 나타난다. 이 내용(Shinn & Weitzman, 1990; McNaught & Bhugra, 1996; 남기철, 1998)을 정리하면 다음과 같은 설명이 일반적 방식이다.

노숙현상의 가장 기저에는 물론 경제적 구조적 요소가 자리 잡고 있다. 경제적 구조에 따른 빈곤화와 개인적인 취약요인은 개인·가족 수준에서의 위험요인에 영향을 준다. 개인과 가족의 수준에서 빈곤과 실업은 경제적 능력의 상실뿐만 아니라 실업자 개인(대개 남성 가구주)과 가족 성원에게 심각한 스트레스를 주며 가족역할의 급격한 변화, 신체적·심리적 건강의 훼손, 가족갈등과 해체에 큰 영향을 미치게 된다(조성희, 1999). 그러나 빈곤과 실업과 같은 경제적인 요인이 곧장 가족의 해체나 노숙으로 연결되어 모두가 노숙자가 되는 것은 아니다. 여기에 개인과 가족의 위기에 영향을 주는 개인적인 사회심리적 요인들도 있다. 대표적으로 언급되는 것이 정신질환, 가정 폭력과 약한 가족 응집력, 약물 중독 등이다(Wright, 1990; Proch & Taber, 1987). 이와 같은 구조적인 요소와 개인적인 요소의 위험성에 대항해서 노숙으로의 이전을 막는 '보호요소'가 사회적 지지망으로 볼 수 있다. 반대로 본다면 사회적 지지망에서의 취약성은 노숙자로의 전화과정에서 최종적으로 작용하는 원인으로도 볼 수 있다.

이러한 노숙의 원인에 관한 기존 연구의 논의들을 살펴볼 때, 단일한 원인을 강조하면서 이것으로 사회구조적 원인을 제시하는 극히 일부의 입장(Wright의 분류에서 사회구조론에 해당하는 입장)을 제외한다면 대부분의 원인설명에서 노숙자가 나타내는 심리사회적 측면에서의 특성을 노숙의 원인으로서 보고 있음이 드러난다. 정신건강에서의 문제, 알코올 중독이나 약물 남용, 사회적 지지의 결여, 범죄나 공격성 등이 이러한 요소로 지적되고 있다. 그러나 심리사회적 특성을 노숙의 원인으로 설명하는 논의와 관련해서 반드시 생각해 보아야 할 두 가지 점이 있다.

첫째로 노숙자의 심리사회적 특성은 많은 측면에서 원인과 결과를 명확히 구별할 수 없는 복합적 양상이다[9]. 빈곤이나 실업 등과 같은 요인은 노숙이라는 현상에 선행하는 결과로서 인과관계를 설정하기가 상대적으로 용이하지만 노숙자의 심리사회적 특성은 그렇지 못하다. 누군가가 노숙자가 되도록 결정하

---

9) 한 예로 외국에서의 연구(Bhugra, 1996; Shinn & Weitzman, 1990; McChesney, 1995 등)는 일반적으로 노숙자들은 정신분열증과 인격장애 등 심각한 정신질환을 가지고 있는 비율을 20% 이상으로 보고 있다. 그러나 Bhugra는 자신의 조사결과에 대해서 정신건강의 문제는 노숙의 원인으로만 볼 수는 없다는 점을 지적하며 동시에 노숙생활의 산물로도 보아야한다는 점을 밝히고 있다.

는 원인으로서만이 아니라 노숙생활에 기인하여 나타나는, 혹은 노숙생활을 통해서 심화되는 다양한 현상이라는 측면에서도 파악해 볼 필요가 있다.[10]

　두 번째 점은 노숙은 고정불변의 종국적인 결과가 아니라 역동적인 생활과정의 한 국면으로 볼 수 있다는 것이다. 이와 관련된 문제제기가 Cohen(1994)이 지적한 바와 같이 노숙자의 노숙과 관련된 심리사회적 현상을 그들의 특성(traits)으로 보느냐 상태(state)로 보느냐 하는 점이다.[11] 즉, 원인론은 노숙의 '특성' 측면에만 치중하여 정태적인 심리사회적 원인에 의한 정태적인 결과로서만 노숙을 보게 되고 이렇게 되면 노숙이 가지는 '상태'의 이미, 즉 변화하는 역동적 생활과정의 한 국면이라는 점을 간과하게 할 수 있다는 점이다. 그렇게 되면 이미 노숙생활을 하고 있는 사람이 나타내게 될 앞으로의 변화과정과 요인을 상대적으로 간과하게 될 우려가 있다는 것이다.

제2절 노숙자의 심리사회적 외상

1. 심리사회적 외상의 양상

　노숙자(the homeless)는 무주택자(the houseless)와는 개념적으로 차이가 있다. 노숙자의 개념은 단지 주택을 소유하고 있지 못할 뿐만 아니라 실제로 잠을 자고 생활하는 사적인 정상적 공간이 없다는 것을 의미한다. 따라서 가족 해체, 정상적인 경제사회생활에서의 일탈, 사회적 지지망의 붕괴 등 생활

---

10) 대표적인 예로 Kozol(1990)은 노숙자들이 우울하거나 불안해 보이는 등 기타 심리적 역기능을 나타내는 것으로 보이더라도 이 심리적 역기능이나 정신건강에서의 문제는 노숙의 원인이 아니라 노숙이라는 스트레스 사건의 당연한 반응이라고 지적하고 있다.

11) Cohen의 세부적인 개념논의에 의한다면 본 연구의 입장은 '특성' 보다는 '상태'의 개념을 선호하는 입장에 있다. 그러나 본 연구에서는 이처럼 개념을 구별하여 사용하는 것이 지나치게 세부적인 측면으로 흐를 우려가 있어, 편의상 '특성'의 개념을 일반적으로 사용한다.

상의 위기상황과 맞물려 있으며 심신의 건강문제나 알코올 중독 등의 문제와 깊게 관련된다. 노숙자들이 일반 인구층에 비해 높은 비율로 나타내고 있는 심리사회적인 문제의 양상으로 선행연구들에서는 사회적 지지의 결핍, 정신건강, 알코올 및 약물중독 등이 가장 두드러지게 언급되고 있다.

1) 사회적 지지

노숙자의 생활양상에서 가장 크게 문제시되는 것으로 지적되고 있는 것이 바로 사회적 관계망 혹은 사회적 지지에 대한 부분이다. 외국에서의 많은 연구들(Bassuk & Rosenberg, 1988; Rossi et al., 1987 등)에서 노숙자의 사회적 지지가 약하다는 점, 그리고 사회적 관계망의 크기가 작다는 점이 지적되고 있다.

노숙자의 사회적 지지망이 취약하다는 특성은 노숙자가 되는 원인의 측면에서 그리고 그 과정이나 결과의 측면에서 모두 이야기되고 있다. McChesney(1995)는 사회적 관계망은 빈곤자가 노숙자로 전락하는 것을 막아주는 안전망의 역할을 한다고 보았다. 사회적 관계망의 구성원들은 주거를 유지하거나 주거공간을 획득할 수 있도록 지원하거나, 자원의 부족에 대처할 수 있는 정서적, 도구적 지지를 제공하기도 한다. 특히 주택과 관련된 사회적 지지는 노숙자로의 전락과정에서 중요한 완충요인으로 보았으며 아무리 현재의 빈곤과 가족해체 상태가 심각하더라도 친척이나 친구와 주거를 공유할 수 있는 기간이 길수록 노숙으로의 전화를 막는 중요한 요인이 된다고 보았다. 사회적 지지망이 노숙을 막는 안전망의 구실을 하는 만큼 노숙자들은 사회적 지지망이나 유대에서의 취약성을 나타내고 있다(Shinn & Weitzman, 1990).

사회적 지지망과 관련하여 사회적 연계단절(social disaffiliation)의 개념도 많이 언급되는 것 중의 하나이다. 이를 노숙에 앞서 일어나는 선행조건이라고 보기도 하지만, 다른 연구들에서는 노숙이 사회적 고립과 대인불신을 가져와 사회적 단절을 증폭시킨다는 점에 초점을 두기도 한다. 이는 Bassuk과 Rosenberg(1988)의 연구에서 스트레스와 빈곤의 상황에서 도와줄 것을 기대할 수 있는 사람의 이름을 대도록 하여 노숙자와 일반 빈곤자를 비교하여 그 차이를 실증적으로 확인하고 있다. Shinn 등(1991)의 연구에서는 노숙자의 노숙기간이 길어지면서 사회적 관계망의 크기가 줄어드는 현상을 입증하고 있다.

사회적 지지에 관한 연구들에서 실제의 관계망의 크기뿐만 아니라 지각된 사회적 지지의 크기가 중요함이 지적되고 있다. 김인숙(1994)은 실제로 제공받은 지지(received support)와 지각된 지지(perceived support)의 구별을 강조하며 오히려 후자가 더 중요한 역할을 한다는 것을 강조하고 있다. 노숙자와 관련된 연구에서도 Goodman 등(1991)은 노숙자의 사회적 지지가 취약하다는 것은 실제로 사회적 관계가 취약하기도 하지만 사회적 지지가 취약하다는 스스로의 지각과도 관련됨을 언급하고 있다.

노숙자들은 가족해체를 경험하는 경우가 많고 가족으로 대표되는 사회적 지지망이 매우 취약하다. 우리나라의 노숙자들에 대한 조사에서도 사회적 지지와 관계망이 취약하다는 점이 드러난다. 전체 노숙자 중 가족이 함께 노숙을 하고 있거나 현재 가족관계를 유지하고 있는 경우가 5% 선에 지나지 않는 낮은 비율을 보이고 있다. 1998년 노숙자다시서기지원센터의 조사에 의하면 미혼인 경우가 전체의 42.6%로 나타나고 있다. 이들의 연령이 30세 이상인 경우가 90%가 넘는다는 점을 고려해보면 노숙자들은 결혼을 통해 가족을 구성해보지 못한 경우가 많다고 할 수 있다. 또한 별거나 이혼 등 가족해체의 경우도 35%가 넘고 있어 가족으로 대표되는 밀접한 사회적 지지망이 취약하다는 점을 지적할 수 있다.

사회적 지지망이 노숙생활과 관련된 심리적 손상에 대해 완충작용을 하는 '보호요소'로서 작용하고 있다는 측면에서도 이 지지망의 취약성은 심각한 문제가 되고 있다.

노숙자가 아닌 일반 인구층에 대한 연구에서 심리사회적 디스트레스에 대해 사회적 지지가 부적 관계를 가진다고 즉, 사회적 지지가 완충작용을 한다는 것이 실증적으로 입증되고 있다. 김인숙의 연구(1994)에서 빈곤여성 150명에 대한 조사결과 사회적 지지 요인은 생활조건에서 나타나는 스트레스 요인들이 심리적 디스트레스에 미치는 영향을 상당부분 완화시키는 완충작용을 하는 것으로 나타나고 있다. 즉, 사회적 지지가 강하면 동일한 스트레스 상황에서도 심리적 역기능이 완화될 수 있다는 것이다. 특히, 만성적인 생활스트레스가 강한 경우에 정서적 지지가 중요한 역할을 한다는 것을 강조하고 있다. 즉, 정서적 지지가 완충효과를 가진다는 것을 발견하였다.[12]

이 보호요소 혹은 완충요소로서의 사회적 지지에 대해 노숙자를 대상으로 수행한 연구들에서는 다소 상이한 결과들이 나타나고 있다. 미국에서 노숙자를 대상으로 스트레스와 사회적 지지에 대해 실증적 조사를 실시한 Schutt 등(1994)과 Gory 등의 연구(1990) 결과가 서로 상반된 모습을 보인다.

Gory 등(1990)의 연구에서는 노숙자의 스트레서와 정서적 충격으로서의 디스트레스 관계에서 사회적 지지의 효과를 검사하였다. 그 결과 사회적 지지는 일반인들에게서는 부정적 사건이 우울이라는 디스트레스에 미치는 영향에 대해서 완충작용을 하지만 노숙자에게서는 사회적 지지의 완충역할을 확인할 수 없었다. 이들은 특히 노숙자들이 경험하는 높은 수준의 부정적 사건의 경우에 사회적 지지는 그 보호적 가치를 상실한다는 점을 지적하였다. 이를 근거로 노숙자의 경우에 사회적 지지는 일반인들의 보호요소로서의 기능과는 다른 양상을 가진다고 주장하였다. Gory는 이것이 소위 욕구위계설의 논리와 마찬가지로 저차원적인 욕구충족마저 결핍된 노숙자들에게서는 고차원적 욕구에 해당하는 사회적 지지가 필수적인 기능을 발휘하지 못하는 양상과 관련될 수 있다는 점을 제안하였다.

이에 대해 Schutt 등(1994)은 Gory 등의 조사와 마찬가지로 스트레서와 디스트레스의 관계에 대해 연구하였고, Gory 등의 연구결과와는 달리 사회적 지지의 완충효과를 실증적으로 입증하였다. 이들은 보스턴의 보호시설 3곳에서

---

12) 스트레스와 사회적 지지의 관계에서 완충효과 모형이란 생활조건의 스트레스가 낮은 사람에게서는 사회적 지지가 큰 사람이나 작은 사람이 적응 상에 문제가 없으나 스트레스가 높아지는 상황에서는 사회적 지지가 완충작용을 하여 생활사건이나 생활조건으로 인한 디스트레스의 영향을 완화한다는 것이다. 따라서 노숙과 같이 높은 스트레스 상황에 있는 사람의 경우 충분한 사회적 지지가 있다면 심리적 역기능으로부터 보호받을 수 있지만, 사회적 지지가 결핍되어 있거나 그 수준이 낮은 경우 심리적 디스트레스에 처하게 된다.

218명의 표본을 추출하여 CES-D(심리적 디스트레스), Veit and Ware의 Mental Health Index(자살관련 문항), Cohen and Syme의 ISEL(사회적 지지에 대한 자각) 등의 척도를 활용하여 다중회귀분석을 실시하였다. 그 결과 사회적 지지는 스트레서와 디스트레스에 대해 완충효과를 가지며, 높은 수준의 스트레스를 경험하는 노숙자들에게서도 보호요소로서 기능하고 있다는 점을 발견하여 Gory 등의 주장을 반박하였다. 이들은 일반 인구층 대상의 연구결과와 마찬가지로 사회적 지지는 노숙자에게도 정서적 완충작용으로서도 작용하여 부정적 사건의 파괴적인 정서적 영향을 줄이고, 디스트레스 자체의 피괴적 행동결과의 가능성도 줄인다고 주장하였다. 또한 노숙자의 낮은 순위의 욕구에 대한 관심이 사회적 지지라는 높은 순위의 욕구로부터 이익을 얻는 것을 막는다는 관점에 대한 지지근거를 발견할 수 없다는 점도 지적하였다. 이는 Snow와 Anderson(1987)의 연구에서 노숙자의 자기존중감이 이전단계의 심리적 혹은 안전욕구 충족과 반드시 일치하지는 않는다는 지적과 동일한 결과이다.

이처럼 사회적 지지의 구체적인 작용에 대한 세부적 연구결과는 조금씩 상이한 모습을 보이고 있으나 노숙자에게 사회적 관계망과 지각된 사회적 지지의 결핍이 나타난다는 사실은 실증적 조사들에서 거의 공통적으로 지적되고 있다.

2) 정신건강

노숙자의 정신건강 영역에서의 문제점을 지적하고 있는 연구는 상대적으로 풍부한 편으로 대개 일반 인구층에 비해 높은 정신건강 취약자의 비율을 제시하고 있다. 그러면서 정신건강 관련시설 운영에서의 '탈시설화' 흐름을 노숙자 문제 심각화의 원인으로 지적하고 있는 주장들도 있다. 이 정신건강의 문제는 노숙자들이 가지는 심리사회적 특성으로 제시되면서 노숙생활에 빠지게 되는 원인특성으로 많이 언급되곤 했지만 반대로 노숙생활의 산물로서 볼 수도 있다는 점 역시 지적되고 있다.

노숙자를 조사대상으로 하는 자료수집이 용이한 것이 아니기 때문에 신체적 정신적 건강현황에 관한 조사결과는 아직 동일하게 안정성 있는 수치를 보여주지는 못하고 있으며, 정신건강에서의 문제를 가진 노숙자의 비율도 연구마다 크게 다르게 나타나곤 한다. 그러나 여러 연구(Timms, 1993; Wright, 1990; Shinn & Weitzman, 1990; McChesney, 1995)들에서 노숙자들의 정신적 건강의 문제가 노숙을 하지 않는 일반인들에 비해 훨씬 심각하다는 점은 공통적으로 나타나고 있다.

Lamb과 Talbott(1990)는 정신질환이 노숙의 원인인가? 라는 질문에 대해 그렇다고 단언하며 지역사회의 서비스가 전혀 갖추어지지 않은 상태에서 나타나는 정신보건 분야에서의 탈시설화가 노숙자의 수를 급증시키는 원인이라고 보고 있다. 즉, 탈시설화에 따라 정신질환자들이 거리로 나오게 되었고 이들이 대부분 노숙자로 전화하였다는 것이다. 이들만큼 극단적인 견해를 표명하지는 않더라도 노숙자들의 정신건강 문제가 심각한 양상이라는 데에는 많은 학자들이 대체적으로 동의하고 있다.[13]

이와 유사한 내용으로 Wright(1990)의 연구에서 정신건강에서의 문제는 22개 노숙요인 중 세 번째를 차지하고 있다.

몇몇의 연구(Bhugra, 1996; Shinn & Weitzman, 1990; McChesney, 1995 등)에서 노숙자들은 정신분열증과 인격장애 등 심각한 정신질환을 가지고 있는 비율을 20% 이상으로 보고 있다. 이와 유사하게 NCH는 미국에서의 여러 연구결과를 종합하여 대략 20-25%의 노숙자가 정신건강에서의 문제를 가지고 있는 것으로 보고하고 있다(NCH, 1998). 이는 일반인들과 비교할 때, 2-5배의 수치라는 점이 지적된다. 특히 우울과 신체화 증상은 일반 규준집단에 비해 매우 높은 비율로 나타나고 있다. 스트레스와 관련된 조사에서도 거주가 있는 성인에 비해 노숙자들은 임상적인 우울, 자살에 대한 생각, 자살시도 등 심리적 디스트레스가 2~5배가량 많다는 점이 지적되었다(Schutt, 1994).

인지와 태도 측면에 대한 조사에서도 Smith(1991)의 연구에서 노숙자들은

---

13) Kozol(1990)의 경우에는 Lamb과 Talbott의 견해에 대해 노숙자의 이상행동은 노숙생활의 결과이고 노숙의 직접적 원인은 주택정책과 같은 거시적 측면에서 찾을 수 있다며 정면으로 반박하고 있으나 그도 노숙자의 정신건강 문제가 심각하다는 점에는 동의하고 있다

인지적 역기능성과 외적 통제소를 가지고 있음이 제시되고 있다(Goodman et al., 1991에서 재인용).

노숙자에게서 사회적 지지의 효과에 관한 Gory 등의 연구(1990) 역시 노숙자에게서 나타나는 우울증의 전반적 심각성을 보여주고 있다. 이들은 노숙의 영향에 대해 노숙과 정신건강에 대한 중개모형(mediation model)을 제시하고 특히 우울증에 대한 실증적 조사를 실시하였다. 여기서, 노숙이라는 생활조건은 심각한 스트레스를 주는 생활사건으로 '사회적 지지'와 '자기효능감의 손상'을 매개로 하여 우울증이라는 정신건강에서의 문제를 야기한다고 했다.

미국 등 외국에서의 풍부한 조사결과에 비해 우리나라에서 노숙자들의 신체적 건강이나 정신건강에 대한 심층적인 조사 자료는 빈약한 편이다. 이는 조사방식이 노숙자의 응답에 기초하고 있고 정신질환은 겉으로 쉽게 드러나지 않아 그만큼 실태파악이 어렵기 때문이다.

1998년의 노숙자다시서기지원센터의 조사에서 노숙자의 80% 이상이 건강하다고 응답하고 있으나, 이와는 달리 쉼터 등 노숙자 임시보호숙소에서의 조사에 의하면 많은 수가 폐질환 등을 가지고 있는 것으로 나타나기도 한다. 자기보고식 자료수집에 기본적으로 의존하고 있는 김미숙(1998)의 조사에 의하면 신체적 건강이상이 약 20%, 정신질환을 가진 노숙자가 약 5%인 것으로 보고하고 있다. 이러한 조사결과는 우리나라의 노숙자들에게서는 신체적 정신적 건강의 문제가 미국 등에 비해 상대적으로 심각하지 않다고 보일 수 있으나14) 보다 엄밀한 측정을 수반한 연구에서는 다른 양상을 보이고 있다.

인도주의실천의사협의회의 노숙자건강실태조사보고서(1998)에 따르면 SCL-90를 통해 파악한 결과 신체화, 우울, 공포불안, 불안의 영역에서 일반 규준집단에 비해 유의하게 높은 위험성을 나타내고 있었다. 특히 노숙기간이 길어질수록 정신건강에서의 위험성이 점점 높아지고 있는 점이 실증적으로 확

---

14) 당시 이러한 조사결과가 우리나라의 노숙자 문제는 경제위기에 의한 일시적 단기적인 실직 노숙자의 문제로 서구의 양상과는 크게 다르다는 주장의 근거가 되었으나 1998년 후반기부터의 보다 엄밀한 조사들을 통해서 초기 조사결과보다는 정신건강에서 훨씬 심각한 문제가 있음이 지적되었다.

인되었다. 서울 '자유의 집'에서 CIDI를 활용하여 측정한 결과 우울과 외상후 스트레스장애의 비율이 일반 인구층에 비해 훨씬 높은 비율로 나타났다.

노숙자의 정신건강과 관련되어 주목해야 할 점은 노숙자들의 정신건강 문제 심각성이 노숙기간이 길어질수록 더 심각한 양상을 보인다는 점과, 보호시설 입소 노숙자에 비해 길거리 노숙자에게서 보다 심각한 문제양상이 나타난다는 점이다.

먼저 노숙기간과 정신건강에서의 문제에 대해서는 Piliavin 등의 연구 (1993)에서 노숙생활의 기간과 노숙자의 심리적 손상정도에 대한 관련성이 지적되고 있다. 국내의 연구로는 노숙자 대책과 관련한 정원오(1998)의 연구 가 있다. 이 연구에서는 노숙자를 4가지의 유형으로 분류하고 있는데 특정한 신체적 질환을 가지고 있어 이 치료가 가장 급선무가 되는 치료대상자, 특정 질환보다는 심신의 전반적 쇠약으로 인해 요양과 건강회복이 필요한 요양대상 자, 건강에는 큰 문제가 없으나 심리사회적 손상에 대한 접근이 필요한 재활대 상자, 건강과 심리사회적 상태가 양호하여 취업과 경제적 알선만이 주 과제가 되는 자활대상자가 그것이다. 여기서는 노숙자들의 '손상' 정도를 서열적으로 분류하고 있는데 이 손상의 정도는 노숙에 이르기까지의 경로와 생활사 등 다 양한 요인에 의해 영향을 받게 되는데 이러한 요소 중의 하나로 전체적인 노 숙기간을 제시하고 있다.

다음으로 길거리 노숙이 정신건강에서의 문제에 핵심적인 위험요인임을 지적 하고 있는 대표적인 연구는 Weitzman 등(1990)의 연구를 들 수 있다. 이들 은 노숙자 보호시설에 입소하기까지의 과정에서 길거리 노숙을 얼마나 했는가 하는 점이 역기능성의 정도와 관련된다고 하고 있다. 이에 관련된 실증적 조사 결과로는 Gory 등(1990)의 우울증에 대한 조사, 인의협의 SCL-90을 이용 한 실태조사 등에서 길거리 노숙의 경우 정신건강에 대해 보다 위험한 결과를 낳을 수 있음이 지적되고 있다. 이러한 노숙기간, 특히 길거리 노숙기간과의 관련성은 학습된 무기력과 관련된 심리적 역기능의 요소에서 구체적으로 살펴 본다.

3) 알코올 중독 및 기타

알코올 중독과 약물중독 및 의존성은 노숙자들에게서 높은 비율로 나타나는 문제양상이다. 이는 사실상 정신건강의 문제라고도 할 수 있다. Fischer와 Breakey(1991)는 노숙자들에게서 알코올과 약물 중독 그리고 이로 인한 정신질환이 두드러지게 높은 비율로 나타난다는 점을 지적하였다. 이와 유사한 내용으로 Wright(1990)의 연구에서 알코올 및 약물 중독은 22개로 분류한 노숙요인에서 첫 번째를 차지하고 있다. 이 연구에서 중독자의 비율은 조사시기와 장소에 따라 노숙자의 22%에서 65%까지 편차가 크게 나타나고 있지민 노숙자들이 일반인보다 약물이나 알코올 중독성향이 높다는 것은 일반적으로 인정되는 사실이라고 지적하고 있다.

McCarty 등(1991)도 여러 조사결과들을 종합하여 미국에서 알코올 문제를 가진 노숙자의 비율이 30-40%에 달한다고 지적하고 있다. 이들은 우리나라와는 다소 문화의 차이가 있겠지민 10-15%의 노숙자가 약물남용의 문제를 가지고 있다는 점도 지적하고 있다. Drake 등(1991)은 미국의 노숙자들 중에서 10-20%는 알코올 및 약물 문제와 다른 정신질환을 동시에 가지고 있는 이중진단 노숙자인 것으로 지적하고 있다.

우리나라의 경우에도 김미숙(1998)의 조사에서 매일 술을 마시는 노숙자는 전체의 12%로 일반 국민의 음주율과 비교하여 3배가량이 된다. 48%의 노숙자가 매일에서 1주 1~2회 이상의 음주를 하고 있는 것으로 나타났다. 인도주의실천의사협의회가 남성 노숙자 355명을 대상으로 수행한 조사에서도 거리노숙자의 40%, 쉼터노숙자의 13% 내지 26%가 매일 음주를 하고 있는 것으로 나타났다. 음주량이나 빈도뿐만 아니라 음주양상과 관련 요인의 문제에 관해 보다 정밀한 분석을 실시한 유채영과 신원우의 조사(1999)에 따르면 29.6%가 '알코올 의존'으로 분류되어 일반인보다 3배가량 높은 수치를 보이고 있다.

음주문제는 정신건강의 문제와 유사하게 길거리 노숙의 경우에 더 심각한 양상을 보이고 있는 것으로 나타난다(주영수, 1998). 또한 알코올 중독은 노숙상태의 원인이면서 동시에 노숙생활의 결과로 볼 수도 있다. 한편 알코올 중독은 노숙자의 생리사회적 역기능을 심화시킴으로써 이차적인 정신질환 등을 가져오게 하고 사회적 기능수행 수준을 저하시켜 정상적인 사회활동으로의 복귀를 어렵게 하는 원인이 되고 있다(윤명숙 외 1999). 특히 우리나라의 독특하게 허용적인 음주습관과 음주문화를 고려해 볼 때, 음주문화가 노숙에 미치는 영향은 대단히 클 것으로 추정할 수 있다(유채영, 신원우, 1999).

이밖에도 노숙자의 심리사회적 특성의 문제들과 관련해서는 아동 양육과 관련된 취약성의 문제(Molnar et al., 1990; Rafferty & Shinn, 1991), 가족 노숙자에게서 나타나는 문제(Shinn et al., 1991; McChesney, 1990), 기타 인구학적 요인들과 노숙자의 심리사회적 특성이 가지는 연관성의 문제(Milburn & D'Ercole, 1991; First et al., 1988; Applewhite, 1997; Kutza & Keigher, 1991) 등도 언급되고 있다. 이러한 연구들에서는 노숙자들이 단일한 속성을 가지지 않으며 성, 연령, 건강 교육 등 다양한 인구학적 인적 자본 관련의 배경요인들이 심리사회적 특성에 영향을 미치고 있음이 제시되고 있다.

2. 노숙자의 심리사회적 외상에 관한 이론

노숙자들이 가지는 정신건강에서의 취약성, 사회적 관계망의 상실, 알코올 중독 등의 양상은 이미 앞에서 살펴본 바와 같이 일반인들에 비해 훨씬 심각한 양상을 나타내고 있다. 기존의 원인에 대한 연구들에서는 이러한 심리사회적 외상을 '노숙자가 되는 위험요소(risk factor)'로 보고 있는 경우가 많았다. 노숙의 원인과 관련된 여러 모형들이 이러한 관점을 대변하고 있다.

그러나 반대로 '노숙생활이 개인의 심리사회적 기능수행의 저하에 대해 위험요소'라는 시각도 있다. 개인의 역동적인 생활사에서 노숙생활은 심리사회적인 손상의 특성을 가져오게 한다는 것이다. 이러한 의미에서 노숙 자체를 위험요소로 규정하는 것이다. Bauman과 Grigsby의 만성화 연구(1988), Weitzman 등의 노숙 시나리오 비교(1990), Hertzberg의 노숙의 하강나선론(1992),

Goodman 등의 노숙외상론(1991) 등이 이러한 관점을 제시하고 있는 연구이다.

 Goodman 등(1991)의 연구가 이러한 시각을 대표하는 것으로 볼 수 있는데 이들은 노숙의 원인으로 심리사회적 특성이 많이 이야기되고 있으나 이는 실제로 입증되기 어렵다고 하며, 실제로 중요한 것은 노숙을 시작하기 전에 심리사회적 손상이 있었느냐에 관계없이 노숙생활의 결과로 나타나는 심리사회적 손상의 심각성을 이해하는 것이라고 했다. 이들은 이와 같은 관점에서 노숙의 잠재적 영향을 이해하는 틀로서 심리사회적 '외상(trauma)'이 개념을 사용히여 설명하고 있다. 여기서 '심리사회적 외상'이란 비정상적일 정도로 충격적이고 통제할 수 없는 개인적 사건에 대한 일련의 심리사회적 반응을 의미하고 있다. 외상은 상호신뢰와 대인관계의 상실이나 개인의 심리적 통제력의 상실과 같은 다양한 증상을 포함하는 것으로 설명한다(Goodman et al., 1991).

 이들은 외상이론(trauma theory)을 통해 세 가지 측면에서 노숙의 영향을 이해하는 시각을 제공한다. 첫째, 노숙자가 되는 사건은 가정과 이웃, 일상생활, 관습적인 사회적 역할 등을 상실하는 과정이므로 그 자체로서 심리사회적 외상의 증상을 가져온다. 둘째, 노숙자가 되는 그 자체의 과정에서 심리사회적 외상을 입지 않았던 사람이라도, 길거리나 임시보호시설 등에서 생활하는 노숙생활의 지속적인 조건에 의해 결국 개인의 대처능력이 손상되고 외상의 증상에 빠지게 된다. 셋째, 노숙자가 되거나 혹은 지속적인 노숙의 조건으로 심리사회적 외상을 겪게 되지는 않더라도 과거에 다양한 생활경험과 관련하여 이들의 잠재적 손상을 증폭시켜 심리사회적 외상의 증상을 나타나게 한다.[15]

 일반적으로 외상사건을 겪은 사람들의 반응은 일시적인 혼란과 장애를 거친 후에 정상적인 반응의 경우 분노나 공포, 좌절감 등의 호소(outcry), 사건에

---

15) 이들은 이러한 특성 때문에 노숙자들에게서는 외상후스트레스장애(PTSD)의 증상이 현저하게 나타나고 있다고 지적하며 DIS 면접방법을 통해 300명의 조사대상자 중에서 53%가 PTSD를 나타내고 있다는 점을 실증적으로 확인한 Smith의 조사(1991)결과를 인용하고 있다. 우리나라에서도 노숙자 보호시설인 자유의 집에서 CIDI를 이용하여 조사한 결과에 따르면 노숙자들에게서 현저하게 나타나는 심리적 증상으로 우울과 아울러 외상후스트레스장애가 언급되고 있다.

대한 회상의 거부(denial), 무의식적인 사건에 대한 회상의 침입(intrusion), 사건의 실제에 대한 직면과 진행(working through), 종료(completion)라는 국면을 지나 일상적인 평정을 찾는다. 그러나 병리적인 반응의 경우 이 각 국면에서 극단적으로 압도되거나 공황상태에 빠지고 지속적으로 사건에 대한 회상과 재경험에 시달리며 신체형 장애나 인성의 왜곡으로 이어진다고 보고 있다(Horowitz, 1993).

그러나 잠재적인 외상사건에 대한 반응은 일정한 것이 아니라 개인, 사건, 환경의 복잡한 상호작용에 따라 다양하게 달라진다. 특히 외상을 유발하는 사건의 내용이나 기간, 강도 등이 외상의 양상에 큰 영향을 미칠 수밖에 없다. 노숙은 일반적으로 생각하는 강간, 천재지변 등의 외상사건들과는 달리 현재 계속 진행되고 있는 위기사건이라는 점을 특징으로 한다. 따라서 이에 대한 심리사회적 외상 반응도 다양하게 나타난다.

Goodman 등은 노숙생활이 노숙자에게 유발하는 심리사회적 외상은 크게 두 가지의 양상이 일반적인 것으로 지적하고 있다. 사회적 연계단절(social disaffiliation)과 학습된 무기력(learned helplessness)이 그것이다.[16) 사회적 연계단절은 사회적인 지지를 제공하는 가까운 유대의 상실을 통해 관계가 단절된 고립의 양상을 스스로 지각하며, 실제로 더 이상 인습적인 사회주류와의 연결이 이루어지지 않고, 인습적인 관계에 기반을 둔 방식의 역할이나 행동의 의무를 가지지 않게 되는 것을 말한다. 학습된 무기력은 자신이 통제할 수 없는 사건의 경험으로 인해 과거와는 달리 심리적으로 스스로를 낮게 평가하고, 상황의 변화에 대한 통제감을 상실하고, 다양한 우울 증상을 나타내는 등 전반적인 무기력과 수동성을 나타내는 것이다. 긴밀하게 상호 연관되기는 하지만, 전자는 노숙자들에게서 나타나는 사회관계적 측면에서의 외상으로 후자는 심리적 측면에서의 외상 양상으로 구별해 볼 수 있다. 이는 노숙의 만성화 모형을 둘러싼 논의들과 심리적 역기능성에 대한 논의들을 통해 보다 구체

---

16) Goodman 등은 이에 따라 보호시설에서 이루어져야 할 노숙자에 대한 실천의 기본적인 원칙으로 사회적 지지(social support)의 강화와 개인적 통제감(personal control)의 함양을 들고 있다(Goodman et al., 1991).

적으로 확인할 수 있다.

1) 사회적 연계단절: 만성화 모형

Goodman 등(1991)은 노숙으로 인해 나타나는 심리사회적 외상의 두 가지 중요한 양상 중의 하나로 사회적 연계단절(social disaffiliation)을 들고 있다. 사람의 적응적 행동을 위해서는 안전하다는 것과 주위와 연결되어 있다는 느낌이 필수적인데 노숙자들은 노숙과정을 통해서 연계적 유대(affiliative bonds)나 신뢰할 수 있는 관계를 상실한다는 것이다. 특히, 다른 외상의 경우와 마찬가지로 노숙자들이 겪는 심리사회적 외상에서도 유대를 상실하는 객관적인 측면뿐만 아니라, 신뢰할 수 있는 유대나 지지를 줄 수 있는 연계를 잃었다는 주관적 지각이 중요한 역할을 한다는 점이 지적되고 있다. 이는 사회적 지지에서 살펴보았던 바와 동일하다.

노숙자들이 노숙생활이 길어지면서 사회적 유대나 연계를 상실하고 만성적인 속성을 가지게 되면 재활과 정상적인 사회생활로의 복귀가 어렵게 된다. 이러한 점 때문에 노숙의 만성화와 관련된 논의들이 있어왔다. 이러한 만성화 논의들은 대부분 사회적 연계단절 요소나 사회적 지지의 측면에 강조점을 두고 있다. 만성화와 관련된 논의들은 노숙생활의 만성화가 어떻게 진행되는가하는 과정을 설명하는 형태가 대표적이라고 할 수 있다.[17]

Hertzberg(1992)는 노숙의 '하강나선 모형'을 제시하며 노숙의 만성화 과정을 서술하고 있다. 최초 노숙생활에 접어들면서 기본적인 숙식해결에 치중하며 일시적인 생활이라는 기대를 가지게 되지만 점차 자존감의 손상, 수치심과 죄책감, 소외와 우울증, 분노, 좌절, 음주와 공격성, 고립이라는 과정을 통해 만성화된다고 보았다. 노숙자는 이 과정의 나선곡선 상에 위치한다고 보고 그 위치를 저항자, 동요자, 순응자의 순서로 제시하고 있다.[18]

---

17) 과정설명보다는 만성화에 기여하는 요인들을 분석하고자 하는 연구들도 있다. 대표적인 것으로는 Calsyn & Morse(1991)가 세인트루이스의 대규모 응급보호시설의 입소자를 대상으로 인적자원, 사회적 소외, 정신질환, 스트레스적 생활사와의 관련을 분석한 연구를 들 수 있다.

18) 하강나선에서는 만성화 곡선에서의 탈출고리 등을 아울러 그림을 통해 서술하고 있다.

만성화 모형 관련 논의 중에 가장 대표적인 것으로 볼 수 있는 것은 Bauman 과 Grigsby(1988)의 연구이다. 이들은 텍사스 오스틴에서 보호시설 입소 노숙자와 길거리 노숙자 500명에 대한 조사결과를 통해 주로 사회적 관계망과의 관련성 속에서 노숙의 만성화에 대해 고찰하며 노숙자를 4가지 유형으로 분류하였다. 최근에 노숙자가 되었으나 사회적 지지망을 가지고 있으며 외향적인 경우(Type 1), 최근에 노숙자가 되었으나 지지망을 상실하였고 내향적인 경우(Type 2), 노숙기간이 길어졌고 고립되어 있는 경우(Type 3-The Isolated), 노숙기간이 길고 노숙자들로 이루어진 집단에 속해서 생활하는 경우(Type 4-The Outsider)가 그것이다.

이들은 한 사람이 노숙자가 되는 과정에서 우선 상실의 단계(stage of loss)가 나타나며 3가지 단계의 상실(가족지지의 상실, 친구의 상실, 지역사회지지의 상실)이 발생한다고 보았다. '상실'을 거쳐 노숙생활에 접어들고 난 후 사회적 연계단절(disaffiliation)의 과정이 뒤따른다. Type 2의 경우 다른 노숙자와 사귀기 어렵고 '외로움'의 경로를 밟게 된다. Type 1의 경우는 초기의 지지가 점차 감소함에 따라 다른 노숙자와 함께 하는 경로를 밟게 된다. 이 양자의 경우에 시간이 흐르면서 노숙이 만성화(entenchment in homelessness)되는 과정으로의 이동이 나타난다. 노숙으로의 이동압력을 반전시킬만한 충분한 자원을 확보하지 못함에 따라 노숙자들은 점점 더 전통적인 관계와 제도로부터 분리되는 경향이 나타난다. 가정이 없고 지역사회의 거주자들과 관계가 없어지면서 노숙자는 인습적인 방법으로 행동해야 할 의무를 많이 느끼지 못하게 되고, 전통적인 역할과 주류 사회로부터 단절된다. 한편으로는 이 과정이 진전되면서 노숙자는 그들을 도와줄 수 있는 잠재력을 지닌 주류 문화의 사람들과 연결되지 못하고 연계단절(disaffiliation)이 진행되면서 자신의 정체성과 소속감을 잃게 된다. 이 과정은 주위와의 연계 없이 외로운 노숙생활을 지속하거나(Type 3: The isolated 로의 이전), 비전통적이지만 지지를 재획득하기 위해 노숙자들

하강나선모형의 구체적인 내용에 대해서는 Hertzberg, Edwina L. (1992) "The Homeless in the United States: Condition, Typology and Intervention" *International Social Work*, Vol. 35, 149-61 참조.

과 연계되는(Type 4: The outsider 로의 이전) 두 가지 형태로 나타나는데, 최초 노숙이 어떤 형태이든지 노숙생활을 오래 하다보면, The outsider나 The isolate의 형태로 만성화된다고 보았다.[19]

Grigsby 등(1990)은 이후 다시 보호시설 노숙자와 길거리 노숙자를 포함한 166명에 대한 일대일 면접방식의 조사를 실시하여 노숙생활이 사회적 연계제휴(social affiliation)에서의 문제를 가져온다는 점을 지적하고【그림 2-1】과 같이 사회적 관계망의 측면에서 노숙의 장기화 만성화 과정에 관한 사회적 모형을 제시하였다.[20]

---

19) Bauman과 Grigsby는 만성화의 척도로 자신의 '문제'를 과소평가하는 노숙자들의 경향을 들고 있다. 이러한 경향은 다른 노숙자들과의 연계형성이나 동일시, 만성적 노숙화로 인한 전통적 역할로부터의 사회적 연계단절(social disaffiliation) 과정에서 추론해 볼 수 있다. 만성화(entrenchment)의 특성은 다른 노숙자와의 연계형성(affiliation)과 동일시의 두 가지인데 전자는 노숙자에게 사회적 지지의 증가를 주고, 후자는 낯선 환경에서 자신을 이해하는데 관련된 정보를 얻을 기회를 준다. 사회적 비교론(social comparison theory) 및 이것과 연계형성적 행동과의 관련성 속에서 노숙자들이 문제를 과소평가하는 경향을 설명할 수 있다는 것이다. 즉, 비교의 대상이 되는 타인들이 문제를 많이 가지고 있으면 자신의 문제를 과소평가한다는 것이고 한편으로는 전통적이고 인습적인 수준의 비교대상과의 정보 교환기회가 상실되어간다는 것이다. 이들의 연구의 결과 노숙하는 친구의 수는 만성화와 정적인 상관관계가 있다. 예측할 수 있는 바는 노숙을 하며 보내는 시간이 많고, 길거리의 친구들이 많을수록 자신이 심각한 의료, 정신건강, 알코올 문제가 있다고 느끼지 않는다는 것이다. 또한 자신의 삶의 질이 풍족하다고 느낀다. 즉, 분석상에서 만성화를 노숙으로 보내는 시간과 친구의 수로 볼 때, 노숙자들은 만성화의 함수로 자신의 문제를 과소평가한다는 것이다.
20) Grigsby는 노숙의 만성화과정 모형에서 사회적 연계단절로 인해 역기능성이 나타난다고 설명하고 있으나 이는 역의 관계도 설명이 가능하다. 즉, 역기능성이 심해지면 정상적인 사회적 연계가 취약해진다고 볼 수도 있다. 따라서 본 연구에서는 사회적 연계단절과 다음에 제시되는 역기능성 요소의 선후관계를 설정하지 않고 노숙이 가져오는 심리사회적 손상의 두 가지 양상으로 고찰한다.

【그림 2-1】 Grigsby의 만성적 노숙에 대한 사회적 과정 모형

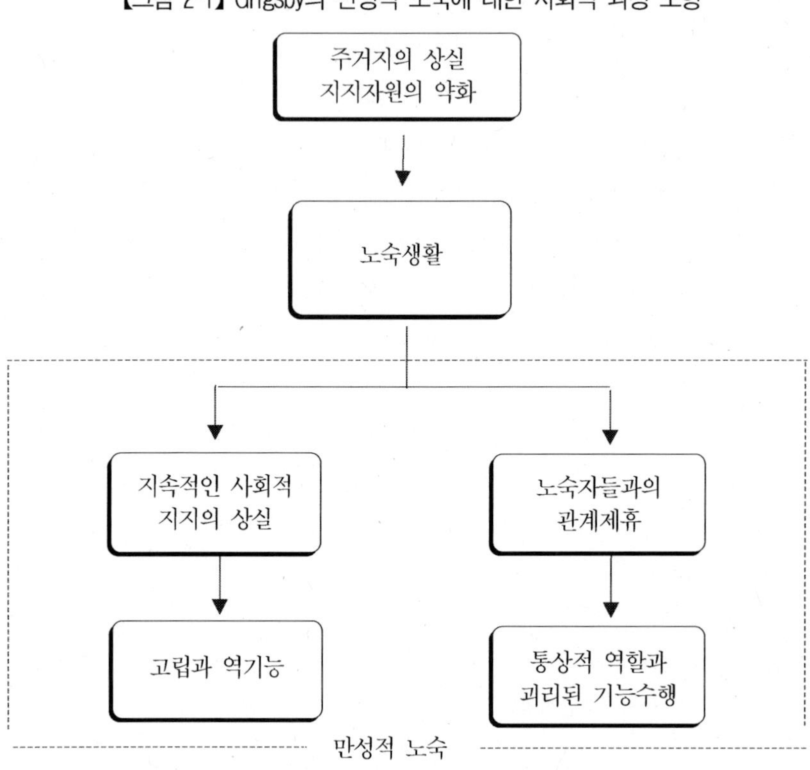

출처: Grigsby, C. et al.(1990). Disaffiliation to Entrenchment. *Journal of Social Issues*, V.46(4), 146.

복합적인 상황과 사건으로 인해 최초로 노숙을 하게 된 노숙자들은 두 가지 형태로 만성화되어 간다고 할 수 있는데, 첫째는 노숙생활을 하게 되면서 사회적 지지를 지속적으로 상실하게 되어 나타나는 사회적 연계단절(disaffiliation)의 문제이고, 두 번째는 주된 관계망이 노숙자들로 이루어지면서 나타나는 파행적 형태의 관계의 재제휴(re-affiliation)와 관련된 문제이다. 전자가 사회적 지지와 관계망의 지속적인 상실로 인해 정상적인 사회생활을 영위하기 어렵게 만드는 요인이라면 후자는 일반적인 사회관습과 동떨어진 '노숙문화'를 만들어내는 관계망에 의존하게 되어 정상적인 사회생활을 영위하기 어렵게 만드는 것이다.

Grigsby 등은 이 연구에서도 사회적 연계단절 양상과 관련된 노숙자의 유형을 분류하고 있는데 그 내용은 1988년 연구에서와 약간 다르게 나타난다. 이들은 노숙기간, 사회적 관계망의 크기, 사회적 기능수행 정도의 측정치를 기준으로 집락분석(cluster analysis)를 실시하였고 노숙자를 최근에 노숙자가 된 경우(Recently dislocated), 취약층(Vulnerable), 외부자(Outsider), 장기노숙자(Prolonged homelees)의 4가지 유형으로 분류하였다. 이 중 최근에 노숙자가 된 경우는 1988년 모형에서의 type 1과 2에 해당하는 것이고 취약층은 노숙기간이 보다 길고 관계망의 크기가 절대저으로 축소된 type 3과 같다. 외부자는 type 4에 해당하는 것으로 관계망의 크기는 상대적으로 크지만 비전통적인 형태의 노숙자 위주의 관계망을 가진 경우이다. 그리고 장기노숙자는 1988년의 연구에서는 설정되지 않았던 범주로 노숙기간이 평균적으로 6년 이상으로 상대적으로 작은 관계망의 크기와 상대적으로 취약한 기능수행 수준을 나타내는 만성화된 집단으로 보았다.

이들은 노숙자들에게 길거리에서의 관계제휴(street affiliation), 즉, 노숙자 중심의 관계망의 형성하는 것은 양날의 칼과 같아서 심리적 안녕에는 기여할 수도 있지만, 부정적 영향을 미치기도 한다는 점을 지적한다. 길거리 집단의 참여와 같은 노숙자 지지망에의 완전한 참여는 인습적인 역할로부터의 연계단절과 비전통적인 문화에의 제휴 및 만성화 과정이라는 것이다.[21]

이 Grigsby의 모형에서 노숙생활을 통해 심화되는 만성화의 지표인 사회적 연계단절이 관계망이나 지지의 크기가 작아지는 문제만은 아니라는 점이 나타난다. 파행적인 재연계(re-affiliation)로 표현되었듯이 관계망의 내용 즉, 관계망이 주로 누구로 구성되었는가도 큰 의미를 갖는다고 볼 수 있다. 사회적 관계망에서 노숙자가 차지하는 비율이 높다는 것은, 사회적 지지나 관계망의 절대적 크기가 작다는 것과 마찬가지로 만성적인 노숙문화에의 적응성을 나타

---

21) Bauman과 Grigsby는 이 과정을 이해하는 것은 실천적으로도 중요하다고 하면서 outsider에게는 함께 노숙을 하는 cycle을 단절시키기 위해 소규모의 손상되지 않은 지지집단을 제공하는 것, 사례관리나 고용과 연계된 '함께 거주하는 사람기반'의 주거프로그램 등의 유용성을 역설하고 있다.

내는 사회적 연계단절의 양상이 될 수 있다.

그런데 Grigsby 등의 논의에서는 사회적 연계단절의 두 가지 양상인 양적 측면에서의 지지망의 축소와 내용적 측면에서의 노숙자 위주 관계망 형성을 서로 분리된 독립적 유형으로 간주하고 있다. 다시 말하면, 노숙생활을 통해 사회적 관계망을 지속적으로 상실하는 노숙자와 기존의 관계망 대신 노숙자 중심의 새로운 관계망을 형성해가는 노숙자가 따로 있는 것으로 보고 있다. 그리고 이러한 노숙자 유형간의 속성 차이를 분석하고 있다. 그러나 이러한 유형화가 우리나라의 노숙자 상황에도 그대로 적용된다고 보기는 어렵다. 우리나라의 노숙자는 최근 2년 사이에 대량으로 발생하여 외국의 경우에 비한다면 상대적으로 비슷한 노숙기간과 경제적 상황을 가지고 있는 경우가 많다. 또한 유형화에서 이야기한 outsider나 isolate(혹은 vulnerable)의 집단이 나타내는 속성차이는 질적으로 상이한 성격을 가지는 것으로 분리된다기 보다는 연속선상에 있는 상대적 차이로 볼 수 있다. 즉, 대부분의 노숙자는 노숙생활을 하면서 기존의 지지망을 상실해가고 또한 주변의 노숙자들로 이루어진 지지망을 획득하면서 관계망의 내용이 노숙 이전과는 달라진다고 할 수 있다. 즉, 관계망을 상실해가는 사회적 연계단절과 노숙자 중심의 새로운 관계망을 획득하는 재연계 과정은 모든 노숙자에게 동시에 작용한다는 의미이다. 이 경우 상실되는 관계망보다 획득되는 관계망의 크기가 작다면 전체 관계망 크기의 축소와 관계망에서 노숙자의 비율 증가가 동시에 나타나게 되고, 상실되는 기존 관계망보다 획득되는 노숙자 관계망이 더 크다면 관계망에서 노숙자 비율이 증가하면서 전체 관계망도 커진다. 물론, 양자의 경우 모두 노숙자를 제외한 관계망의 크기는 축소될 것이다.

따라서 Grigsby 등의 사회적 연계단절에 관한 논의들은 사회적 관계와 지지망에 관련된 양상을 기준으로 노숙자들의 특징적 유형을 제시하고 있으나 이들의 논의에서 유형 분류 자체보다는 유형 분류와 관련된 중요한 기준 요인이었던 지지와 관계망의 상실, 그리고 노숙자 중심의 관계망 형성의 개념에 보다 주목할 필요가 있다.

이상에서 살펴본 Goodman 등의 논의나 Bauman & Grigsby, Grigsby 등의 논의에 비추어 볼 때, 전체적으로 노숙기간이 길어짐에 따라 사회적 연계단절의 양상이 나타남이 지적되고 있고 이는 주로 사회적 지지나 관계망의 측면과 관련되어 있었다. 이들의 노숙생활 장기화와 만성화는 사회적 지지를 잃어 고립되었다는 지각, 실제의 사회적 관계망의 상실, 관계망이 주로 노숙자들로만 이루어지는 관계망의 형태에서의 파행적인 모습 등의 요소와 얽혀 있음을 볼 수 있다.

2) 심리적 역기능: 학습된 무기력 모형

앞에서의 논의들은 노숙생활에 의한 심리사회적 외상의 주요한 양상을 사회적 지지나 관계망과 관련된 사회적 연계단절이라는 이론적 틀에서 보고 있었다. 그러나 심리적 외상에 대해 연구하는 많은 학자(Flannery, 1987; Wood et al., 1990; Wilson et al., 1985; Goodman, 1991)들은 노숙을 비롯한 외상사건으로부터 나타나는 무력감(sense of helplessness)의 증상과 같은 심리 내적 측면에 대해 강조하기도 한다. 이들은 이러한 무력감이 노숙으로 인한 심리적 외상의 핵심적인 요소라고 보고 외상의 희생자에게서 흔히 나타나는 자기효능감이나 존중감의 상실 현상 등을 이해하기 위한 이론적 개념으로서 학습된 무기력(learned helplessness)이라는 구성체를 사용하였다. 노숙의 심리사회적 외상론을 주장하는 Goodman 등도 노숙자들에게서 나타나는 외상의 두 양상으로 사회적 측면에서의 사회적 연계단절과 아울러 심리적 측면에서의 학습된 무기력을 지적하고 있다(Goodman et al., 1991).

사람들이 특정한 사건을 겪으면서 자신의 행동으로 스스로의 생활여건에 영향과 통제력을 행사할 수 있다는 믿음을 상실할 때, 학습된 무기력을 경험하고 있다고 흔히 이야기한다. 유명한 동물실험[22]을 통해 학습된 무기력 현상을 실

---

22) Seligman의 연구(1975)에서 그는 동료들과 함께 동물실험을 통해서 최초로 학습된 무기력을 실증적으로 연구하고 이론적인 개념화를 시도하였다. 이들은 개를 도망칠 수 없는 실험실에 가두어놓고 일련의 전기충격을 가하였다. 처음에 충격으로부터 회피를 시도하던 개들은 전기충격을 피할 수 없다는 사실을 곧 학습하게 되어 도피하려는 행동을 포기하였다. 그 다음에 개들을 도망칠 수 있는 실험실로 옮겨 전기충격을 가했을 때, 이제는 충분히 회피할 수 있는 상황인데도 피할 수 없었다는 경험을 한 개들은 무기력한 행동이 계속되어 적극적인 회피행동을 보이지 않았다(최정훈 외, 1995.에서 재인용).

증적으로 연구한 Seligman에 따르면, 환경에 대한 통제가 개인의 능력과 상관없이 이루어지게 된다면 그 개인은 무기력감을 학습하게 된다. 그리고 일단 무기력감이 형성되면 행동과 변화에 대한 동기가 낮아지게 된다. 따라서 학습된 무기력은 일반적으로 특정한 사건 등으로 인해 자신의 행동이 자신의 생활에 영향을 미칠 수 있다는 신념을 상실하게 되어, 뒤이어 생활전반에 걸쳐 심각한 수동성과 무력감에 빠지는 현상이라고 할 수 있다. 일반적으로 학습된 무기력은 적응이나 동기, 귀인과 같은 심리 영역의 연구에서 많이 활용되는 이론적 구성체이다. 사람들이 환경에 대한 통제력을 부족을 느꼈을 때, 그들은 동기를 상실하고 수행이 나빠지기 시작한다. 심리적 측면에서 적응기제의 문제를 다룰 때, 이 학습된 무기력의 구성체를 활용하기도 한다. 대개 갈등상황에 처한 개인은 직접적 대처(direct coping)와 방어적 대처(defensive coping)의 두 가지 적응방법을 보이게 된다. 학습된 무기력은 이 중 방어적 대처 형태의 하나로서 무관심과 우울 상태에 빠지게 될 뿐만 아니라 처해 있는 상황에 대해 보다 효과적으로 대처할 수 있는 상태에서도 효과적인 대처노력을 시도하지 않게 되는 양상을 말한다(최정훈 외, 1995). 그러나 한편으로는 학습된 무기력을 나타내는 심리적 태도들이 지속적으로 희생양이 되어가는 상황에 대해서 대안을 찾을 수 없는 경우에는 상황에 적응하기 위한 자연스러운 심리적 반응인 것으로 볼 수도 있다. Seligman은 학습된 무기력이 심각한 우울과 수동성, 그리고 심한 경우 죽음에까지도 이르게 할 수 있는 것으로 보았다.

학습된 무기력의 구성요소로는 우울, 자기능력에 대한 불신, 통제력의 상실, 전반적인 무기력과 수동성이 가장 흔히 이야기되고 있으며 이는 노숙자의 심리적 성향에도 대표적인 것으로 나타난다(Goodman et al., 1991).

우선, 학습된 무기력은 정서적 측면에서는 우울증을 가져오는 기제가 된다는 점이 일반적으로 이야기되고 있다. 학습된 무기력의 모형은 부정적 상황들을 내부적이고, 안정적이고, 일반적인 요인들 즉 커다란 통제불가능한 요인들에 귀인(attribution)시키기 때문에 심리적 역기능이 강하게 나타난다고 보고 있다. 이러한 양상은 우울증에 대한 인지모형의 설명과 유사한 양상을 가진다. 즉, 통제불가능성에 대한 비합리적 인지 성향이 학습됨으로서 우울이라는 정서적 외상을 낳는 것이다. 사실상 학습된 무기력의 가장 두드러진 구성요소로서 언급되고 있는 것이 우울이다.[23] 노숙자의 우울에 대한 대표적인 연구로는 앞에서 밝혔던 Gory 등의 연구(1990)와 Breakey 등의 조사(1989)를 들 수 있다. Breakey 등은 볼티모어의 노숙자들에 대한 조사에서 우울 증상을 포함한 정서장애가 가장 두드러지는 현상이라고 하며 특히, 우울이 가장 심각한 노숙자들의 심리적 양상이라고 했다. 물론 이 조사 외에도 앞의 정신건강 부분에서 살펴 본 것과 같은 많은 실증적 연구에서 노숙자들이 우울 증상이 두드러진다는 점은 거의 일반화된 발견이다.

학습된 무기력의 이론에서는 노숙자들이 학습된 무기력의 외상을 가지게 되는 것은 자기 자신의 능력에 대한 불신, 즉 자기효능감(self-efficacy)의 저하를 통해서 표현된다고 했다(Goodman et al., 1991). 이는 자신의 활동이 자신의 부정적인 상황을 개선할 수 없다는 상황인식에서 나타나는 것이다. 즉, 노숙자 개개인이 실제로 자신의 노숙생활의 상황을 개선할 수 있는 능력의 보유 정도도 문제가 되지만, 일단 심리적인 측면에서 자신의 능력 자체에 대한 과소평가가 일어나는 것이다. 즉, 실제의 객관적 효능성보다도 일차적으로 문제가 되는 것은 주관적인 효능감 인식에서의 낮은 자기 평가라는 점이다.

이러한 점은 또한 외적 통제소(locus of control) 성향으로도 나타난다. Berrenberg에 따르면 통제소란 자신의 생활에서 변화나 산물에 대해 그 통제와 영향력의 소재가 어디에 있는가를 인식하는 성향을 말하는 것[24]으로 흔히 자신의 내부에 통제권한이 있다고 보는 측면을 내적 통제소, 자신의 외부에 통제권한이 있다고 보는 경향을 외적 통제소로 구별하여 이야기한다(Fischer & Corcoran, 1994.에서 재인용). 학습된 무기력은 자신의 능력과 상황변화

---

23) 이와 대조적인 논리로 자신이 상황에 대해서 가지고 있는 통제력보다 과장해서 지각하고 있는 '통제력의 착각'이 비우울적 기분의 중요한 구성요소라는 점이 실증적으로 입증 되고 있다(Freeman et al., 1981, 홍대식 역, 1986에서 재인용).
24) 이는 자신의 잘못된 상황의 책임이 어디에 있는가 하는 책임소재에 관한 귀인의 내용과는 구별되는 것이다. 책임의 소재를 찾는 것은 책임소(locus of responsibility)라고 하며 상황통제 영향력의 원천인 통제소와는 차별성을 가진다. 외상사건을 경험하여 학습된 무기력을 보이는 희생자들은 많은 경우에 내적 책임소 성향을 가지면서 동시에 외적 통제소 성향을 보이는 것처럼 통제소와 책임소는 정반대 방향을 나타내는 경우도 많다.

능력을 불신하는 양상이기 때문에 외적 통제소 성향과 관련된다. 이러한 점에서 Goodman 등은 자신들의 노숙에 대한 외상이론의 실천적인 함의로서 사회적 연계단절 양상에 대한 사회적 지지의 강화 개입과 아울러 학습된 무기력 양상에 대한 개인적 통제소에 대한 개입을 가장 중요한 두 가지 요소로 들고 있다(Goodman et al., 1991).

학습된 무기력 이론에서는 노숙자들이 생활에 대한 스스로의 통제력을 상실하는 것, 또는 이렇게 느끼는 것은 일반적인 수동성을 증폭시키는 것으로 볼 수 있다. 따라서 상황에서의 긍정적인 변화를 위해 가능한 노력을 능동적으로 벌이는 것이 아니라 주위 상황에 무관심하고 노숙생활에 수동적인 적응 양상을 나타낸다. 노숙생활에 내재된 스트레스로 인한 학습된 무기력은 수동성과 만성화라는 양상으로도 표현된다.

이와 같이 학습된 무기력과 관련된 심리적 역기능이 나타나는 양상은 노숙자들에게서도 마찬가지로 자신의 능력에 대해 낮게 평가하게 되는 자기효능감의 저하, 생활에 대한 스스로의 통제영향력을 상실했다고 느끼는 외적 통제소 성향, 우울, 만성적인 수동성 등으로 나타난다고 볼 수 있다. 그러나 이와 함께 노숙자들에게서 가장 심각한 문제로 나타나고 있는 알코올 중독의 문제도 학습된 무기력의 이론적 설명과 관련지어 살펴볼 수 있다.

학습된 무기력의 이론 자체에서는 알코올 중독이나 약물의존 성향에 대한 직접적 강조는 두드러지지 않는다. 그러나 노숙자 문제와 관련해서 McCarthy 등(1991)은 알코올 중독이나 약물 중독에 관한 기존의 조사내용을 분석하며, 이를 노숙의 원인인지 결과인지 어느 하나로 확정지어 이야기하는 것은 곤란하지만, 노숙자들이 노숙생활이라는 어려운 환경을 직접적으로 통제하지 못하고 이에 대한 수동적이고 간접적인 회피나 적응의 방식으로 각종 물질에 의존하는 것으로 파악하고 있다. 또한 국내의 노숙자들의 음주문제에 관한 연구(서동우, 1998; 윤명숙, 1998)에서도 노숙생활에서의 무기력성과 관련된 알코올 중독의 문제를 지적하고 있다. 노숙자는 길거리 생활이 장기화되면서 안정성을 잃고 가족과 사회로부터 버림받았다는 유기감(abandonment feeling)을 가지게 된다. 처음에는 수치심을 느끼면서도 이 생활이 단기간으로 그칠 것이라는 기대를 가지고 있으나 그렇지 못한 현실을 인식하면서부터 우울과 무기력을 경험한다. 이에 따라 심리적 유기감과 부정적 자아상을 다루는 수동적인 방식으로 술을 마시는 것이 일과가 되어버린다(윤명숙, 1998). 즉, 음주문제와 알코올 중독은 무기력을 표현하는 방식의 하나라는 것이다. 또한 이것이 노숙생활에 자신을 적응시키는 기제로 활용되고 있음이 지적되고 있다(윤명숙, 1998).

　노숙생활의 심리적 외상론의 한 부분으로서 학습된 무기력과 관련된 심리적 역기능 발현의 과정을 도식화하여 살펴보면【그림 2-2】와 같이 정리해 볼 수 있다. 노숙자가 학습된 무기력과 관련되는 심리적 역기능을 발현하게 되는 과정에 대해 Goodman 등은 외상론에서 노숙을 하게 되는 경험 그 자체, 노숙생활의 지속적인 상태, 혹은 과거의 다양한 생활경험에서 가졌던 취약성이 노숙생활을 통해 증폭되어 나타나는 것의 3가지 형태를 이야기했다. 이를【그림 2-2】와 관련지어 본다면, 노숙자 각 개인이 가지고 있는 생활경험에서의 취약성이 노숙이라는 사건의 최초 경험을 통해서 보다 강한 외상으로 발전하게 되고 이는 다시 지속적인 노숙생활의 상황을 통해 점차 강해진 외상으로서 학습된 무기력을 유발하게 된다는 것이다.

【그림 2-2】 노숙에 따른 학습된 무기력 발현 과정

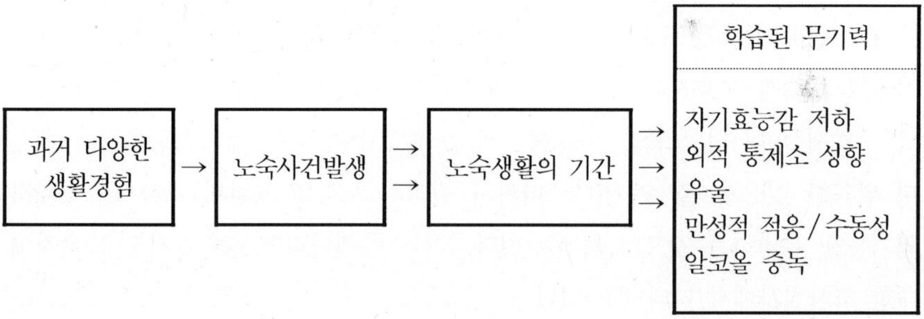

과거 다양한 생활경험	→	노숙사건발생	→	노숙생활의 기간	→	학습된 무기력

　학습된 무기력으로 나타나는 심리적 역기능 증상의 정도에 영향을 주는 요인들에 대해서는 Garber와 Seligman의 논의가 의미를 주고 있다. 이들은 객관적인 면에서는 학습된 무기력을 유발하는 외상적 사건의 심각성이 역기능 정도에 영향을 주며, 주관적인 측면에서는 희생자들이 상황을 어떻게 받아들이

는가 하는 인식이 역기능 정도에 영향을 준다고 이야기하고 있다. 이들은 학습된 무기력의 정도가 심하게 나타나는 것과 관련된 주관적 요인으로 현재의 좋지 못한 상황에 대해 자신의 잘못이 원인이라고 느끼면서도 스스로는 어떻게 할 수 없다고 느낄 때, 이 상황이 장기적으로 계속 될 것이라고 느낄 때, 이 상황이 특정한 요소보다는 전반적인 요인에 의한 것이라고 인식할 때 학습된 무기력의 정도가 더 두드러진다고 보고 있다(Garber & Seligman, 1980).

그러나 이러한 주관적 인식은 각 노숙자마다 상황을 인식하는 개별성의 차이로 인해 나타나게 되는 것이므로 노숙생활이 학습된 무기력에 영향을 주는 정도는 객관적인 외상의 심각성 측면과 관련지어 생각해 볼 수 있다. 【그림 2-2】를 통해 살펴본다면 과거의 다양한 경험이라는 잠재적 원인들이 노숙생활로 빠져드는 사건과 노숙생활을 지속적으로 경험하는 과정을 통해서 학습된 무기력을 발현하는 것이라고 할 수 있다. 이에 따라 노숙생활의 조건이 얼마나 혹독하고 부정적인 것인가가 학습된 무기력의 정도와 관련된다고 볼 수 있다. 이는 바로 학습된 무기력의 정도에 영향을 주는 객관적인 요인인 것으로 볼 수 있다. 노숙자가 되는 과정이나 노숙생활에서의 혹독한 조건은 그 정도에 따라 학습된 무기력이라는 심리적 외상을 심하게 한다는 것이다(Goodman et al., 1991). Goodman 등은 노숙생활의 조건이 열악할수록 학습된 무기력의 증상이 증폭되는 정도가 심해질 것으로 보고 있는데, 이들은 이 조건에 대해 길거리 노숙과 보호시설의 생활을 구별하고 있지는 않다. 그러나 길거리 노숙과 보호시설에서의 노숙을 비교해 보았을 때, 길거리 노숙의 생활조건이 훨씬 더 열악한 것으로 볼 수 있다. 따라서 길거리 노숙의 경험이 보다 큰 심리적 역기능을 유발하는 것으로 볼 수 있다. 이는 우리나라의 상황에서도 노숙자에 대한 조사결과에서 나타나고 있다.

노숙자들의 심리적, 신체적 건강상태에 관한 주영수의 연구(1998)에서 알코올 의존성 환자는 길거리 노숙자들에게서 유의하게 많은 것으로 나타났다. 정신건강에 관한 결과에서도 노숙자 288명을 대상으로 간이 정신진단 검사도구인 SCL-90을 이용한 분석결과 노숙자 보호시설인 '쉼터'에 거주하는 노숙자들은 일반 성인 규준집단과 비교하여 큰 차이가 없었으나 서울역과 을지로 등지에서 '거리노숙'을 하고 있는 노숙자들은 신체화, 우울, 불안, 공포, 정신증, 강박증, 대인예민성의 영역에서 일반규준집단에 비해 유의하게 나쁜 결과를 나타내었다. 그리고 대부분의 영역에서 이상자(t-score 70점 이상)의 비율이 길거리 노숙자가 현저히 높게 나타났다. 또한 노숙의 기간이 길어짐에 따라서도 각 역기능 증상이 강하게 나타나고 있다.

길거리 노숙이 역기능성에 위험성이 높다는 연구는 Weitzman 등(1990)에 의해서도 제시되고 있다. 이들은 보호시설에 입소하기까지의 과정과 만성적 노숙생활의 역기능성의 관련성에 대해 밝히고 있다. 이들은 많은 노숙자들이 길거리 노숙기간을 거쳐 보호시설에 입소하게 된다는 점과 관련히여 보호시설 이용을 요청하게 되는 상황을 세 가지로 분류하여 역기능적인 문제의 정도를 비교하였다. 첫 번째 유형은 최근까지 자신의 주거지가 있었턴 단기간의 노숙자로 이를 단기 시나리오(short-term scenario)에 해당한다고 보고 있다. 두 번째 유형은 한 때 자신의 고정적 주거가 있었으나 이를 상실한지 오래 되었고 여러 달 전부터 안정적이지 않은 상태로 주변 사람들에게 의탁하거나 길거리 노숙을 하다가 더 이상 의탁할 곳이 없어진 장기간의 불안정을 경험한 노숙자로 이들을 장기 시나리오(long-term scenario)에 해당한다고 했다. 마지막 유형은 한번도 자신의 정규적인 주거를 가져본 적이 없는 경우로 보았다. Weitzman 등은 이 중에서 첫 번째 유형보다는 두 번째와 세 번째 유형으로 갈수록 보다 많은 문제와 역기능적인 만성적 상태에 있는 것으로 보고 있다. 이러한 연구결과는 길거리 노숙의 기간이 길어지면 노숙자 보호시설 내에 있는 것보다 더 큰 위험이 있음을 나타낸다.

이와 같은 학습된 무기력의 논의내용을 Grigsby 등의 연계단절 유형화 논의와 관련지어 살펴볼 수 있다. Grigsby 등은 사회적 연계단절과 관련된 노숙자의 유형이 역기능의 정도와 관련됨을 제시하고 있었다. 이들의 분석에서는 노숙자 중심으로 새로운 연계를 형성해가는 양상인 outsider의 경우보다는 관계망의 크기가 절대적으로 축소되는 양상인 isolate(혹은 vulnerable)의 경우가 역기능이 훨씬 더 심한 것으로 나타나고 있었다(Grigsby et al. 1990). 이들의 집락분석 결과를 도표로 보면 다음 〈표 2-1〉과 같다.

<표 2-1> Grigsby 등의 노숙자 유형별 노숙기간, 관계망, 역기능 분석결과

집 락 명	노숙기간(개월수)	관계망의 크기	기능수준(LOF)
Recently dialocated	6.6	4.3	68.6
Vulnerable	11.8	2.8	50.7
Outsider	16.1	13.2	66.4
Prolonged homeless	80.7	3.4	57.5

따라서 Grigsby 등의 시각에 근거한다면, 학습된 무기력의 심리적 역기능은 노숙기간에 따라 노숙자 모두에게서 나타나는 양상이라기보다는 주로 isolate(vulnerable)라는 노숙과정의 한 경로 유형에서 나타나는 특성인 것으로 볼 수 있다. 즉, 자기효능감의 저하, 우울, 외적 통제소, 알코올 중독이 노숙자 중심의 새로운 연계를 형성해가는 outsider 유형에게서는 잘 나타나지 않는 것으로 볼 수 있는 것이다. 오히려 outsider는 주변의 노숙자들과의 비교를 통해 자신의 문제에 대해 과소평가하며 비현실적인 통제감과 관련된 왜곡된 지각을 가지는 것으로도 볼 수 있다(Bauman & Gigsby, 1988).

이처럼 노숙자의 심리사회적 외상의 대표적인 두 양상인 사회적 연계단절과 학습된 무기력 양상에 대해서는 Goodman 등의 논의와 Grigsby 등의 논의가 약간은 대조적인 모습을 보이고 있다. Goodman 등은 노숙생활의 조건이 노숙자들에게 공히 연계의 단절과 학습된 무기력을 발현하는 과정에 대해 초점을 두고 있는 반면, Grigsby 등은 노숙생활을 통해 사회적 연계가 변화되는 두 가지 양상에 따라 사회적 관계와 역기능에서의 특성이 상대적으로 다르게 나타나는 유형적 특성에 보다 초점을 두고 있었다.

그러나 양자의 논의는 모두 노숙생활을 통해 사회적 연계에서의 단절(혹은 변화), 학습된 무기력과 관련된 역기능이라는 두 가지 모습을 노숙자의 심리사회적 외상의 주요한 양상으로 지적하고 있다는 점에서는 공통적이라고 할 수 있다.

제3절 노숙생활의 이탈과 역동성

노숙은 노숙자 개인에게는 고정불변의 사건이 아니라 상대적으로 변화하는 역동적인 생활의 한 측면이다. 따라서 노숙은 시간에 따라 서로 다른 과정과 양상으로 나타난다. 이에 따라 Sosin 등(1990)은 노숙자 문제에 관한 연구에서는 그 역동성을 반영하기 위해 종단적인 연구가 필요하다는 점을 지적하고 있다. 그리고 Piliavin 등(1996)도 노숙은 불변의 속성을 가지는 것이 아니라 생활상에서의 이전과정에서 나타나는 사건으로서 보이야 한다며 '역동적 시각'의 중요성을 강조하였고, 이 역동성을 충분히 이해하기 위해서는 노숙으로 처음 진입하는 것뿐만이 아니라 노숙에서 벗어나는 과정, 그리고 혹은 다시 재진입하는 과정까지를 설명할 수 있어야 한다고 지적했다.

그리고 사회복지 실천적인 의미에서 볼 때, 노숙자 문제에 대한 궁극적인 관심이 노숙자들이 노숙생활을 벗어나 정상적인 사회생활로 복귀하는 것과 관련되므로 노숙생활에서의 이탈이나 변화과정에 대한 이해는 중요하게 부각되고 있다. 그러나 이러한 관심을 표현하고 있으면서도 노숙에서의 이탈과정에 관한 연구(Piliavin et al., 1996; Wong et al., 1997; Piliavin et al., 1993; Wong & Piliavin, 1997; Sosin et al., 1990 등)는 그다지 많지 않다. 이는 상대적으로 노숙으로부터의 이탈 자체가 쉽지 않을 뿐더러 이에 따른 표본의 취약성이나 종단적인 추적조사의 난점 등과 같은 연구의 어려움과 관련된다.

노숙이 많은 심리사회적 외상을 가져오는 생활상의 위기이기 때문에 노숙에서의 이탈은 서비스와 실천에서 주요한 목표가 된다. 그러나 실제로 길거리 노숙자들이 곧장 노숙과정에서 이탈하게 되기는 쉽지 않다. 따라서 많은 경우 노숙자들에게 주어지는 서비스는 일차적으로 보호시설을 통한 임시주거에서 기본적인 생활수단을 제공하는 것이다. 길거리 노숙자들은 보호시설 생활을 하게 되고 이곳을 통해 각종 서비스를 받으며 정상적인 주거생활로 복귀하여 노숙과정에서 이탈하거나 아니면 반대로 다시 길거리 노숙과 같은 만성적 노숙생활로

가는 형태의 과정이 나타나게 된다. 대부분의 노숙과정의 역동성에 대해 조사한 연구들이 길거리 노숙자를 대상으로 자료수집이 어려운 상황에서 보호시설에 입소해있는 노숙자들을 대상으로 연구를 하게 된다.

종단적 조사의 필요성을 역설한 Sosin 등은 6개월에 걸친 패널조사(1990)를 통해 노숙에서 이탈한 노숙자들이 다시 노숙으로 전화되는가의 과정에 대해 조사하였다. 일단 노숙에서 이탈한 노숙자들이 다시 노숙생활을 하는가와 관련된 요인으로 계절적인 요인이 제시되었다. 그리고 일반적인 생각과는 달리 노숙생활 경험기간이 이탈 후 다시 노숙으로 되돌아오는 것과 직접적인 상관관계는 없다고 설명하고 있다.

완전한 형태의 종단적 연구는 아니지만 분석기법을 통해 종단적인 역동성의 모습을 파악하려는 연구들도 있다. 먼저 노숙생활 기간을 분석대상으로 삼아 이에 영향을 미치는 요인들을 분석한 연구를 들 수 있다.

Piliavin 등(1993)은 이와 관련하여 노숙기간이 긴 노숙자와 상대적으로 노숙기간이 짧은 노숙자는 특성 차이가 있을 것이라고 판단하여 제도적 연계단절(instituional disaffiliation), 심리적 역기능(psychological dysfunction), 인적 자본(human capital), 문화적 동일시(cultural identification)의 4가지 요인이 노숙기간의 길이에 미치는 영향을 분석하였다. 이들은 미네아폴리스의 노숙자 331명을 대상으로 조사를 실시하였다. 여기서 제도적 연계단절 요인은 아동기의 가족해체와 위탁보호 경험, 범죄로 인한 격리의 경험, 가족형성 경험, 가족과의 접촉 정도 등이다. 심리적 역기능은 정신질환으로 인해 입원이나 시설 수용의 경험이 있는가로 측정되었다. 인적 자본 요인은 근로시간과 직업력, 교육기간 등으로 측정되었다. 그리고 문화적 동일시는 노숙생활에 대한 적응도와 자신과 노숙자를 얼마나 동일시하고 있는가로 측정되었다. 이들의 연구결과 아동기 가족해체 경험, 직업에서의 불안정성, 노숙생활에의 적응도가 노숙기간의 장기화에 기여하는 요인인 것으로 나타났다. 그러나 심리적 역기능성에 해당하는 과거 정신건강시설에의 수용 전력은 노숙기간의 장기화에 오히려 부적으로 영향을 미치는 것으로 나타나 연구가설과 반대되는 양상을 보여주었고, 알코올 중독의 증상은 노숙기간과 관련이 없는 것으로 나타났다. 이들은 노숙의 원인과 노숙기간에 기여하는 요인은 서로 다르다고 보고 노숙의 장기화에 기여하는 요인을 탐색하는 것은 현재의 노숙자들이 어떤 역동성을 보이게 될지를 예측하는데 유용하여 정책적인 함의가 크다고 했다. 우리나라에서는 이와 유사한 형태의 연구로 김혜성(1999)이 인구학적 요인, 제도적 비연계성, 개인적 자원, 사회적 자원 요인이 길거리 노숙기간에 미치는 영향을 분석한 바 있다.

다른 형태의 연구로는 노숙기간 자체보다는 노숙으로부터의 이탈 사건에 영향을 주는 요인들을 분석하기 위해 사건사 분석 방법을 활용한 연구들이 있다.

Piliavin 등은 노숙에서의 이탈과 재진입 과정에 대한 연구(1996)에서 이전의 노숙기간에 기여하는 요인을 탐색하는데 사용했던 변수들을 일부 수정하여 제도적 비연계성, 인적 자본의 결핍, 개인적 장애, 만성화의 4가지로 재개념화하고 있다. 이들은 사건사 분석방법의 Cox regression을 활용한 실증연구를 수행하였다. 여기서는 종속변수가 되는 노숙에서의 이탈을 독립적인 이탈(independent exit)과 비독립적인 이탈(dependent exit)로 분류하였다. 독립적인 이탈은 자신의 정규적 주거를 확보하는 경우고 비독립적 이탈은 타인의 거처에 의존하게 되는 것으로 정의하였다. 이에 따라 비독립적인 이탈의 경우에 노숙으로 재진입하게 될 가능성이 높은 것으로 보고 있다. 이들의 조사결과 고용, 직업훈련, 다른 노숙자들과의 동일시 정도, 과거의 노숙기간 등의 요인이 노숙으로부터의 이탈에 영향을 미치는 것이 발견되었다. 반면 다시 노숙으로 재진입하는 양상에는 직업력의 불안정성, 성 등의 요인이 작용하고 있는 것을 발견하였다. 이들은 특히 제도적 비연계성 요인과 관련하여 제도적 사회적 연계를 얼마나 유지하고 접근할 수 있는가가 노숙생활에서의 독립적인 이탈에 중요한 역할을 한다고 보았다.

또한 Wong 등(1997)은 뉴욕 시 노숙자 가족의 공공쉼터 사용에 관한 8년간의 행정적 자료를 분석하여 노숙자들이 거리와, 쉼터, 이용 가능한 주택 등을 옮겨가는 상대적으로 이전하는 모습을 보인다고 지적하여 불안정한 주거의 이전양상으로서 노숙현상을 고찰하였다. 이들은 실증적 조사를 통해 노숙자 보호시설에 수용된 가족이 노숙에서 이탈하는 것과 관련된 요인을 찾고자 시도하였다. 이 연구에서는 가족크기, 민족적 요소, 인종 등의 인구학적 배경요인과 사회적 지지의 사용, 사회복지급부의 활용 등의 변수가 노숙으로부터의 이탈에 미치는 영향이 검사되었다. 이들도 Cox regression 방법을 활용하였으며 특히 시간에 따라 변화하는 변수(시간의존적 독립변수)들의 값을 투입하여 분석을 정교화하였다. 이들은 노숙을 벗어나 획득하는 주거의 유형을 4가지로 분류하였고 이 유형이 후속적인 주거생활의 안정성과 관계를 가진다는 점을 발견하였다. 이와 아울러 노숙의 이탈 가능성은 노숙기간과 부(-)적으로 관련됨을 제시하였다.

그러나 이 조사들은 노숙자들이 노숙에서 다른 생활로 이전하는 것과 관련된 심리사회적 측면에서의 요인을 체계적으로 파악하지는 못하고 있는 단점이 있다. 이는 직접 노숙자를 대상으로 자료를 수집했다기보다는 주로 노숙자 보호시설이나 행정기관의 2차적인 자료에 의존하고 있기 때문에 나타난 결과로 볼 수 있다. 이 연구들에서는 주로 인구학적 요인이나 인적자본의 결핍과 관련된 요인 등과 노숙에서의 이탈간의 관계를 보고 있다.

Piliavin 등의 연구에서도 가설적 차원에서는 사회적 연계단절이나 문화적 적응, 혹은 심리적 역기능이 노숙에서의 이탈과 관련이 있을 것이라는 점을 제시하고 있어 심리사회적 특성 부분이 노숙으로부터의 이탈에 중요한 역할을 할 것이라고 보고 있다. 그러나 실제 조사에서는 연계단절이나 심리적 역기능을 척도 등을 활용하여 직접 측정하기보다는 과거의 전력과 같은 자료를 통해 분석을 하였다. 심리적 역기능 변수의 경우 과거 정신병원의 입원력이나 치료를 받았던 전력 등으로 측정되었고 사회적 연계단절 관련 요인도 아동기에 위탁보호를 받은 경험이 있는가 등의 기록을 통해 파악하는 간접적인 방법이 활용되고 있다. 이에 따라 결과가 가설이 기각되는 경우가 많고 주로 개인/가족의 인구학적 특성, 직업 활동이나 교육수준 등 인적자본 관련 특성과 보호시설 퇴소와의 관련성이 주로 드러나고 있다.

그러나 노숙생활로부터의 이탈이나 역동적 변화과정에 관심을 두고 있는 이들 선행연구들로부터 다음과 같은 중요한 함의를 얻을 수 있다.

첫째로, Piliavin 등이 제시하고 있는 바와 같이 엄밀한 의미에서 노숙생활에서의 이탈은 정상적인 사회경제생활로의 복귀를 의미하기 때문에 노숙생활에서 나타난 심리사회적 특성과 관련되는 제반 요인들은 노숙으로부터의 이탈 가능성에 부정적인 영향을 미치게 될 것으로 예측할 수 있다. 이에 따라 이들은 인적 자본의 취약성 관련 요인 이외에 연계단절, 심리적 역기능(혹은 개인적 장애), 만성화(혹은 문화적 동일시) 등의 요인이 보호시설에서의 이탈 혹은 노숙생활에서의 이탈과 관련을 가질 것으로 보고 있다.

둘째로, 이 연구들에서 노숙으로부터의 이탈과 같은 노숙생활의 역동성에 대해서 노숙자 보호시설에서의 퇴소를 통해 살펴보고 있다. 이는 현실적인 연구의 여건상 길거리 노숙의 과정을 추적해 연구한다는 것이 어렵기 때문이기도 하지만, 많은 노숙자들이 보호시설의 이용을 통해 노숙에서의 이탈이나 재진입 과정이 나타나기 때문이다. 그러나 이처럼 노숙자 보호시설에서의 퇴소로 노숙에서의 이탈을 조작화하여 살펴보면서도 보호시설에서의 이탈유무 뿐만 아니라 이탈의 내용도 여러 가지로 분류되면서 함께 고려되어지고 있다. 이는 보호시설에서의 퇴소가 정규적인 주거를 확보한데서 비롯됐다면 노숙으로부터의 이탈에 대해 긍정적인 방향으로의 이전이라고 볼 수 있지만, 많은 경우에서 나타나는 바와 같이 보호시설에서의 생활에도 적응하지 못하고 다른 보호시설로 가거나 혹은 다시 길거리 노숙으로 나가는 것이라면 부정적인 방향으로의 이전으로 보아야 하기 때문이다.

제4절 선행연구의 검토결과

이상에서 노숙자의 심리사회적 외상에 초점을 둔 선행연구들을 살펴보았다. 이들 연구내용 중에서 본 연구에 직접적인 함의를 주고 있는 부분들을 정리하면 다음과 같다.

첫째, 노숙자 문제는 우리사회에서 지금까지 노숙자의 수를 확인해서 알려져 왔던 것보다는 훨씬 더 많은 사람들에게 영향을 주고 있는 문제이다. 일반적으로 노숙자의 수로 알려진 내용은 실제로 노숙자 문제의 정도를 과소평가하는 것이었고 노숙자의 수보다는 훨씬 많은 노숙의 위험에 처한 사람의 수를 통해 노숙자 문제의 심각성을 이해할 필요가 있다.

둘째, 노숙자들은 일반인들에 비해 정신건강, 알코올 중독, 사회적 지지의 취약성 등의 측면에서 심각한 심리사회적 외상의 양상을 보이고 있다. 국내외의 많은 실증적 조사연구들이 노숙자가 단지 빈곤하고 가정이 없다는 점 이외에도 다양한 심리사회적 기능수행에서의 장애요인을 가지고 있음을 지적하고 있었다. 그리고 이러한 점들은 노숙자 문제가 단지 일시적인 실업과 빈곤의 문제 이상의 내용을 가지고 있음을 나타내는 것이다. 노숙자의 심리사회적 특성에 대해서 노숙의 원인이라는 측면에서의 논의들도 많이 있으나 이와는 반대로 노숙생활 자체가 노숙자들의 파행적인 심리사회적 기능수행을 일으키는 위험요인이라고 보는 관점들도 제시되고 있었다. 그러나 노숙자의 심리사회적 취약성과 노숙생활은 어느 한 방향으로 만의 단선적인 인과관계로만 보는 것은 어려운 것이고 상호간의 밀접한 관련성을 가지고 있는 것으로 볼 수 있다.

셋째, 노숙생활에 의해 나타나는 심리사회적 외상에 대한 이론적 논의들에서 두 가지 주요한 외상의 양상으로 사회적 연계단절 관련 요소와 학습된 무기력 관련의 심리적 역기능 요소가 강조되고 있었다. 노숙생활이 가져오는 심리사회적 외상의 양상은 사회적 관계의 취약성과 관련되는 측면에서는 사회적 연계단절(social disaffiliation), 그리고 심리적 역기능의 내용과 관련되는 측면에서는 학습된 무기력(learned helplessness)의 개념으로 설명되고 있었다.

넷째, 노숙자의 사회적 연계단절은 사회적 연계의 상실(loss of social affiliation), 관계망이 주로 노숙자들로 이루어진 파행적인 재연계(re-affiliation) 양상, 사회적 지지를 상실했다는 지각을 통해 외상적 양상을 볼 수 있었다. 사회적 연계단절은 사회의 주류에 해당하는 방식으로의 역할이나 행동과는 괴리를 가져와 노숙의 장기화, 만성화와 관련된다.

다섯째, 학습된 무기력과 관련된 심리적 역기능은 노숙생활을 통해 나타난 우울, 자기효능감의 저하, 외적 통제소 성향, 변화에 대한 수동성과 현재 노숙 상태에 대한 만성적 적응, 알코올 중독을 통해 심리사회적 외상의 양상을 나타내고 있었다. 이들 심리적 역기능의 정도는 특히 얼마나 부정적인 조건의 노숙생활을 얼마나 오래 경험하는가와 관련되며 이에 비추어 볼 때, 특히 길거리 노숙의 위험성이 높음을 알 수 있다.

마지막으로 노숙생활은 각 개인에게는 생활사의 한 국면이기 때문에 고정적인 것이 아니고 역동적인 변화과정이다. 노숙생활도 길거리 노숙과 보호시설 노숙으로 크게 나누어지며, 노숙으로의 진입과정이나 이탈과정도 복잡한 양상을 보이고 있다. 노숙생활의 반복성과 관련되어 노숙회기나 기간 등에 대한 관심도 커지고 있다. 따라서 노숙으로의 진입이나 노숙에서의 이탈과정 혹은 보호시설에서의 퇴소과정에 대한 연구가 이루어지고 있다. 현재까지의 선행연구들에서는 주로 인구학적·인적 자본과 관련된 변수와 보호시설에서의 퇴소와의 관련성에 대한 실증적 조사들이 이루어져 왔으며 사회적 연계단절, 노숙생활에 대한 문화적 적응, 심리적 역기능 등 노숙자의 심리사회적 외상이 보호시설로부터의 이탈에 부정적인 영향을 미칠 것이라는 점이 제안되고 있다.

본 연구에서는 이러한 점들에 주목하여 '심리사회적 외상'이라는 관점에서 노숙자들이 나타내고 있는 사회적 연계단절의 요인들과 학습된 무기력의 심리적 역기능 관련 요인에 대해 노숙생활기간이 미치는 영향을 실증적으로 분석한다. 그리고 이 두 가지 심리사회적 외상 요소들이 노숙자들이 보호시설에서 어떻게 퇴소하는가(노숙생활로부터의 이탈에 가까운 긍정적인 것인가 / 길거리 노숙과 같은 만성적 노숙에 가까운 부정적인 것인가)에 미치는 영향을 실증적으로 분석한다. 이러한 분석을 통해 노숙자들의 심리사회적 외상 특성들에 대해 보다 심층적으로 이해하고자 한다. 특히 주로 서구의 노숙자 문제에 대한 분석을 통해 도출된 이론적 내용들이 단기간 내에 노숙자의 대량 발생 현상을 경험하고 있는 우리나라의 상황에도 유사하게 적용되고 있는지 확인한다.

제3장 연구방법

제1절 연구모형과 가설

1. 연구모형

본 연구는 노숙기간이 노숙자의 심리사회적 외상 특성에 미치는 영향과 심리사회적 외상 특성이 보호시설 퇴소유형에 미치는 영향을 실증적으로 고찰하고자 한다. 즉, 기존의 많은 논의들처럼 노숙자들의 심리사회적 특성을 노숙의 원인으로서만 파악하는 것이 아니라, 노숙생활 기간에 따라 심화되는 외상으로 보는 것이다. 그리고 그간 실증적 분석이 이루어지지 않았던 영역인 노숙자의 심리사회적 외상이 보호시설의 이탈에 미치는 영향을 확인하고자 한다.

이에 따라 본 연구는 크게 두 부분의 분석으로 이루어진다. 첫 번째는 노숙기간이 심리사회적 외상에 미치는 영향에 대한 것이고, 두 번째의 부분은 노숙자의 심리사회적 외상 특성이 보호시설 퇴소에 미치는 영향에 대한 것이다.

첫 번째의 연구주제는 노숙기간에 따라 노숙자의 심리사회적 외상에 어떠한 영향이 있는가 하는 것이므로 독립변수는 노숙기간이 되며 종속변수는 심리사회적 외상의 특성이 된다. 이론적 논의에서 살펴본 바와 같이 노숙자의 심리사회적 외상의 양상은 사회적 연계단절 관련 요인과 학습된 무기력 관련 심리적 역기능 요인으로 구별하여 살펴볼 수 있다(Goodman et al., 1991).

앞에서 살펴보았던 심리사회적 외상론에 따르면 노숙기간이 길어지는 것은 노숙자의 사회적 연계단절을 심하게 할 것으로 예측되며 이에 대한 분석이 【그림 3-1】의 연구모형에서 ①에 해당한다. 사회적 연계단절 양상은 사회적 지지의 축소양상과 주변의 지지망이 주로 노숙자들로 이루어지는 양상으로 살펴볼 수 있으므로 사회적 연계단절 변수는 노숙자의 지각된 사회적 지지 정도, 사회적 관계망의 크기, 관계망에서 노숙자가 차지하는 비율이다.[25]

또한 노숙기간은 학습된 무기력의 심리적 역기능에 영향을 미칠 것으로 예측하여 이 관계를 분석한다. 이것은 연구모형에서 ②에 해당한다. 여기서 학습된 무기력의 심리적 역기능을 나타내는 변수로는 자기효능감의 저하, 외적 통제소 성향, 우울증상, 알코올 중독, 노숙생활에 대한 만성적 적응이 제시된다.

특히 ①, ②의 분석에서 독립변수인 노숙기간의 영향을 살펴볼 때, 전체적인 노숙기간 뿐만 아니라 보다 열악한 생활조건이 되는 길거리 노숙기간의 영향도 함께 살펴본다. 이는 앞의 학습된 무기력 논의들에서 나타난 바와 같이 노숙생활의 조건이 보다 열악한 길거리 노숙생활이 심리적 역기능에 중요한 영향을 미칠 것으로 예상되기 때문이다.

①과 ②의 분석에서 노숙자의 심리사회적 외상에 영향을 줄 수 있는 여타 변수들의 영향을 통제할 필요가 있다. 노숙자들의 특성과 인구학적 요인, 혹은

---

25) Bauman과 Grigsby(1988)의 사회적 연계단절 논의에서 노숙자들을 유형화하였던 점에만 기초할 경우에는 지지망이 축소된 경우와 지지망의 구성에서 노숙자 비율이 높아지는 경우를 구별하는 노숙자의 유형화가 필요할 수 있으나, 노숙자를 이와 같은 두 가지 유형으로 분류하는 것은 그 기준이 되는 실증적 근거가 취약하고 노숙자의 사회적 연계단절에 관한 Goodman 등의 논의(1991) 등에서는 사회적 연계단절의 두가지 모습(지지망의 절대 축소, 지지망의 내용변화)이 서로 다른 부류의 노숙자 분류 기준보다는 노숙자의 사회적 연계단절 내용에 함께 내재된 속성으로서 고찰하고 있다. 따라서 본 연구에서는 노숙자들의 사회적 연계단절 특성이 노숙생활을 경험하면서 노숙자들의 지지망이 절대적 축소 혹은 지지망의 구성 변화라는 두가지 측면 중 어느 하나가 선택적으로 나타나 유형화 될 수 있는 것이 아니라 두 가지 연계단절 양상이 복합적으로 나타나는 것으로 본다. 즉, 이는 노숙자들이 노숙생활을 통해 기존의 지지망을 상실하고 노숙자들로 구성된 지지망을 획득하게 되지만 전자의 상실이 후자의 획득 혹은 교체 부분보다 크기때문에 지지망의 양적 축소와 지지에서 노숙자의 상대적 비율 증대가 동시에 나타날 것으로 보는 것이다.

취업이나 교육과 같은 인적 자본 요인들의 관련성에 대한 선행연구(Milburn & D'Ercole, 1991; First et al., 1988; McChesney, 1990 등)들의 결과를 살펴볼 때, 인구학적 배경변수나 인적자본 관련의 배경변수들이 노숙자의 심리사회적 특성에 영향을 미칠 수 있다. 따라서 노숙기간이 노숙자의 심리사회적 외상에 미치는 영향을 정확히 확인하기 위해서 인구학적·인적 자본 변수들을 통제변수로 설정한다.

두 번째의 연구주제인 심리사회적 외상 특성이 보호시설 퇴소에 미치는 영향은【그림 3-1】에서 ③과 ④에 해당한다. ③과 ④의 분석에서는 보호시설에서의 퇴소유무만이 아니라 퇴소의 형태를 고찰한다. 보호시설에서의 퇴소유무만을 확인할 때에는 길거리 노숙으로 되돌아가는 경우와 노숙생활에서 벗어나 정상적인 사회경제생활로 되돌아가는 경우가 혼재되는데 이 각각은 서로 반대되는 경향성이 존재할 것으로 예측되기 때문이다. 독립변수인 심리사회적 외상 특성은 앞에서와 마찬가지로 사회적 연계단절 관련 변수들과 학습된 무기력 관련 심리적 역기능 변수들로 나누어진다. 그리고 종속변수는 긍정적 형태의 퇴소와 부정적 형태의 퇴소가 된다. ③은 노숙자의 사회적 연계단절과 관련된 요인에 해당하는 지각된 사회적 지지의 정도, 사회적 관계망의 크기, 관계망에서 노숙자가 차지하는 비율의 세 변수가 보호시설 퇴소형태 각각에 미치는 영향을 분석한다. 한편 외상의 다른 특성으로서 학습된 무기력 관련 심리적 역기능도 노숙자의 보호시설 퇴소 형태에 영향을 미칠 것으로 예측된다. 이에 대한 분석이 연구모형에서 ④에 해당한다. 여기서는 자기효능감의 저하, 외적 통제소 성향, 우울증상, 알코올 중독, 노숙생활에 대한 만성적 적응의 5개 변수가 보호시설 퇴소형태에 미치는 영향에 대해 분석한다.

노숙자들의 보호시설 이탈에 대한 선행연구들(Piliavin et al., 1996; Wong & Piliavin, 1997 등)에서는 주로 인구학적 특성이나 취업, 교육수준 등 인적자본 관련 변수들과의 관계에 대해 실증적인 연구를 수행해 왔다. 따라서 본 연구에서도 이들 연구를 참조하여 인구학적 배경변수나 인적 자본 배경변수들을 통제변수로 분석에 포함시킨다. 그리고 보호시설의 유형도 통제변수에 포함한다.[26] 이들 배경변수의 영향을 통제한 상태에서 심리사회적 외상 특성이 보호시설 퇴소형태에 미치는 직접적인 영향력을 분석한다.

이상의 연구내용을 그림으로 도식화하면 다음 【그림 3-1】의 연구모형과 같다.

【그림 3-1】 연구모형

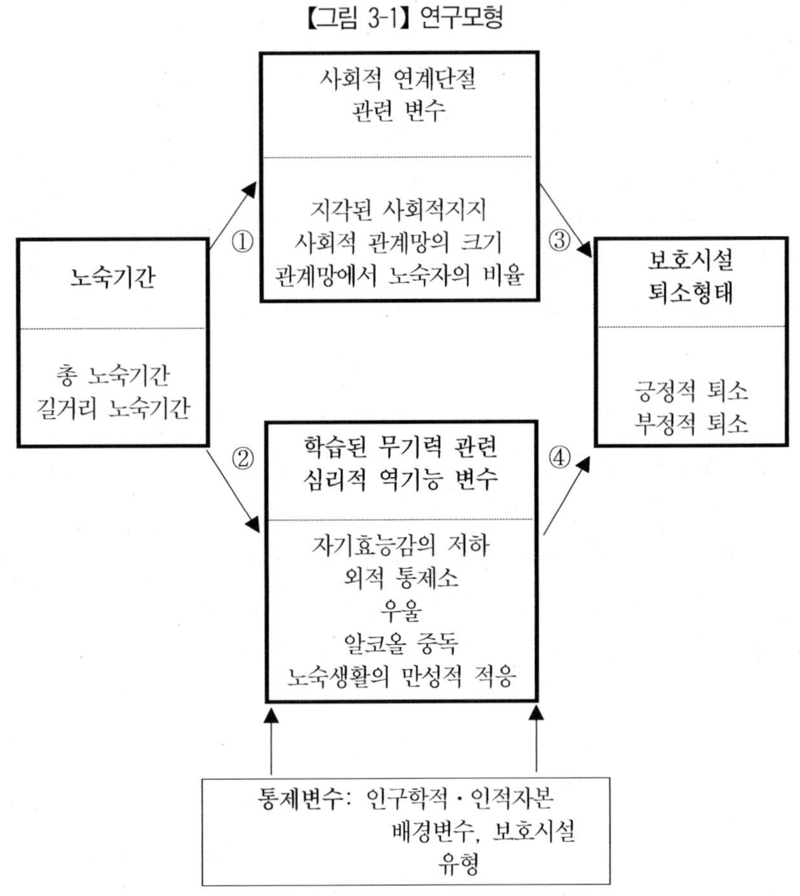

26) 노숙자들이 보호시설에서 퇴소하는 과정에는 보호시설에서 전문적인 사회복지서비스를 받았느냐와 같은 서비스 관련요인이 영향을 줄 수 있다. 그러나 본 연구의 조사 당시 노숙자 보호시설에서는 의식주 제공과 보호, 의료지원, 공공근로 알선 서비스가 획일적으로 제공되어 차별성 없이 거의 동일한 서비스가 제공되고 있었다. 그리고 전문적 서비스와 관련하여 중요한 의미가 있는 '노숙자 재활프로그램'은 1999년 12월부터의 시범사업을 통해 보호시설에서 시작되었기 때문에 본 연구의 대상자들에게 이 서비스의 차이가 퇴소에서의 차별성을 가져왔을 것으로 보기는 어렵다. 이에 따라 서비스의 차이는 분석에 포함되지 않았고, 각 보호시설이 사회복지관 부설로 설립되어 운영하는 것인지 일반 종교사회단체의 것인지만 분석에 포함되었다.

2. 연구가설

노숙에 대한 심리사회적 외상론에 따르면 노숙생활에 따라 노숙자들의 심리사회적 외상 특성이 심해진다고 하고 있으며, 이 외상의 특성은 사회적 연계단절 관련 요인들과 학습된 무기력 관련 심리적 역기능 요인으로 살펴볼 수 있었다. 첫 번째 연구주제인 노숙기간과 노숙자의 심리사회적 외상의 관계에 대한 연구가설 1과 2는 이 심리사회적 외상론에 기초하여 설정되었다.

심리사회적 외상의 한 양상으로서 사회적 연계단절은 주로 사회적 지지나 관계망과 관련된다. 노숙자의 사회적 지지체계가 취약하고 사회적 관계망의 크기도 작다는 점은 여러 연구(Shinn & Weitzman, 1990; Bassuk & Rosenberg, 1988; 신원우 1999)에서 공통적으로 나타나고 있다. 특히, 이 점은 노숙생활의 원인으로서도 지적되고 있으나 반대로 외상론의 시각에서 노숙생활이 사회적 관계와 지지에서 왜곡을 가져와 사회적 연계단절의 모습을 보이는 것으로 파악할 수 있다(Grigsby et al., 1990). 따라서 노숙기간에 길어짐에 따라 노숙자의 사회적 연계단절이 심해질 것으로 예측할 수 있어 다음과 같은 가설이 설정되었다.

연구가설 1: 노숙기간은 사회적 연계단절 관련요소에 영향을 미칠 것이다

노숙자의 사회적 연계단절에 관한 Grigsby의 만성화 모형 논의에서 사회적 연계단절의 양상은 주관적으로 지각된 사회적 지지 정도와 객관적인 관계망의 크기가 작다는 사회적 지지망의 양적 측면(disaffiliation 관련 요소)과 관계망이 주로 노숙자들로만 이루어지는 사회적 지지망의 내용적 측면(re-affiliation 관련 요소)으로 구체화될 수 있었다.

그렇다면 노숙기간은 사회적 지지망의 양적 측면에 해당하는 지각된 사회적 지지의 정도, 사회적 관계망의 크기에는 부(-)적 영향을 미칠 것으로 볼 수 있다. 이는 Grigsby 등의 논의에 의한다면 isolate의 양상을 나타내는 측면이라고 할 수 있다. 이를 아래의 가설 1-1과 1-2로 설정하였다.

한편, 지지망의 내용과 관련해서는 노숙기간이 관계망에서 노숙자가 차지하는

비율에 정(+)적 영향을 미치는 것으로 볼 수 있다. 이는 Grigsby 등의 논의에서는 outsider와 관련되는 양상이다.[27] Grigsby 등은 isolate와 outsider는 별도의 특성을 보이는 집단인 것으로 구분하고 있었다. 따라서 노숙기간에 따라 관계망에서 노숙자가 차지하는 비율이 높다는 가설을 동시에 설정하는 것은 이들의 논의에만 기초한다면 부적절한 것으로 볼 수 있다. 즉, 지지망이 크기가 축소되면서도 노숙자 관계망의 비율이 높아진다는 것은 일견 모순된 양상인 것이다. 그러나 노숙자의 사회적 연계단절의 양상은 노숙생활을 통해 기존 지지망의 상실과 노숙자 중심의 관계망을 획득하는 것을 통해 나타나는데 이 중 기존 지지망의 상실이 노숙자로 구성된 지지망의 회득보다 클 경우, 지지망의 절대양은 줄어들면서도 노숙자가 차지하는 비율은 늘어나게 된다. 본 연구는 이러한 점을 가정하고 있다. 즉, 관계망의 상실과 노숙자 중심의 관계망을 구성한다는 것은 서로 다른 노숙자에게서 어느 한 측면만이 나타나는 것이 아니라 상대적인 차이이고 기본적으로는 노숙기간에 따라 모든 노숙자가 나타내는 외상양상인 것으로 예측한다. 이를 명확하게 확인하기 위해서 사회적 지지와 관계망의 크기와 관련해서는 노숙자를 제외한 경우와 노숙자를 포함한 경우를 모두 분석해본다. 또한 독립변수가 되는 노숙기간의 영향력도 총 노숙기간 뿐만 아니라 이중에서 상대적으로 위험성이 높을 것으로 판단되는 길거리 노숙기간의 영향력을 모두 살펴본다. 이에 따라 관계망에서 노숙자가 차지하는 비율의 증가를 동시에 아래의 가설 1-3에 반영하였다. 따라서 하위세부 가설은 다음과 같이 설정하였다.

가설 1-1: 노숙기간이 길수록 지각된 사회적 지지의 정도는 낮을 것이다

가설 1-2: 노숙기간이 길수록 사회적 관계망의 크기는 작을 것이다

가설 1-3: 노숙기간이 길수록 사회적 관계망에서 노숙자가 차지하는 비율이
　　　　　높을 것이다

---

27) Grigsby 등의 시각에 따를 경우 본 연구는 관계망에서 노숙자가 차지하는 비율 관련의 가설을 제외한다면 주로 외부자(outsider)보다는 고립(isolate)의 측면에 초점을 두고 가설이 설정되어 있다. 이는 다음의 학습된 무기력 관련 가설에서도 마찬가지이다. 이는 본 연구가 길거리 노숙자를 포함하지 않고 보호시설 노숙자들만을 대상으로 이루어진 것과도 관련이 된다.

노숙자의 심리사회적 외상 특성의 다른 하나로 제시된 것은 학습된 무기력 관련의 심리적 역기능이다. 노숙생활은 개개인에게 심한 스트레스를 주는 위험 사건으로서 심리적 역기능을 초래하게 된다. Goodman의 논의에서 노숙생활에서 나타난 역기능성은 학습된 무기력의 발현으로 볼 수 있음이 제시되고 있다. 노숙자의 학습된 무기력에 대한 Goodman의 논의와 노숙자의 심리적 역기능성에 대한 실증적 연구결과(Gory et al., 1990; Weitzman et al., 1990; 주영수, 1998)들에 기초하여, 다음의 연구가설을 설정하였다.

가설 2: 노숙기간은 학습된 무기력 관련 심리적 역기능성에 영향을 미칠 것이다

노숙생활에 따른 심리적 역기능성에 대한 조사연구들(Goodman et al., 1991; Flannery, 1987; Kozol, 1988; Gory et al., 1990; Calsyn & Morse, 1992; 노숙자다시서기지원센터, 1999)의 결과와 Goodman의 노숙자의 학습된 무기력에 관련된 논의에서 노숙자에게 나타나는 심리적 역기능성으로 자기효능감의 손상, 외적 통제소, 정서적 측면에서의 우울, 알코올 및 약물 중독, 노숙생활에의 만성적인 적응의 5개 요소를 추출할 수 있다. 이는 학습된 무기력 모형에서 이야기되는 바와 같이 노숙생활이 스스로 통제할 수 없는 사건의 경험으로 작용하여 스스로에 대한 효능감이 떨어지고, 우울과 알코올 중독, 그리고 스스로 자신의 생활을 통제할 수 없다는 외적 통제소 성향, 변화에 대한 수동성을 포함한 노숙생활에의 만성적 적응이 나타나는 것으로 볼 수 있다.

Grigsby 등의 논의에서는 이러한 학습된 무기력도 주로 isolate에서 두드러지게 나타나고 outsider에게서는 상대적으로 덜 나타나는 특징으로 보고 있다. 그러나 본 연구에서는 유형적 분류와 역기능의 관련성에 초점이 있는 것이 아니고 노숙기간에 따른 역기능의 정도에 대해 초점을 두고 있다. 또한 Grigsby 등의 연구에서도 집락분석 과정에서 outsider의 경우 노숙기간이 isolate에 비해 상대적으로 짧은 것으로 나타나고 있어 노숙기간과 심리적 역기능의 관련성을 유추해볼 수 있다.

또한, 노숙생활의 조건이 열악한 것일수록 학습된 무기력의 증상이 심해지는 것으

로 볼 수 있으며 노숙자의 알코올 중독이나 정신건강에 관한 조사결과에서 길거리 노숙생활이 보다 큰 위험성을 가지고 있음이 제시된 바 있다. 따라서 전체 노숙기간뿐만 아니라 길거리 노숙기간과 각 역기능적 증상과의 관련성도 살펴보아야 할 필요가 있으므로 이 각각의 영향력을 살펴본다. 하위세부 가설은 다음과 같이 설정되었다.

가설 2-1: 노숙기간이 길수록 자기효능감은 낮을 것이다
가설 2-2: 노숙기간이 길수록 외적 통제소 성향이 클 것이다
가설 2-3: 노숙기간이 길수록 정서적인 우울 증상이 심할 것이다
가설 2-4: 노숙기간이 길수록 알코올 중독 성향이 많이 나타날 것이다
가설 2-5: 노숙기간이 길수록 노숙생활에 만성적으로 적응되어 있을 것이다

다음의 연구가설들은 본 연구의 두 번째 연구 주제인 노숙자 보호시설에서의 이탈에 관한 것이다. 본 연구는 이를 보호시설에서의 퇴소 형태에 초점을 두어 살펴본다. 노숙자 보호시설에서의 이탈에 관한 기존 연구(Wong & Piliavin, 1997; Wong et al., 1997; Piliavin et al. 1996)들은 대개 2차적인 행정자료를 분석함으로 인해 인구학적 배경요인들과 이탈 요소만을 살펴보고 있다. 그러나 선행연구들에서도 노숙자들의 손상정도가 보호시설 이탈에 영향을 미칠 것으로 보고 있었다. 본 연구에서는 이를 노숙의 만성화 모형이나 학습된 무기력의 외상 모형과 관련지어 살펴본다. 따라서 심리사회적 외상특성의 두 가지 주요한 요소가 되는 사회적 연계단절 관련요인과 심리적 역기능 관련요인은 노숙자의 보호시설 퇴소유형에 영향을 줄 것으로 예측할 수 있다. 따라서 다음과 같이 연구가설 3과 4를 설정하였다.

가설 3: 노숙자의 사회적 연계단절 관련요인은 노숙자 보호시설에서의 퇴소 유형에 영향을 미칠 것이다

노숙자가 정상적인 사회생활로 복귀하기 위해서는 주변의 적절한 사회적 지지와 관계망이 필수적인 조건이 된다. 노숙자는 대개 자신이 보유하고 있는 자

원이 고갈된 상태에 있기 때문에 물질적인 원조를 필요로 하고 적절한 정보나 정서적인 지지를 필요로 한다. 따라서 사회적 지지를 제공하는 사회적 관계망이 결여된 노숙자는 보호시설에서 적절한 주거를 확보하여 퇴소하는 긍정적인 방향으로의 이동이 나타날 가능성이 작아진다고 볼 수 있다. 또한 대부분의 사회적 관계망이 노숙자로 이루어질 경우 사회관습적인 역할에서 이탈하게 되기 쉬우며 노숙생활의 강화요인으로 작용할 수 있다. 이 경우에도 긍정적인 방향보다는 부정적인 방향으로의 이동이 나타나기 쉽다. 반대로 사회적 연계단절이나 파행적인 재연계의 양상이 적다면 긍정적인 방향으로의 이동이 나타날 것으로 예측할 수 있다. 그러므로 사회적 연계단절 관련 요인을 앞에서와 같은 3가지 변수로 구체화하여 다음과 같은 6가지 하위세부 가설을 설정하였다.

여기서 3가지 변수에 대한 가설이 긍정적 퇴소와 부정적 퇴소의 2가지 형태별로 기술되어 6가지 가설로 제시되고 있는 것은 반복적인 의미로 보일 수 있다. 그러나 긍정적 퇴소와 부정적 퇴소는 포괄성을 가진 범주구분이 아니며 각각 독립적인 분석을 필요로 한다. 본 연구의 분석에서 긍정적 퇴소가 아닌 경우라고 해서 모두 부정적 퇴소와 관련되는 것이 아니고 보호시설에 잔류하는 경우가 있어 긍정적 퇴소가 발생하는 경우와 그렇지 않은 경우, 부정적 퇴소가 발생하는 경우와 그렇지 않은 경우의 2가지로 분석이 분리된다. 즉, 긍정적 퇴소와 부정적 퇴소는 서로 독립된 별도의 종속변수가 되어 각각 분석이 이루어진다. 이에 따라 긍정적 퇴소에 유의미한 영향을 미치는 변수가 반드시 부정적 퇴소에도 반대 방향의 영향을 미친다고 볼 수 없다. 예를 들어 가설 3-1이 지지되어도 가설 3-4는 지지되지 않을 수 있다. 이러한 의미에서 긍정적 퇴소와 부정적 퇴소에 대해 각 독립변수가 미치는 영향을 분리하여 기술하였다. 이러한 가설의 기술방식은 다음의 가설 4의 경우에도 마찬가지이다.

가설 3-1: 지각된 사회적 지지정도가 큰 노숙자일수록 노숙자 보호시설에서 긍정적인 형태의 퇴소를 하게 될 가능성이 높아질 것이다

가설 3-2: 사회적 관계망의 크기가 큰 노숙자일수록 노숙자 보호시설에서 긍정적인 형태의 퇴소를 하게 될 가능성이 높아질 것이다

> 가설 3-3: 사회적 관계망에서 노숙자가 차지하는 비율이 낮을수록 노숙자 보호시설에서 긍정적인 형태의 퇴소를 하게 될 가능성이 높아질 것이다
>
> 가설 3-4: 지각된 사회적 지지가 큰 노숙자일수록 노숙자 보호시설에서 부정적인 형태의 퇴소를 하게 될 가능성이 작아질 것이다
>
> 가설 3-5: 사회적 관계망의 크기가 큰 노숙자일수록 노숙자 보호시설에서 부정적인 형태의 퇴소를 하게 될 가능성이 작아질 것이다
>
> 가설 3-6: 사회적 관계망에서 노숙자가 차지하는 비율이 낮을수록 노숙자 보호시설에서 부정적인 형태의 퇴소를 하게 될 가능성이 작아질 것이다

가설 4: 노숙자의 학습된 무기력 관련 심리적 역기능성은 노숙자 보호시설에서의 퇴소 유형에 영향을 미칠 것이다

노숙자의 심리적 역기능은 노숙자가 정상적인 사회생활로 복귀하는데 장애요인이 된다. 따라서 보호시설에서의 긍정적 퇴소에는 학습된 무기력 관련 심리적 역기능 정도가 심하지 않은 경우가 관련될 것으로 예측할 수 있다. 이에 따라 다음과 같은 하위세부 가설을 설정하였다.

> 가설 4-1: 노숙자의 자기효능감이 높을수록 노숙자 보호시설에서 긍정적인 형태의 퇴소를 하게 될 가능성이 높아질 것이다
>
> 가설 4-2: 외적 통제소 성향이 작을수록 노숙자 보호시설에서 긍정적인 형태의 퇴소를 하게 될 가능성이 높아질 것이다
>
> 가설 4-3: 정서적 우울 증상이 작을수록 노숙자 보호시설에서 긍정적인 형태의 퇴소를 하게 될 가능성이 높아질 것이다
>
> 가설 4-4: 알코올 중독이 없는 경우 노숙자 보호시설에서 긍정적인 형태의 퇴소를 하게 될 가능성이 높아질 것이다
>
> 가설 4-5: 노숙생활에 만성적으로 적응하지 않은 노숙자일수록 노숙자 보호

시설에서 긍정적인 형태의 퇴소를 하게 될 가능성이 높아질 것이다

노숙생활을 통해 발생하거나 심해진 자기효능감의 손상, 외적 통제소, 정서적인 우울, 알코올 중독, 노숙생활에의 만성적 적응 등의 학습된 무기력 증상은 노숙자가 보호시설에 고착되거나 혹은 부정적인 형태로의 이동, 즉, 길거리 노숙으로 다시 나가거나 여러 보호시설을 전전하는 요인이 되기 쉽다. 즉, 심리적 역기능이 심할 경우 부정적 형태의 퇴소가 발생할 가능성이 높아지므로 부정적 퇴소와 관련해서는 다음과 같은 하위세부 가설이 설정된다.

가설 4-6: 노숙자의 자기효능감이 높을수록 노숙자 보호시설에서 부정적인 형태의 퇴소를 하게 될 가능성이 작아질 것이다

가설 4-7: 외적 통제소 성향이 작을수록 노숙자 보호시설에서 부정적인 형태의 퇴소를 하게 될 가능성이 작아질 것이다

가설 4-8: 정서적 우울 증상이 작을수록 노숙자 보호시설에서 부정적인 형태의 퇴소를 하게 될 가능성이 작아질 것이다

가설 4-9: 알코올 중독이 없는 경우 노숙자 보호시설에서 부정적인 형태의 퇴소를 하게 될 가능성이 작아질 것이다

가설 4-10: 노숙생활에 만성적으로 적응하지 않은 노숙자일수록 노숙자 보호시설에서 부정적인 형태의 퇴소를 하게 될 가능성이 작아질 것이다

제2절 표본선정과 자료수집

본 연구는 기본적으로 서베이 연구(survey research)방법을 활용하였다. 이는 연구문제와 가설에서 제시한 관계들에 대해 살펴보기 위해서는 보호시설

에 입소해 있는 노숙자들을 대표할 수 있는 다수의 표본에 대한 연구가 유용하다고 판단되었기 때문이다.

또한 본 연구에서 주요한 연구주제가 되는 보호시설 퇴소에 대한 자료를 수집하기 위해서는 시설에서 퇴소한 노숙자를 대상으로 자료를 수집하거나 아니면 1차의 자료수집 후 조사대상자들의 퇴소내용에 대해 2차로 추가 확인하는 방법을 활용해야 하는데 본 연구의 내용상 후자의 방법을 채택하였다. 이를 위해 자료의 수집과정은 동일표본에 대한 1차 조사와 2차 조사로 이루어졌다.

1차 조사는 노숙자의 노숙기간과 심리사회적 양상 등 본 연구의 연구주제가 되는 기본적 변수들에 대한 것으로 이는 설문지를 통한 서베이 방법을 활용하여 자료를 수집하였다. 2차 조사는 보호시설에서의 퇴소에 관한 확인으로 이는 조사 후 일정시점이 지난 후에 확인이 가능한 것이므로 1차 조사 후 3개월과 8개월 후의 시점에 다시 시설의 직원을 통해 확인하였다. 1차 조사용 설문지는 두 가지 유형으로 한 가지는 시설 직원의 조사대상 노숙자에 대한 평가내용을 담고 다른 한 가지는 조사대상 노숙자가 자기보고식 설문지를 작성하도록 하였다. 조사대상 노숙자의 자기보고와 시설의 생활지도원이나 사회복지사의 평가내용을 비교하여 자료원의 삼각화(triangulation)와 같은 원리로 자료의 신뢰성을 확인하는 보조적 수단으로 삼았다.

본 연구에서의 조사 모집단은 '서울시내 노숙자 보호시설에서 거주하고 있는 노숙자'로 설정하였다. 우선 노숙자는 길거리 노숙자와 임시보호시설 입소 노숙자로 분류할 수 있는데, 이 중 길거리 노숙자에게서는 6개월 이상의 기간을 두고 2차례에 걸친 자료수집이 불가능하며 본 연구의 내용상 보호시설에서의 이탈에 관심을 가지고 있으므로 현재 길거리 노숙자는 연구 모집단에서 제외하였다. 또한 전국의 노숙자 중 70% 이상이 서울지역에 있으며 노숙자 보호시설의 70%가 서울지역에 밀집되어 있어 서울지역에 대한 조사가 지역적 편중성으로 인해 대표성을 상실한다고는 볼 수 없다. 따라서 연구의 편의성을 고려하여 서울지역의 노숙자 보호시설 거주자로 모집단을 제한하였다. 1차 조사시점인 1999년 8월 1일을 기준으로 사회복지관 및 종교사회단체 등에서 운영하고 있는 서울시내의 노숙자 보호시설은 총 105개소이며, 이 시설에서 거주하고 있는 인원은 매일 약간의 변동사항이 있으나 3,000여 명 가량으로 파악되었으며 이들이 조사모집단에 해당한다.

이 중 표본은 모집단의 10%로 설정하였다. 표본의 대표성을 최대한 확보하기 위해 서울시내 노숙자 보호시설 전수를 대상으로 표집을 실시하였다. 1차 조사에서는 각 시설 입소인원의 15%에 대해 자료를 수집하였다. 이는 본 연구가 1회의 조사로 완료되는 것이 아니라 6개월 이상의 시차를 두고 2차례의 자료를 수집하게 되는 것이므로 자료의 유실이 발생할 가능성이 높고 부실한 설문응답 등으로 분석에서 제외될 것을 고려해야 했기 때문이다. 이에 따라 1차 조사에서는 5% 추가의 자료를 수집한 것이다.

서울시내 시설입소자 개인에 대한 고정적이고 정확한 표집틀이 확보될 수 없어 처음부터 조사 모집단 전원에 대해 개인별로 표본을 무작위 추출하는 것은 현실적으로 어려우므로, 보호시설 전수를 방문하여 각 보호시설별로 입소생활자 명부에서 무작위 추출을 통해 15%에 해당하는 인원을 표본으로 추출하여 자료를 수집하는 방법을 취하였다. 조사대상자들의 일반적 특성은 다음 장의 조사결과 분석에서 보는 바와 마찬가지로 대체로 모집단의 특성을 반영하고 있는 것으로 나타나 어느 정도 대표성을 확보하고 있는 것으로 볼 수 있다. 2차 조사의 대상자는 1차 조사의 표본과 동일인이 된다.

자료수집은 사전조사와 1차 본 조사, 그리고 두 번에 걸친 2차 조사를 통해 이루어졌다. 우선 설문지의 적절성과 타당도 확보를 위해 전문가를 대상으로 한 안면타당도 조사와 사전 조사를 실시하였다. 안면타당도 조사는 1999년 6월에 사회복지학과 교수, 노숙자보호사업에 종사하고 있는 사회복지사 등 관련 전문가 20명에게 설문지 내용과 문항의 적절성에 관해 문의하였다. 사전조사는 1999년 6월 15일에 규모가 가장 큰 노숙자 보호시설에서 30명의 입소자를 대상으로 실시하였다.

1차 자료수집은 조사대상자들의 길거리 노숙기간, 심리사회적 특성 등에 대해 설문지를 통한 서베이 방법으로 조사가 이루어졌다. 1999년 7월 15일부터 8월 10일까지 연구자와 보조연구자 1인이 각 보호시설을 전수 방문하여 보호시설의 담당 직원에게 본 연구의 내용과 조사방법에 대해 설명한 후, 무작위 추출을 통해 표본을 선정하고 선정된 표본에 대해 설문조사를 실시하였다. 단 조사

당시 현장에 조사대상 노숙자가 없는 경우에는 설문지를 우편으로 반송 받았다. 자료수집의 용이성을 위해 서울 노숙자다시서기지원센터의 협조를 통해 시설을 방문하였으나 일부 보호시설에서는 조사의 협조가 이루어지지 않아 1차 조사에서는 105개 보호시설 중 82개 시설의 402명에게서 자료가 수집되었다.

2차 조사는 1차 조사가 완료된 후 3개월이 지난 1999년 11월 1일부터 10일까지 1차 조사대상자들의 보호시설 담당직원을 대상으로 방문이나 전화통화를 통해 조사대상자의 퇴소일시와 퇴소유형을 조사하였다. 그러나 동절기에 접어들면서 전반적으로 퇴소율이 저조하여 2000년 3월에 추가의 2차 조사를 실시하여 2000년 4월 1일 기준으로 퇴소내용을 확인한 후 조사를 종결하였다. 따라서 1차 조사와 2차 조사 사이에는 약 8개월의 시간이 소요되었다.[28]

1차 자료수집이 이루어진 표본 중에서 2차 자료수집시 보호시설의 폐쇄나 표본의 유실 등으로 일부의 자료는 분석에 포함시킬 수 없었다. 2차 자료까지 수집이 이루어진 것은 총 385사례였으며 이 중 응답이 부실하거나 직원응답과의 비교에서 신뢰성이 심하게 떨어지는 것으로 판단된 자료를 제외하고 355사례가 최종분석에 포함되었다.

이상의 과정을 그림으로 나타내면 다음【그림 3-2】와 같다.

【그림 3-2】 자료수집과정

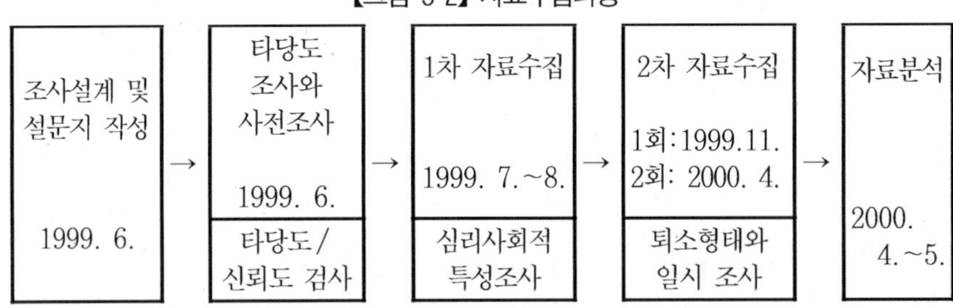

---

28) 본 연구에서는 1차 조사와 2차 조사가 동일한 내용의 자료수집이 아니므로 종단적 조사 혹은 전후비교설계의 성격을 가지는 것은 아니다. 또한 8개월의 시차는 최대치이며 모든 조사대상자에게 동일한 것이 아니다. 즉, 8월 1일 1차 조사 후 8월 15일에 퇴소한 경우라면 15일의 기간으로 이 사례에 대한 자료수집은 완료된 것이다. 단, 이를 일괄적으로 확인한 시점이 3개월 후와 8개월 후라는 의미이다

제3절 변수의 정의 및 측정

본 연구는 크게 두 부분의 분석으로 구성된다. 따라서 특정 변수들은 연구부분에 따라 독립변수가 되기도 하고 종속변수가 되기도 한다. 첫 부분의 연구에서는 노숙기간과 관련된 변수가 독립변수, 사회적 연계단절 관련변수와 심리적 역기능 관련 변수가 종속변수가 되었지만, 두 번째 연구부분에서는 사회적 연계단절 관련 변수와 심리적 역기능 관련 변수가 독립변수, 퇴소 관련 변수가 종속변수가 되었다 여기서는 서술의 편의상 퇴소 관련 변수를 종속변수로, 노숙기간 관련 변수, 사회적 연계단절 관련 변수, 심리적 역기능 관련 변수를 독립변수로, 기타의 배경요인들을 통제변수로 서술하였다.

1. 종속변수

본 연구에서 관심을 가지는 종속변수의 내용은 노숙자 보호시설에서의 퇴소이다. 이의 측정을 위해 1999년 7월에서 8월까지의 1차 조사에서 설문지에 응답한 조사대상 노숙자가 2000년 4월 1일까지 퇴소하였는가를 조사하였다. 그러나 본 연구에서는 노숙자들의 노숙생활 이탈에 관한 관심에서 출발하여 이를 보호시설 입소 노숙자의 보호시설 이탈로 조작화하여 살펴보게 되는 것이므로 단지 보호시설 퇴소의 유무만을 확인하는 것만으로는 충분하지 않다. 노숙자 보호시설에서의 퇴소는 양면성을 가지고 있어 퇴소가 곧 노숙생활에서 이탈과 관련되는 방향의 긍정성과 등치될 수 없기 때문이다. 이러한 점 때문에 노숙자의 보호시설 퇴소를 노숙생활 이탈에 근접해가는 긍정적인 의미의 퇴소와 길거리의 노숙생활로 되돌아가는 등의 만성적 노숙과 같은 부정적 의미의 퇴소로 나누어 살펴보았다. 따라서 종속변수의 명목적 정의는 긍정적 퇴소와 부정적 퇴소라는 두 가지 보호시설에서의 퇴소 형태가 된다.

현재 노숙자가 보호시설에서 퇴소하는 것은 행정적인 자료에서는 '무단퇴소',

'자진퇴소', '강제퇴소' 등으로 구별되어 있으나 이것으로는 실제로 퇴소의 내용을 확인할 수 없다. 예를 들어 '자진퇴소'의 경우 보호시설 생활에도 적응하지 못하여 다시 길거리로 돌아가는 것이나, 가족 재결합을 통해 정규적인 주거를 마련한 경우가 혼재되어 있었기 때문이다. 따라서 보호시설에서의 두 가지 퇴소형태라는 명목적 정의를 퇴소의 긍정성과 부정성에 비추어 측정할 수 있도록 별도로 구체화하는 기준을 설정해야 할 필요가 있다. 본 연구에서는 보호시설에서의 퇴소 형태에 대해 다음과 같이 구체화하여 조작적 정의를 내렸다. 먼저 긍정적 퇴소는 구직과 관련되어 정규적인 거주지를 마련한 경우, 가족과 재결합하여 주거를 확보한 경우, 보호시설 생활을 통해 정규 직업을 가지게 되어 '자활의 집'29)에서 생활하게 된 경우의 3가지로 규정하였다. 이와는 반대로 길거리 노숙으로 돌아간 경우, 쉼터생활에 적응하지 못하고 문제를 일으켜 강제퇴소를 당한 경우, 법률적/의료적 문제로 인해 구속되거나 요양시설로 옮겨간 경우를 노숙과정의 이탈에서 보다 멀어지고 만성적인 노숙의 반복과정과 연결될 가능성이 높아진 것으로 판단하여 부정적인 퇴소로 규정하였다. 그리고 이 측정을 위해 조사대상자가 된 노숙자에 대해서는 보호시설의 담당직원이 그 퇴소의 내용을 행정적 자료와 별도로 관리하도록 하였다.

본 연구에서 퇴소와 관련된 분석은 사건사 분석의 방법을 취하므로 판별분석이나 로짓, 프로빗 모형과는 달리 퇴소유형만이 필요한 것이 아니라 퇴소시점을 통한 보호시설 생활기간이 통계적 분석과정에 포함되므로 입·퇴소 일자를 통한 일(日) 단위의 보호시설 생활기간이 종속변수의 내용에 포함된다. 이 경우 퇴소하지 않은 경우는 조사종결시점인 2000년 4월 1일까지 퇴소 사건이 발생하지 않은 것으로 처리되며, 퇴소한 경우에는 퇴소일자까지의 기간이 분석에 포함된다.

그러나 일단 긍정적인 퇴소를 한 경우에도 다시 노숙으로 전환하는 사례가

---

29) 현재 서울시에서는 보호시설 입소 노숙자 중에서 공공근로 이외의 일반적인 직장을 마련하여 정기적인 수입원을 가지고 있고, 자활의지가 높다고 판단되는 노숙자들에게 심사를 거쳐 전세자금을 지원하여 '자활의 집'이라는 독립된 형태의 숙소를 제공하고 있다. 1999년의 경우 20여 세대의 '자활의 집'이 구성되었다.

발생하였다. 이 경우 본래 있던 보호시설로 재입소하게 되지 않으면 보호시설의 담당직원은 긍정적 퇴소를 한 것으로만 판단할 우려가 있다. 대부분의 경우 퇴소내용에 대해서는 보호시설의 담당직원이 퇴소유형과 내용을 파악하고 있었지만 재입소나 반복적 노숙을 확인하기 위해 이미 퇴소를 한 사례의 경우에도 2차 조사의 종결시점인 2000년 4월 1일까지 노숙자다시서기지원센터의 행정전산자료를 통해 자료를 추적하여 긍정적인 퇴소를 했던 조사대상자가 다시 보호시설로 입소하게 되는 경우 이는 절단된 자료(censored data)로 취급하였다. 이 경우 해당 보호시설에서 퇴소한 일자를 퇴소일자로 하되, 긍정적인 퇴소로 취급하지 않았다. 이것은 앞서 밝힌 바와 마찬가지로 퇴소유형과 보호시설에서의 입·퇴소시점이 측정되며 자료의 분석에서 사건사 분석을 통해 퇴소유형별로 시간에 따른 퇴소가능성으로 나타나므로 절단된 자료의 경우에 절단 시점이 분석내용에 포함되기 때문이다.

2. 독립변수

1) 노숙기간

본 연구에서 주요한 독립변수가 되는 노숙기간은 조사대상자가 노숙생활을 한 기간이다.

노숙기간은 길거리 노숙기간과 보호시설 이용기간을 포함한 총 노숙기간으로 구분된다. 길거리 노숙기간의 조작적 정의는 조사대상자가 보호시설에 입소하기 전까지 길거리에서 노숙을 한 기간으로 일(日) 단위로 측정되었다. 총 노숙기간의 조작적 정의는 최초로 노숙을 시작한 날부터 조사시점까지 길거리 노숙과 보호시설 이용일수를 합한 것으로 역시 일(日) 단위로 측정되었다.

2) 사회적 연계단절 관련 변수

사회적 연계단절 관련 변수는 학습된 무기력 관련의 심리적 역기능 변수와 아울러 노숙자의 심리사회적 외상 특성을 나타내는 두 가지 주요한 요인 중에 하나이므로 사회적 연계단절 관련 요인이 주요 독립변수로 설정되었다. Grigsby 의 노숙 만성화 모형에서 사회적 연계단절 양상을 나타내는 요소로서 지각된 사회적 지지의 정도와 사회적 관계망의 크기가 작아지는 양상(지지망의 양적 측면에서의 축소)과 주변의 관계망이 주로 노숙자들로만 이루어지는 지지망에 서의 파행적 재연계 양상(지지망의 내용에서의 문제)이 지적되고 있었다. 이에 따라 사회적 연계단절 관련 변수에는 지각된 사회적 지지의 정도, 사회적 관계 망의 크기, 사회적 관계망의 형태라는 3가지의 변수가 포함된다.

  ① 지각된 사회적 지지

  지각된 사회적 지지의 명목적 정의는 조사대상자가 주변의 타인들로부터 지 지를 받고 있다고 느끼는 정도이다. Grigsby는 노숙자들이 노숙생활을 하면 서 자신이 주변 사람들로부터 지지를 받고 있지 못하다는 고립감을 느끼게 되 면서 만성화되어간다고 보았다. 따라서 지각된 사회적 지지는 사회적 연계단절 양상을 나타내어주는 중요한 지표가 된다.

  지각된 사회적 지지를 측정하기 위해서 조작화하면 가족과 친척, 노숙을 하 지 않는 친구와 동료, 노숙을 하는 친구라는 지지의 주요한 원천별로 정서적, 정보적, 물질적 측면에 대해 받고 있다고 느끼는 도움의 정도를 말한다. 이러 한 내용은 지각된 사회적 지지의 정도를 측정하는 척도로부터 유추될 수 있 다. 지각된 사회적 지지를 측정하기 위해서 일반적으로 많이 사용되는 측정도 구로는 Sarason 등의 Social Support Questionnaire, Barrera 등의 Scale of Social Support, Brandit & Weinert의 Personal Resources Questionnaire, Norbeck의 Norbeck Social Support Questionnaire (NSSQ) 등이 있다. 국내에서는 이들 척도의 종합적 검토를 통해 박지원 (1985)이 개발한 사회적 지지 척도가 타당도와 신뢰도 검토를 거쳐 활용되고 있으며 김인숙(1994)은 다시 이들 사회적 지지 척도를 재검토하여 16개 문항 으로 정서적, 정보적, 물질적 지지라는 다차원적이고 지각된 지지를 측정하였 다. 본 연구에서는 김인숙이 번안하여 활용한 사회적 지지 척도가 사회적 지지 에 관한 기존의 척도들을 종합적으로 고려하고 있고 타당도와 신뢰도가 입증되어 있으면서도 간결하게 구성되어 있으므로 본 연구의 목적에 부합하는 유용한 척도로 판단되어 이를 활용하였다. 지지의 원천별로 가족과 친척, 노숙을 하지 않는 친구와 동료, 노숙을 하고 있는 동료에 대해서 지지의 정도를 기입하게 하여 하위 원천별로 지지정도를 파악하고 이의 총합으로 전체적인 사회적 지지의 정도를 파악하였다.

② 사회적 관계망의 크기

사회적 관계망의 크기는 조사대상자가 주변에서 지속적으로 의미 있는 관계를 맺고 있는 사람들의 수이다 지각된 사회적 지지가 주변 사람들로부터 도움을 받고 있는 정도에 대한 주관적 인식이라면 사회적 관계망은 실제로 관계를 맺고 있는 주변 사람들과의 관계망이 가지는 객관적 크기에 해당한다. 주관적 인식에서 뿐만 아니라 객관적 관계망에서의 측면에서도 역시 노숙자들은 노숙생활을 통해서 주변의 사회적 관계망을 상실해가는 것으로 Grigsby는 연계단절(disaffiliation)의 개념을 통해서 설명하고 있다.

사회적 관계망의 크기를 측정하기 위해서는 구체적인 변수의 조작화에 따른 측정이 필요하므로 Rosenfield와 Wenzel(1997)이 만성 정신질환자의 사회적 관계망 분석에서 연구한 방식대로 사회적 지지와 관계망을 분석하는데 많이 이용되는 Arisona Social Support Interview Schedule(Barrera, 1980)을 활용하였다.

이 ASSIS에서 사회적 관계망의 크기는 개인적인 일을 마음 놓고 이야기할 수 있는 사람, 필요할 때 조언을 해주는 사람, 물질적 지원을 기대할 수 있는 사람, 노력과 에너지를 제공해 줄 수 있는 사람들의 수를 조사[30]하여 이 합계로 사회적 관계망의 크기를 파악하는 것이다. 원래 ASSIS에서는 조사대상자로 하여금 주요한 지지를 제공하고 있는 관계망에 해당하는 사람들의 이름을

---

30) Rosenfield와 Wenzel의 연구에서는 처음의 두 가지를 정서적 지지 관련 관계망으로, 나중의 것들을 도구적 지지 관련 관계망으로 파악하고 있다. 그러나 사회적 관계망의 크기를 파악하기 위해서는 이 분류가 사용되지 않고 합계만을 구하므로 본 연구에서도 이 두 요인의 분류 없이 합계를 통해 사회적 관계망의 크기를 구하였다.

모두 기입하도록 하는 방식을 취하고 있으나 본 조사에서는 조사저항 등 조사 과정에서 어려움이 있으므로 이름까지는 확인하지 않고 관계망 내의 사람의 숫자와 노숙자인가의 여부를 확인하였다.

③ 관계망의 형태

관계망의 형태는 조사대상자의 사회적 관계망이 주로 누구로 구성되어 있는가를 말한다.

Grigsby의 만성화 모형에서 노숙자들의 사회적 연계단절은 지지망의 양적 측면에서의 축소라는 단절(disaffiliation)과 아울러 주변의 관계망이 주로 노숙자들로만 이루어지면서 나타나는 파행적 재연계(re-affiliation)라는 양상으로 나타남을 지적하고 있었다. 이는 주변의 관계망이 주로 노숙자들로만 이루어지게 되면 노숙생활이 만성화되기 쉬우며 노숙생활에서 이탈하는데 필요한 관계망의 비중이 약화되어 주류 사회와의 단절이 가속화되기 때문이다.

따라서 관계망의 형태를 조작화한다면 관계망에서 노숙자가 차지하는 비율이 된다. 관계망의 측정에 대해 연구한 Rosenfield와 Wenzel은 사회적 관계망의 크기뿐만 아니라 관계망의 형태도 중요하다고 하면서 특정 하위집단의 경우 전체 관계망에서 내부자(insider)와 외부자(outsider)의 비율에 관심을 가져야 한다고 주장하며 전체 관계망의 크기에서 내부자의 총 수를 나누어 내부자의 비율을 구해 사회적 관계망의 형태를 파악하였다. 본 연구에서도 Rosenfield와 Wenzel의 연구방식을 참조하여 전체 관계망에서 노숙자(insider)와 노숙자가 아닌 사람(outsider)의 수를 조사하였다. 이에 따라 전체 관계망에서 노숙자가 차지하는 비율을 계산하여 이 비율을 사회적 관계망의 형태로 파악하였다.

3) 학습된 무기력 관련 심리적 역기능 변수

Goodman 등(1991)은 노숙자의 심리사회적 외상의 주요한 양상을 두 가지로 보아 그 하나는 전술한 사회적 연계단절(social disaffiliation)이고 다른 하나는 학습된 무기력(learned helplessness)의 심리적 역기능성이라고 보았다. 선행연구들의 검토를 통해 노숙자의 학습된 무기력의 양상에 해당하는 심리적 역기능성으로는 자기효능감의 저하, 외적 통제소 성향, 우울, 알코올 중독, 노숙생활에 대한 만성적 적응이라는 5가지 변수가 추출되었다.

① 자기효능감

자기효능감은 여러 가지 생활의 일반적 상황에서 자기스스로의 성취능력에 대한 인식을 말한다. 학습된 무기력은 자신의 생활여건을 스스로 통제하지 못하는 상황을 경험하면서 자신의 능력을 불신하고 수동성과 무기력을 나타내는 것이므로 자기효능감의 정도는 학습된 무기력에 대해 부(-)의 관계를 가지는 중요한 구성요소가 된다.

자기효능감의 측정을 위해서 Sherer의 자기효능감 척도(SES: Self-Efficacy Scale)를 사용하였다. 이 척도는 특정한 상황이나 행동에 얽매이지 않은 일반적인 상황에서의 자기 자신의 능력과 효능감을 확인하기 위해 고안된 것으로서 자기효능감에 대한 일반적 인식과 대인관계에서의 자기효능감을 측정하는데 유용하다. 이 Shere의 SES 척도는 국내에서 신영화(1999)가 번안하여 사용한 바 있는 것이다. 총 문항 수는 30개의 5점 Likert 척도로 이루어져 있으나 이중 7개의 문항은 허위문항으로서 채점되지 않고 23개 문항의 응답치의 합계로 자기효능감의 정도를 측정하도록 되어있다. 본 연구에서는 응답자의 속성을 고려할 때, 설문지의 내용을 간결하게 할 필요가 있어 허위문항을 제외한 23개 문항으로 자기효능감을 측정하였다.

② 외적 통제소 성향

통제소(locus of control)는 자신의 생활과 삶에 대한 통제 능력과 권한이 어디에 있다고 느끼는가를 말하는 심리적 구성체이다. 따라서 외적 통제소 성향은 자신의 생활과 삶에 대한 통제능력이 자기 자신의 내부가 아닌 타인이나 운명에 있다고 느끼는 성향을 말한다. 학습된 무기력의 양상은 자신의 능력을 믿지 못하고 자신의 상황을 개선할 수 있다는 의지를 상실하는 것이므로 외적 통제소는 노숙생활에 따라 나타나는 학습된 무기력 관련 심리적 역기능의 지표가 된다.

외적 통제소를 측정하기 위해서 Berrenberg의 Belief in Personality

Control Scale(BPCS)를 활용하였다. Berrenberg의 척도는 본래 개인적 통제 성향의 다양성을 알아보기 위해 3가지 차원의 45문항으로 구성된 척도로 고안되었으나 이 각각이 서로 다른 측면에 대한 측정이므로 이를 F1, F2, F3의 독립된 척도로 활용할 수 있도록 했다. 본 연구에서는 학습된 무기력의 한 양상으로서 자신의 생활에 대한 통제감을 갖지 못하는 특성인 외적 통제소 성향에 관심을 가지고 있다. 따라서 Berrenberg의 F1, F2, F3 척도 중에서 내적-외적(internality-externality) 통제소 성향에 대해 측정하는 척도인 F1을 사용하였다. 이 척도는 자신이 수행하는 일과 자신의 생활이 자기 자신에 의해 이루어지는 것으로 받아들이는지(내적 통제소 성향), 운명이나 타인의 힘에 의해 이루어지는 것으로 받아들이는지(외적 통제소 성향)를 사정하는 5점 Likert 척도로 내적 통제 성향과 외적 통제 성향이 서로 역점수의 관계가 있는 것으로 계산된다.

③ 우울

 정서적 증상으로서의 우울 증상은 학습된 무기력의 가장 일반적인 지표이다 (Goodman et al., 1991; Flannery, 1987). 우울 증상을 측정하기 위해서는 간이정신진단 검사(Symptom Checklist-90-Revision; SCL-90-R)중 우울 증상의 척도를 사용한다. SCL-90-R은 심리치료를 위해 심리적 이상증상의 진단을 위해 사용하는 도구로 Derogatis 등에 의해 1977년에 개발된 '자기보고식 다차원 증상목록 검사'이다. 이 도구는 본래 심리적 측면에서 우울뿐만 아니라 신체화, 정신분열증, 강박장애 등 다양한 이상행동의 증상을 측정하기 위해 9개 차원의 90개 문항을 활용하고 있다. 이 검사도구는 이미 임상사회복지실천, 정신의학, 심리학, 교육학 등 다양한 분야의 연구에서 많은 사용을 통해 표준화가 되어 있다. 국내에서도 각급 의료기관과 학교 등에서 활용되어 왔고 김광일 등(1989)의 재표준화 연구를 거쳐 사용되어 오고 있다.

 본 연구에서는 SCL-90-R에서 우울증상을 측정하는 차원에 해당하는 13개 문항을 활용하였다. 이 13개 문항 중에서 타당도 조사와 사전조사를 통해 응답에 대한 저항이 높고 신뢰도가 떨어지는 것으로 판단된 1개 문항('성욕 감퇴')을 제외한 나머지 12개 문항을 활용하여 우울증상을 측정하였다. 이는 각 진술문항에 대해 증상을 '전혀 느끼지 않는다'에서 '항상 느낀다'의 5점 척도로 측정되었다.[31)

④ 알코올 중독

노숙자들의 음주문제는 자신의 생활에 대해 적응적으로 대처하지 못하고 술이라는 물질에 의존하는 부적응적 대처방식으로 간주되고 있다. 노숙자들의 알코올 중독은 노숙의 원인으로서 많이 언급되기도 하지만 심리사회적 외상론에서는 학습된 무기력의 한 양상으로도 보고 있었다. 따라서 조사대상자들이 알코올 중독 증상을 가지고 있는가를 측정하였다.

알코올 중독의 유무를 측정하기 위해서 한국형 알코올 의존 선별검사 도구(National Alcoholism Screening Test; NAST)를 활용한다. NAST는 세 번의 연구를 거쳐서 국내의 사용에 적합하도록 구성된 선별도구이다. 최영희 등(1989)의 '한국형 알코올리즘 선별검사를 위한 예비연구(1)'에서는 Michigan Alcohol Screening Test(MAST), DSM-Ⅲ Alcohol Abuse and Dependence, Calahan 척도, Problem Drinkers Scale(PDC), Kurihama Alcoholism Screening Test(KAST), Skinner의 Alcohol Dependence Scale(Skinner 척도) 등의 여섯 가지 알코올 의존검사의 각 항목을 기초로 판별력이 높다고 인정된 19문항의 선별검사가 이루어졌다. 이것이 한광수 등(1990)의 '한국형 알코올리즘 선별검사를 위한 예비연구(Ⅱ)'에서는 12문항으로 조정되어 재구성되었으며, 김경빈 등(1991)의 '한국형 알코올 중독 선별검사 제작을 위한 예비연구(Ⅲ)'를 통하여 조사도구의 표현과 자구 등이 일부 수정되어 임상에서 간편하게 사용할 수 있도록 수정되었다. 이는 알코올 사용장애를 이미 가지고 있는 개인의 선별에 적합한 도구이다(유채영, 신원우, 1999).

---

31) 본래 SCL-90-R에서는 0점에서 4점까지의 5점 척도를 통해 표준화되어 있는 t-score를 활용하여 각 조사대상자의 증상에 대해 임상적 이상 유무를 판정할 수 있도록 되어있다. 그러나 본 연구는 각 개인의 임상적 이상유무 판정에 관심을 가지고 있지 않고 증상정도의 점수 측정치 비교에 관심을 가지고 있으므로 일반 5점 척도로 사용하였다.

이 도구는 타당도와 신뢰도를 널리 인정받아 알코올 중독과 관련된 국내의 연구에서 많이 활용되고 있으며, 노숙자를 포함한 문제음주자에 관한 조사연구(유채영, 2000)나 노숙자를 대상으로 한 음주문제와 관련된 연구(유채영, 신원우 1999) 등에서도 활용된 바 있어 본 연구에서도 이 척도로 알코올 중독에 대해 측정하였다.

이 척도는 각 문항의 진술에 대해 '그렇다'와 '아니다'로 응답하도록 되어있고 12문항 중에서 4문항 이상에 대해 그렇다고 응답될 경우, 알코올 의존치료를 받아야 할 최소수준으로서 임상적으로 알코올 중독으로 진단될 가능성이 매우 높다고 본다. 따라서 4문항 이상이 표시될 경우와 그렇지 않은 경우로 dummy 변수화하여 0은 미중독, 1은 중독을 나타내는 것으로 활용하였으므로 등간이나 서열적 속성의 변수가 아닌 명목적 수준의 변수로 활용되었다.

⑤ 노숙생활의 만성적 적응

노숙생활에 대한 만성적 적응은 자신의 집이 아닌 곳에서 생활하는 노숙생활에 대해 얼마나 익숙해지고 만성화되었는가를 말한다. Piliavin 등(1996)은 이러한 양상을 '문화적 적응(acculturation)'으로 표현하며 노숙자들이 문화적 적응양상을 나타내게 되면 노숙생활로부터 이탈하려는 의욕 없이 수동적으로 현재의 노숙 상황에 머무르게 된다고 했다. 이는 학습된 무기력에서 자신의 생활에 대한 변화의욕이 상실되는 만성적인 수동성을 나타내는 것이라고 할 수 있다.

이러한 만성적 적응을 측정하기 위해서 Morris의 연구(1998) 등에서 노숙자의 만성화에 대한 구조화된 면접 시 사용한 질문내용을 참조하여 연구자가 노숙자 보호시설의 상담원과의 논의를 통해 구성한 5개의 항목으로 측정한다. 최초에는 8개 항목이었으나 타당도 조사와 사전조사의 신뢰도 조사결과를 통해 '노숙자를 위한 무료 급식장소를 잘 알고 있다', '집이 아닌 곳에서 잠자는 것이 많이 힘들지 않다', '길거리에서 남들의 시선을 크게 의식하지 않는다', '노숙 생활이 오래 갈 것 같다', '노숙을 할 때, 잠자기에 좋은 곳을 잘 알고 있어 그곳에서 잤다' 등의 5개의 문항으로 재조정하였다.

3. 개인 / 가족 인구학적 변수(통제변수)

노숙자의 심리사회적 특성에 관한 선행연구들 중에서는 인구학적 배경요인과 심리사회적 특성과의 관련성에 대해 지적하고 있는 연구(McChesney, 1990; Milburn & D'Ercole, 1991; First et al., 1988; Applewhite, 1997; Kutza & Keigher, 1991)들이 있다. 이들 연구에서는 노숙자들의 인종, 민족, 성, 연령, 원가족의 문제, 건강상태, 교육수준 등의 인구학적·인적 자본 관련 변수들이 심리사회적 특성에 영향을 미치고 있는 점들이 지적되고 있다.

또한 노숙자 보호시설에서의 이탈에 관한 연구들인 Piliavin 등의 연구(1993, 1996)나 Wong 등의 연구(1997)에서는 노숙기간 혹은 노숙자 보호시설에서의 퇴소와 관련되어 개인 / 가족의 인구학적 변수를 중심적으로 고찰하여 영향요인을 분석하였다.

이러한 연구들에 따르면 인구학적·인적 자본 관련의 변수들은 심리사회적 외상특성이나 보호시설 퇴소형태에 영향을 미칠 가능성이 있다. 본 연구에서 노숙기간이 심리사회적 외상 특성에 미치는 영향, 그리고 심리사회적 외상특성이 보호시설 퇴소형태에 미치는 영향을 정확히 분석하기 위해서는 이들 인구학적·인적 자본 관련 변수들의 영향력을 통제할 필요가 있다. 따라서 본 연구에서는 선행연구들에서 지적되고 있는 배경변수들 중에서 인종이나 민족요인과 같이 우리나라와 문화적 차이가 커서 의미를 상실하는 변수를 제외한 인구학적·인적 자본 관련의 변수들을 통제변수로 설정하여 분석에 포함한다.

1) 인구학적 배경 변수

① 성

외국의 선행연구에서는 여성노숙자가 남성노숙자와 다르게 나타내는 특성에 대한 지적들이 있다. 현재 우리나라의 노숙자는 절대 다수가 남성인 것으로 조사되고 있으나, 최근 들어 가정폭력이나 해체문제와 관련하여 여성노숙자에 대한 관심이 점차 높아지고 있다. 또한 서울시내 105개소 노숙자 보호시설 중에

5개소는 여성용 노숙자 보호시설이고 1개소는 가족단위 노숙자 보호시설이다. 이에 따라 성별 차이가 가지는 영향력을 통제하기 위해 인구학적 변수로 성을 측정하였다. 이는 명목변수로서 0은 여성, 1은 남성을 나타내는 것으로 부호화하였다.

② 연령

외국의 연구(Kutza & Keigher, 1991)에서는 새롭게 대두된 고연령의 노숙자가 가지는 특성에 대한 관심이 나타나고 있다. 또한 우리나라 노숙자 현황의 특성과 관련하여 서구의 노숙자들보다 평균 연령이 다소 높은 한계 집단으로서의 특성이 지적되곤 한다. 연령은 노숙기간이나 노숙에서의 이탈에 영향을 미칠 가능성이 있으며 심리사회적 특성과도 상관관계를 가질 수 있다. 따라서 연령도 만 연령을 기준으로 측정하여 통제변수로 분석에 포함하였다.

③ 원가족의 해체 여부

노숙자 문제는 흔히 가족해체 문제와 관련지어 파악되며 특히 원가족의 해체가 노숙자의 개별적 특성과 관련될 가능성이 높다. 그러나 가족해체는 이혼, 사별, 원가족의 구성경험이 없는 경우, 학대문제 등 복합적 속성이 있는 현상이므로 쉽게 그 내용을 다 포함하는 것으로 조작화되기가 어렵다. 본 연구에서는 노숙자들이 18세 이전에 원가족과 함께 생활했는지를 물어 원가족 해체의 경험 유무만을 측정하여 분석에 포함시킨다. 0은 원가족의 해체경험이 없는 경우, 1은 원가족의 해체경험이 있는 경우로 dummy 변수화하여 측정하였다.

2) 인적 자본 변수

① 건강

노숙자는 건강상의 문제를 가진 비율이 높은 것으로 보고되고 있다. 그리고 이러한 건강문제는 심리사회적 외상의 특성이나 노숙생활에서 벗어날 수 있는 가능성에 큰 영향을 미치게 된다. 그러나 객관적인 건강상태는 본 연구의 조사를 통해 쉽게 측정될 수 없으므로 스스로 인식하고 있는 건강상태를 5점 척도로 질문하여 건강에 대한 주관적 인식을 측정하였다.

② 교육

교육정도는 인적 자본과 관련되어 매우 중요한 변수로 취급될 수 있다. 흔히 교육정도는 자기효능감 등의 심리적 특성과 관계를 가지는 것으로 보고 되고 있으며, 교육수준이 높을수록 안정된 직장의 확보 가능성이 높아지므로 보호시설에서의 긍정적인 퇴소와 관계를 가질 수도 있다. 본 연구에서는 노숙자들의 교육정도를 질문하여 각급 학교의 졸업과 중퇴로 응답하도록 하였다. 이를 분석의 편의를 위해 교육연한으로 바꾸어 사용하였다.

③ 직업과 근로관련

노숙자들이 근로활동을 하고 있는지는 노숙으로부터의 이탈 가능성에 영향을 미칠 수 있다. 근로활동을 조작화하여 최근 3개월간 1주일에 1일 이상을 정기적으로 일을 하고 있는가를 질문하였다. 그러나 대부분의 노숙자가 공공근로활동에 참여하고 있는데 이는 일반적인 직업의 근로활동과는 속성상 차이가 있으므로 근로를 하고 있을 경우 공공근로인지 아닌지를 함께 측정하였다. 외국의 선행연구에서는 이와 같은 근로활동의 종류에 따른 변수들을 사용한 적이 없으나 공공근로는 우리나라의 노숙자들이 활용하고 있는 가장 중요한 서비스의 내용에 해당하며 공공근로에 대한 참여유무가 노숙자들의 특성이나 보호시설 퇴소에 영향을 미칠 가능성이 매우 높다고 판단되어 이를 통제변수로 분석에 포함하였다. 공공근로에 참여하는 경우는 공공근로 변수에 1로, 기타 일반적인 형태의 근로에 참여하고 있는 경우에는 일반근로 변수에 1로 dummy 변수로 처리하였다. 해당 형태의 근로활동에 참가하지 않는 경우는 0으로 나타내었다.

④ 기술 보유

직업과 관련된 기술을 가지고 있는가는 취업가능성과 노숙에서의 이탈 가능성에 영향을 미칠 수 있다고 판단되므로 기술을 가지고 있는가를 질문하여 측정하였다. 이를 명목변수화하여 기술유무 변수에 0은 보유한 직업 기술이 없는 경우, 1은 직업기술이 있는 경우로 측정하였다.

3) 보호시설의 유형

보호시설에서의 퇴소와 관련해서는 보호시설의 성격이 영향을 미칠 수 있다. 본 연구에서는 보호시설이 종교단체나 시민단체에서 설립하여 운영하는 곳인지 사회복지관 부설로 설립되어 운영되는 곳인지를 각각 0, 1로 dummy 변수화하여 퇴소의 분석에 포함하였다. 보호시설에서 제공되는 서비스의 내용과 수준도 퇴소에 영향을 미칠 수 있으나 본 연구의 조사당시 노숙자 보호시설의 운영은 초기단계이며 모두 일괄적으로 보호와 공공근로 알선이라는 유사한 서비스를 제공하고 있었다. 전문적 재활프로그램은 1999년 동절기부터 시범사업적으로 보호시설에 도입되기 시작하여 본 조사 당시에는 본격화되기 이전이었다. 따라서 조사당시 우리나라의 노숙자 보호시설에서의 전문적 사회복지실천 서비스가 퇴소에 의미 있는 영향을 미칠 수 있는 수준은 아니었다. 따라서 서비스의 내용 자체를 변수화하여 반영하지는 않고 보호시설의 유형만을 퇴소관련 분석에서 배경변수에 포함하였다.

4. 척도의 타당도와 신뢰도

본 조사에 사용된 척도들은 노숙자의 심리사회적 외상 특성에 해당하는 사회적 연계단절 관련 변수들과 학습된 무기력 관련 심리적 역기능 변수들을 측정하기 위한 것이다. 이를 위해 본 연구에서 사용되고 있는 척도들은 이미 최초 제작시의 검사나 수차례의 사용을 통해 타당도와 신뢰도가 검증된 것이다. 또한 대부분 국내의 연구에서 번안 사용이 되었으며 이 경우에도 높은 타당도와 신뢰도를 나타내었다.

지각된 사회적 지지를 측정하기 위해 사용한 척도는 김인숙이 관련된 척도의 종합적 검토를 통해 타당도 조사와 요인분석 등의 절차를 거쳐 내용 타당

도를 갖춘 것이며, 문항간의 내적 일치도도 높아 신뢰도도 높은 것으로 볼 수
있다.

학습된 무기력 관련의 심리적 역기능을 측정하기 위한 척도 중 자기효능감
척도(SES)와 외적 통제소 척도(BPCS F1), 우울 척도(SCL-90-R)는 외국
에서 개발된 것을 번안하여 사용한 것이고 알코올 중독을 측정하는 척도
(NAST)는 국내에서 개발된 것이다. 노숙생활의 만성적 적응을 측정하기 위한
도구는 외국의 선행연구에서 사용된 구조화된 질문을 참조하여 작성한 것이다.

자기효능감 측정을 위해 사용한 Sherer의 자기효능감 척도(SES)는 높은
구성체 타당도와 기준관련 타당도를 갖추고 있으며, 유사한 내용을 측정하는
Rosenberg의 자기존중감 척도(Self-Esteem Scale) 등을 활용한 측정 결
과들과 비교해 볼 때, 일관된 예측력을 보여주고 있다(Fischer & Corcoran,
1994). 따라서 본 연구에서 활용한 자기효능감 척도는 높은 타당성을 가지고
있다고 볼 수 있다. 국내에서는 신영화가 번안하여 타당도와 신뢰도 검사를 거
쳐 사용한 바 있다.

외적 통제소를 측정하기 위해 사용된 BPCS F1 척도는 높은 구성체 타당
도를 가지고 있음이 입증되고 있으며, 내-외 통제소를 측정하는 다른 척도들
의 측정결과와 일관된 예측력을 보여주고 있어 타당도가 높다는 점이 인정되고
있다(Fischer & Corcoran, 1994).

우울을 측정하기 위해 사용한 SCL-90-R 척도는 처음에는 외국에서 개발이
되었지만 국내에서의 번안 이후 많은 검증을 거쳐 이제는 국내에서의 연령별
표준화까지 완료되어 진단도구로서의 높은 타당도가 널리 입증된 대표적인 정
신건강 영역의 측정도구이다. 이 척도는 심리학, 의학, 사회복지학 등의 영역
에서 널리 사용되고 있다.

알코올 중독을 측정하기 위해 사용한 NAST의 경우도 우리문화의 특성을
감안하여 알코올 중독의 선별을 위해 개발되면서 여러 차례에 걸친 타당도 조
사를 통해 수정되어 높은 타당도를 갖추고 있는 것이다. 특히 알코올 중독자를
선별하는데 있어 여타의 척도를 이용한 측정 결과나 임상적 진단 내용과 일치
성이 높게 나타나(김경빈, 1991), 높은 기준관련 타당도를 갖추고 있다. 현재

는 알코올 문제를 다루는 의학이나 사회복지학 분야에서 알코올 중독의 선별을 위해 널리 사용되고 있는 척도이다.

이와 같이 본 연구에서 사용한 측정도구들은 모두 척도의 개발 과정이나 이후의 사용과정에서 높은 타당도를 인정받은 것들이다. 그러나 우울 측정 도구(SCL-90-R)와 알코올 중독 척도(NAST)를 제외하면 본 연구의 척도들을 사용하여 노숙자를 대상으로 자료를 수집한 경우가 없었고, 노숙생활의 만성화를 측정하는 도구는 본 연구를 위해 선행연구 내용을 기초로 작성된 것이었다. 또한 노숙자를 대상으로 조사를 수행하기 위해서는 조사저항이 심할 것으로 예측되었으므로32) 본 연구의 설문지가 적절한 측정을 수행할 수 있는지를 확인하기 위해 문항의 타당도와 신뢰도를 검토하는 작업을 수행하였다.

먼저 타당도 검사를 위해 1999년 6월에 사회복지학 전공의 박사학위를 소지한 전문가와 노숙자 보호시설 등에서 노숙자 대상의 사회복지실천을 1년 이상 해 온 사회복지사 20명을 대상으로 본 연구에서 사용하고자 하는 척도 문항의 적절성을 평가하도록 하여 내용타당도(content validity)를 검토하였다. 10점 척도로 문항의 타당성을 평가하도록 하여 평균 7점 미만의 점수를 받은 문항은 제외하고 높은 점수를 받은 문항을 중심으로 설문지를 재구성하였다.

타당도 검토를 거쳐 재구성된 설문지를 1999년 6월 15일에 1개 노숙자 보호시설에 거주하는 노숙자 30명과 해당 노숙자와 함께 생활하는 직원(생활지도사) 10명에게 설문지를 보내 사전조사를 실시하여 신뢰도를 확인하였다.

이러한 과정을 거쳐 타당도와 신뢰도를 검증하고 난 뒤, 일부의 문항은 제외하고 본 조사의 설문지를 재구성하였다.33)

---

32) 본 연구의 1차 자료수집 시기(1999년 하절기)에 노숙자의 현황파악과 관련하여 정부와 지방자치단체, 그리고 관련 학계나 단체 등에서 여러 종류의 조사가 동시에 이루어져 노숙자들의 조사저항이 심했고 예비조사와 조사협조를 구하는 단계에서도 이 점이 실무자들에게서 제기되었다

33) 타당도 조사와 사전조사 과정을 거쳐 설문지의 구성과 표현 등이 일부 수정되었고 척도 문항 중에서는 신뢰도 검사와 요인분석을 실시하여 우울 문항 중 성과 관련된 문항 1개, 노숙의 만성화와 관련된 문항 3개, 유사한 문항으로 판단된 외적 통제소 측정과 관련된 문항 4개를 삭제하였다. 한편 행정자료를 통해 확인할 수 있는 성, 연령 등의 항목은 설문지에서 제외하였다.

재구성되어 본 조사의 자료수집에서 활용된 척도문항들의 신뢰도를 검증하기 위해 내적 일치도를 나타내는 Cronbach′s α를 구하였다. 대표적인 기존 연구에서 본 연구와 동일한 척도를 사용했을 때의 신뢰도 계수와 본 연구의 사전조사에서의 신뢰도 계수, 그리고 본 조사에서의 신뢰도 계수 결과는 다음 〈표 3-1〉과 같다. 모두 .70 이상의 높은 수준의 신뢰도를 나타내고 있어 본 연구에서 사용한 척도들의 신뢰도에는 큰 문제가 없는 것으로 간주할 수 있다.

<표 3-1> 본 조사에서 사용된 척도의 신뢰도

척 도	문항수	기존연구에서의 신뢰도	사전조사 신뢰도	본 조사 신뢰도
사회적 지지	48	김인숙(1994) .9767	.9117	.9570
자기효능감 (SES)	23	신영화(1999) .86	.7371	.8870
외적 통제소 성향 (BPCS F1)	15	Berrenberg(1987) .85	.8936	.8971
우울 (SCL-90-R)	12	유채영 외(1999) .9648	.9024	.9007
알코올 중독 (NAST)	12	유채영 외(1999) .8424	.7296	.8291
노숙생활 만성화	5	—	.7572	.7528

제4절 분석방법

본 연구는 연구문제와 가설검증을 위해 다음과 같은 분석방법을 사용하였다.

첫 번째로 조사 대상자인 노숙자가 나타내고 있는 심리사회적 문제 양상과 현황을 살펴보기 위해서는 기술통계분석방법을 사용하였다.

두 번째로 연구모형에서 ①, ②의 경로에 해당하는 첫 번째 연구주제인 노숙 기간과 심리사회적 외상 특성(사회적 연계단절 관련 요인, 학습된 무기력 관련 심리적 역기능)과의 관계를 분석하기 위해서는 상관관계 분석, 다중회귀분석, 로지스틱 회귀분석을 사용한다. 회귀분석에서는 사회적 연계단절 및 심리적 역기능에 영향을 미치는 제반 요소들이 분석되며 특히, 길거리 노숙기간과 총 노숙기간의 영향력을 모두 분석한다.

세 번째로 궁극적인 분석에 해당하는 것으로 심리사회적 외상 특성의 두 부분인 사회적 연계단절 관련 변수들과 심리적 역기능의 변수들이 노숙자들의 보호시설 퇴소에 미치는 영향에 대해서는 사건사 분석(event history analysis)에서 Cox의 비례위험모형(proportional hazards model)을 기법을 활용하여 분석하였다. 사건사 분석기법은 아직까지 사회복지관련 연구에서는 그다지 일반화되지는 않았으나34) 본 연구의 목적에 비추어볼 때 다음과 같은 이유에서 채택하였다.

먼저, 본 연구의 퇴소에 관한 분석에서 만약 회귀분석을 사용할 경우 종속변수인 퇴소가 고정적인 결과로 나타난다. 즉, 일반 회귀분석은 인과관계의 과정이 종결되었음을 가정하고 그 결과로서 나타난 현재상태를 종속변수로 이용하는 것이 일반적인 방식이다. 그런데 본 연구에서 종속변수인 노숙자 보호시설에서의 퇴소는 하나의 사건으로서 시간의 흐름에 따라 변화하는 것이다. 즉, 퇴소를 확인한 조사시점에서 퇴소하지 않은 노숙자라고 해서 퇴소를 하지 않은 것이라고 인과관계를 고정적으로 '결정'할 수는 없다. 조금 더 후의 시점에서 퇴소할 수도 있으므로 퇴소는 시간과 관련된 가능성 혹은 확률의 문제가 된다. 따라서 종속변수의 특성상 인과관계의 종결을 가정하는 회귀분석은 본 연구와 맞지 않는 점이 있다.

이에 반하여 사건사 분석은 독립변수가 종속변수에 미치는 영향을 시간의 흐름을 고려하여 확률적으로 분석하는 것을 요체로 하기 때문에 본 연구의 목적에 보다 더 부합한다. 사건사 분석은 자료의 단절(censoring)과 시간에 따라 변

---

34) 사회복지관련 연구에서 사건사 분석 방법을 활용한 대표적인 연구로는 강철희 등의 연구(1999), 김지은의 연구(1998) 등이 있다. 강철희 등(1999)은 모수적 생존모형을 이용하여 실업급여 수급권자들의 재취업에 관해 연구하였고 김지은(1998)은 비행청소년의 재비행에 관해 Cox 모형을 사용하여 분석하였다

화하는 변수라는 특성에 의해 다중회귀분석과 같은 일반적인 통계절차로는 사건의 원인이나 설명에 어려움을 가질 경우에 사용하는 분석절차이다(Allison, 1984). 이 기법에서는 특정한 사건이 발생할 '위험률(hazard rate)'의 개념을 통해 시간에 따른 특성을 반영한다.

사건사 분석은 초기에는 자료의 단절과 시간의 흐름에 따른 한 변수의 변화를 기술하거나 도식화하는 것으로부터 출발하였다. 생존표(Life Table)의 활용과 같은 것이 대표적이다. 그러나 이후 회귀적 기법을 도입하여 단지 종속변수의 시간적 변화에 따른 기술뿐만 아니라 이에 대한 독립변수들의 영향력 설명에 보다 관심을 가지게 되었고 다양한 모수적 방법이 개발되었다. 즉, 종속변수가 시간적 변화와 단절의 특성을 가지는 상태에서 독립변수들의 영향력을 설명하기 위해서는 특정한 분포를 가정하여 모수적 설명을 시도하는 방법을 활용해야 한다(Blossfeld et al., 1989). 사건사 분석에서의 모수적 방법은 분포의 가정에 따라 normal distribution, Weibull distribution, Compertz distribution, exponential distribution 등으로 나뉠 수 있다.[35) 그러나 실제로 종속변수의 위험률이 시간에 대해 어떻게 의존하고 있는지를 결정하는 것은 매우 어려우며 이 어려움에 비해 실용적으로 얻어지는 분석결과에서의 차별적 유용성은 별로 없는 것으로 지적되고 있기 때문에(Allison, 1984), 가장 대표적으로 사용되고 있는 방법은 모수적 모형을 일반화한 Cox의 비례위험모형이다. 이 모형은 분포의 특정 형태를 가정하기 보다는 특정 시점의 어떤 두 개체에 있어서 위험의 비율은 일정하다고 보기 때문에 비례위험모형이라고 부르는 것이다.[36) 이는 특정 분포함수를 가정하지 않는 회귀적 모

---

35) 여러 가지 모수적 모형의 핵심적인 구별요소는 '위험률이 시간에 의존하는 방식'이다. 따라서 모수적인 모형을 사용하기 위해서는 먼저 시간에 따른 위험률의 의존성이 없다는 exponential regression model과 다른 모형과의 선택을 하고 이후 시간 의존성이 있다면 그 분포형태가 어느 모형과 가장 근접한가를 확인하여 분포함수를 결정하고 분석모형을 선택해야 한다.

36) 사건 i와 j에 있어 시간에 따른 위험률이 $h_i(t) / h_j(t)=c$ 로써 일정하고 이 c는 시간이 아니라 설명변수의 영향에 의존한다고 보는 것이다. 하지만 Cox 모형에서도 시간의존적인 설명변수가 도입되는 순간에 위험률은 비율적인 특성이 중단된다. 그러나 본 연구에서는 독립변수 중에 시간의존적 변수를 포함하지 않으므로 이는 고려하지 않았다.

형이므로 흔히 준모수적 방법으로 불린다. 종속변수의 시간에 따른 위험의 의존성 자체보다 독립변수의 영향력에 관심이 있는 경우에는 가장 널리 쓰이고 있는 기법이다. 본 연구에서도 노숙자들의 퇴소가 나타나는 시간적 추이보다는 심리사회적 외상이라는 독립변수의 영향력에 보다 관심을 가지고 있으므로 이 방식을 활용한다.[37]

t라는 시간에 종속변수에 사건이 발생할 위험률을 h(t)라고 하고 2개의 독립변수를 가정할 경우, 이 Cox의 분석모형을 수식으로 나타내면 다음과 같다.

$$\log h(t) = a(t) + b_1 x_1 + b_2 x_2$$

즉, 시간의 변화에 따라 종속변수에서 특정한 사건이 일어날 위험률의 log odds에 각 독립변수가 미치는 영향력을 확인하는 것이다.

한편 본 연구에서는 시간에 따른 종속변수에서의 사건발생(퇴소) 위험률을 감안할 때, 사건 즉, 퇴소의 발생유무 뿐만이 아니라 사건의 유형도 감안하고 있다. 즉, 긍정적 퇴소와 부정적 퇴소가 그것이다. 따라서 서로 다른 유형의 사건 발생 위험률에 대해 고려해야 한다. 이 분석을 위해 사건사 분석 기법에서 다양한 종류의 사건(multiple kinds of events)이 있을 경우에 활용하는 competing risks 모형을 활용한다.[38]

이 competing risks 모형은 j라는 유형의 사건이 t와 t+s 사이의 시간에 일어날 확률을 $P_j(t, t+s)$라 할 때, t시점에서 특정사건이 발생할 위험률을 다음과 같은 수식으로 규정하고 있다.

---

37) 그러나 퇴소 전체, 긍정적 퇴소, 부정적 퇴소가 나타나는 시간적 발생 추이는 입소 후 어느 정도의 기간에서 퇴소가 많이 나타나는가 하는 turning point의 유무를 보는데 용이하므로 이를 확인하기 위해서 생존표를 그래프 방식으로 제시하도록 한다.

38) 이는 종속변수가 3가지 이상의 유형이 있을 때, 일반 로짓분석이 아닌 다항 로짓(multinomial logit) 분석방법을 사용하는 것과 유사하다. 즉, 본 연구에서는 분석의 최종대상인 종속변수가 보호시설에서의 퇴소형태이므로 긍정적 퇴소, 부정적 퇴소, 미퇴소라는 3가지 가능성이 있고 이 각각에 미치는 변수들의 영향을 확인하기 위해서 긍정적 퇴소가 발생하는 경우와 그렇지 않은 경우, 부정적 퇴소가 발생하는 경우와 그렇지 않은 경우로 구별된 2차례의 분석을 실시하게 된다.

$$h_j(t) = \lim_{S \to 0} \; p_j(t, t+s)/s$$

그리고 전체적인 사건의 발생 위험률 h(t)는 모든 유형의 사건이 발생할 위험률들의 합계가 된다. 즉, 각 유형의 사건은 고유한 위험률을 가지며 A 유형의 사건이 발생하였다면 그 사례에서 B 유형의 사건은 더 이상 발생할 기회(위험)를 상실하는 것이므로 이를 그 시점에서 B 유형의 사건발생 위험률 추정에서는 절단된 자료(censored data)로 취급하는 것이다. 이는 본 연구에서도 마찬가지로 어느 사례에서 부정적 퇴소가 발생한 경우 그 사례는 긍정적 퇴소가 발생할 수 없게 되므로 긍정적 퇴소 사선의 분석에서는 이 사례는 competing risks 추정방식을 활용하면 그 시점(부정적 사건의 발생 시점)에서 자료의 절단으로 파악되는 것이다.

제4장 결과 분석

제1절 조사대상자의 일반적 특성

본 연구의 조사대상자들이 나타내고 있는 일반적 특성은 다음 〈표 4-1〉과 같다. 먼저 성별로는 여성이 17명(4.8%), 남성이 338명(95.2%)으로 남성이 압도적 다수를 나타내고 있다. 약 10,000명의 노숙자에 대한 연간 상담기록을 통해 분석한 1999년 노숙자다시서기지원센터의 현황조사에 따르면, 전체 노숙자 중 남성의 비율이 약 96.8%, 여성이 3.2%인 것으로 나타나고 있다. 이 같은 성비 구성은 노숙자 보호시설의 경우에도 반영되어 서울시내 105개소 중에서 여성 노숙자 보호시설은 5개소이며, 전체 수용인원의 비율에서도 남성이 95% 이상인 것으로 나타나고 있다.

〈표 4-1〉 조사대상자의 일반적 특성

특성변수		내 용	응답자 수
성	여 성	17(4.8%)	355
	남 성	338(95.2%)	
원가족 해체경험	미경험	292(83.9%)	348
	경 험	56(16.1%)	

특성변수		내 용	응답자 수
근로활동	없 음	33(9.4%)	349
	공공근로	253(72.5%)	
	일반근로	63(18.1%)	
알코올중독	미중독	273(77.1%)	354
	중 독	81(22.9%)	
연 령		평균: 42.56세 최소: 20 최대: 76	345
교 육 연 한		평균: 10.53년 최소: 0 최대: 16	348
총 노숙기간		평균: 350.01일 최소: 15 최대: 4826	348
길거리노숙기간		평균: 65.96일 최소: 0 최대: 1800	341

　　외국의 경우에도 남성이 다수를 나타내고 있지만 그 차이가 우리나라의 경우처럼 크지는 않다. 1997년 미국의 US Conference of Mayors의 서베이 조사에서 전체 노숙자 중에서 독신 여성이 차지하는 비율이 대략 14%에 이르는 것으로 조사되고 있다(NCH, 1998에서 재인용). 또한 Wright 등(1998)은 미국의 노숙자에 대한 여러 조사결과를 종합하여 여성의 비율이 전체의 25% 내지 33% 가량이며, 성인 남성을 제외한 여성과 16세 이하의 미성년은 전체의 3 / 8 가량으로 추정하고 있다.

　　본 연구의 조사에서 연령은 평균 42.56세로 나타났다. 이는 기존의 다른 연구들에서 나타난 평균연령과 유사한 결과이다. 노숙자다시서기지원센터에서 현황조사를 실시한 결과에 따르면 1998년 하절기에 조사한 자료에서는 평균연령이 44세, 1999년 조사결과에서는 42세로 나타나고 있다. 그러나 이는 외국의 노숙자에 대한 조사에서 나타난 연령에 비해서는 다소 높은 수치이다.[39] 이러

---

39) 미국의 경우 NCH(1988)의 자료에 의하면 18세 미만의 노숙자가 전체 도시노숙자의 25%에 해당하며 전체적인 평균연령은 30대 후반인 것으로 추정하고 있다. Wright 등 (1998)은 여러 조사결과를 종합할 때, 미국에서 노숙자의 평균연령은 30대 중반인 것으로 보고 있다.

한 점에 따라 우리나라의 노숙자 문제의 양상에 대해 이야기할 때, 서구에 비해 고연령의 구조를 가지고 있음이 자주 언급되고 있다. 이에 따라 미국 등과는 달리 아직 우리나라에서는 미성년 노숙자에 대한 관심이 노숙자 문제의 대책에서 크게 부각되지 않고 있다.

조사대상 노숙자들은 보호시설 이용기간을 포함한 총 노숙기간이 약 350일로 1년이 약간 되지 않고, 길거리 노숙기간은 66일로 2개월 가량으로 나타났다. 소수이기는 하지만 극단적으로 노숙경험이 긴 몇몇의 사례는 총 노숙기간이 10년 이상인 경우도 일부 있었으며, 길거리 노숙기간이 5년에 달하는 경우도 있었다

교육연한은 평균 10.53년으로, 대략 고등학교 과정에 해당하는 수치를 보이고 있다. 빈도로 살펴볼 때에도 초등학교 졸업 이하의 경우가 14.4%, 중학교 중퇴나 졸업이 22.7%, 고등학교 중퇴나 졸업이 46.6%, 대학 중퇴 이상이 16.3%로 나타나며 가장 많은 응답은 고등학교 졸업으로 35.1%의 응답을 나타내었다. 이 같은 결과도 기존의 노숙자에 대한 조사결과와 유사한 양상이다. 1998년과 1999년에 걸친 노숙자다시서기지원센터의 통계에 따르면 노숙자들의 평균 교육연한은 대략 10년인 것으로 나타나고 있다.

조사대상자 중 16%에 해당하는 56명이 18세 이전에 원가족이 해체되는 경험을 한 것으로 나타나 6명 중 1명꼴로 아동기에 원가족 해체의 경험을 가지고 있는 것으로 파악되었다. 또한 알코올 중독성향을 가지고 있는 노숙자의 비율이 23% 가량으로 나타났다. 본 연구에서 활용한 NAST로 일반 인구에 조사한 김용석의 연구(1999)에서 일반 성인의 4.2%, 일반인 남성 성인의 10.1%가 알코올 중독 성향을 가지고 있는 것으로 나타났다. 따라서 본 연구의 23%는 일반 성인 혹은 남성 성인의 문제율보다 상당히 높은 알코올 의존성을 보이고 있다. 그러나 알코올 중독의 비율은 노숙자에게서 일반 성인 인구층보다 높게 나타난다는 것이 일반적으로 지적되고 있으며[40] 본 연구와 동일한 척도를 활용하여 노숙자를 대상으로 조사한 유채영과 신원우의 연구(1999)에서는 자유의 집

---

40) Wright 등(1998)은 미국의 기존조사 결과들을 종합할 때 알코올 남용의 문제를 가진 노숙자는 전체의 40% 이상인 것으로 파악하고 있다.

입소 노숙자의 29%가량이 알코올 중독인 것으로 나타난 바 있다. 이에 비추어 볼 때, 일반적인 현재 노숙자들의 알코올 성향을 대표하는 것으로 볼 수 있다.

최근 3개월간 적어도 1주일에 1회 이상씩 정기적으로 일을 하고 있느냐는 질문에 대해서는 90% 이상의 대상자가 근로활동을 하고 있다고 응답하여 근로활동 비율이 높게 나타났다. 그러나 거의 대부분인 273명(전체의 72.5%)이 공공근로에 종사하고 있는 것이었으며 공공근로를 제외한 일반근로형태는 18.1%인 63명에 불과한 것으로 나타났다.

이상의 조사대상자에 대한 일반적 특성을 볼 때, 기존의 노숙자에 대한 현황조사의 결과들과 유사한 모습을 보이고 있어 조사 대상자들이 본 연구에서의 모집단인 서울시내 노숙자 보호시설에 거주하는 노숙자 전체의 성격을 대표하는 것으로 볼 수 있다.

서울지역이 아닌 곳의 노숙자에 관한 연구의 결과들과 본 조사의 결과들을 비교해 보았다. 윤일성의 연구(1999)에서는 부산시의 노숙자 225명을 대상으로 실태조사를 실시하였는데 이 연구에서 평균연령은 44세, 평균 교육연한은 10.5년, 알코올 중독 증상은 전체의 29.3%, 총 노숙기간은 13.5개월로 나타나 본 연구의 조사치와 비슷한 값을 보이고 있다. 따라서 서울이 아닌 다른 도시지역에서도 본 연구와 어느 정도 유사한 특성을 찾아볼 수 있다. 물론, 외국에서는 도시지역이 아닌 rural homeless에 대한 관심도 많으나 우리나라에서는 아직 그 수가 극히 미미한 것으로 나타나고 있어 본 연구는 서울지역으로 국한된 특성을 가지는 것이 아니라 전국적인 대표성을 가지는 것으로 볼 수 있다.

제2절 변수의 대표값과 상관관계

1. 주요 변수의 대표값

본 연구의 분석에서 사용될 주요 변수들의 측정결과는 다음 〈표 4-2〉와 같다. 해당 보호시설에서의 입소생활기간은 평균 338일로 나타났고, 길거리 노숙일수는 66일, 총 노숙기간은 350일 가량이었다.[41]

〈표 4-2〉 주요 측정변수들의 단순 통계치

변 수	평균	표준편차	최소값	최대값	응답자수
입소생활기간	337.9510	149.5365	24	748	347
길거리노숙일수	65.9560	48.6528	0	1800	341
총 노숙기간	350.0058	261.1134	15	4826	351
사회적지지	135.0285	19.9062	48	240	351
가족지지	46.6204	9.1193	16	80	353
동료지지	48.1949	8.9919	16	80	354
노숙자지지	40.3125	7.3406	16	80	352
관계망의 크기	15.59	16.23	1	160	351
관계망 노숙자 비율	.2864	.3217	.00	1.00	351
자기효능감	76.1836	12.6732	23	114	354
외적 통제소	37.5369	9.9537	15	75	352
우 울	36.2200	6.5777	12	60	350
알코올 중독	.2288	.4207	.00	1.00	354
만성화 점수	11.6531	4.4897	5	25	343
퇴소유형	미 퇴 소	165	46.5	400.2222	355
	긍정적 퇴소	97	27.3	262.1216	
	부정적 퇴소	93	26.2	266.5341	

 노숙기간에 대한 기존 조사결과는 많지 않으나 1998년의 노숙자다시서기지원센터 조사결과에서는 총 노숙기간이 6개월 미만인 경우가 대다수로 나타나 이와 비교해본다면 본 연구의 노숙기간이 더 길게 나타나고 있다. 1998년에

---

41) 분석상에서 자료값이 투입될 때, 길거리 노숙기간과 총 노숙일수는 1999년 8월 1일까지의 측정값이고, 입소생활기간은 해당 보호시설 입소일부터 퇴소일까지의 기간(미퇴소인 경우는 입소일부터 2000년 4월 1일까지의 기간)이었다. 따라서 총 노숙일수는 길거리 노숙일수와 보호시설 이용일수의 합산치 이지만 이 최소값이 입소생활기간의 최소값보다 작게 나타나고 있다

실시된 많은 실태조사에서는 이와 유사하게 단기노숙자가 대다수임을 지적하고 있다. 이는 IMF 이후 1998년 초기가 노숙자가 대량으로 나타나기 시작한 시기라는 점과 관련이 있을 것으로 보인다. 본 연구와는 조사대상이 다르지만 1999년의 부산지역에 대한 윤일성의 조사에서는 총 노숙기간이 약 13.5개월 정도로 나타나 본 조사와 유사한 결과를 나타내고 있다. 현재까지의 조사결과에서는 비록 단편적이기는 하지만 조사시점이 나중의 연구일수록 평균 노숙기간이 길게 나타나고 있어 1998년부터 급격히 늘어나기 시작한 노숙자들이 사회생활로 복귀가 잘 되지 않고 있어 평균적인 노숙기간이 점차 길어지는 양상을 나타내는 것으로 볼 수 있다.

보호시설 입소생활기간, 길거리 노숙일수, 총 노숙기간의 세 가지 측정변수의 경우 만성적으로 노숙생활을 길게 하는 몇몇 사례에 의해 최대치 값이 높게 나타나고 있으나(길거리 노숙일수의 경우 1800일, 총 노숙일수는 4826일) 이는 소수의 사례로서 분석에서 큰 왜곡을 가져올 가능성은 약하며 또한 이들 사례가 만성적이고 장기적인 노숙생활 집단의 특성도 보여줄 수 있다고 판단되어 분석에 사용하였다. 반대로 15일의 노숙기간을 나타내는 경우와 같이 반대의 극단치도 일부 있었다. 이러한 짧은 노숙기간의 경우 노숙생활에 따른 심리사회적 외상을 나타내고 있다고 보기는 어렵다. 외상을 유발하는 사건과 그 결과로서의 심리사회적 외상 사이에는 일정한 시간적 간격이 있는 것으로 보아야 하기 때문이다. 그러나 어느 정도의 노숙기간이 심리사회적 외상을 발생시키는 결정적 시점(critical point)이 되는지를 구별할 수 있는 절대적 기준이 명확하지 않다. 그리고 대체적으로 노숙기간이 정규분포를 나타내고 있어 짧은 노숙기간의 사례와 긴 노숙기간의 사례를 극단치를 배제하지 않고 모두 분석에 포함하였다.

퇴소에 관한 변수에서 전체 355명 중 46.5%에 해당하는 165명이 퇴소를 하지 않았고 퇴소자는 총 190명으로 53.5%이었다. 이 중 긍정적 형태의 퇴소자가 97명, 부정적 형태의 퇴소자가 93명이었다. 퇴소유형별로 입소기간을 살펴보면 미퇴소의 경우가 2000년 4월 1일 기준으로 평균 400일 가량으로 가장 길고 긍정적 퇴소의 경우는 262일, 부정적 퇴소의 경우는 267일 가량으로 나타났다.

　나머지의 변수들은 척도를 통한 측정치로서 평균값과 표준편차를 제시하였다. 이 중 알코올 중독의 경우는 0(미중독)과 1(중독)을 나타내는 dummy변수로 정리되어 전체의 23%가 중독성향을 가지고 있으며, 관계망 내 노숙자의 비율은 0에서 1사이의 값을 갖는데 평균적으로 관계망의 29%가 노숙자로 구성되어 있음을 나타내고 있다.

2. 변수간 단순상관관계

　본 연구에서는 사회적 연계단절 관련 변수와 학습된 무기력 관련 심리적 역기능 변수에 다수의 척도 측정치들을 사용하였다. 그리고 이들 변수들은 모두 노숙자의 심리사회적 외상의 측면을 나타내고 있어 논리적으로 서로 상관성이 높을 수 있고 변수로서 분석에 함께 투입되어 사용된다. 따라서 분석시 독립변수간에 높은 상관관계로 인한 다중공선성이 존재할 가능성을 염두에 두어야 한다. 이를 확인하기 위해 Pearson 적률상관관계 계수를 살펴보았다. 그 결과는 다음의 〈표 4-3〉과 같다. 통제변수에 해당하는 배경요인들을 제외한 주요 변수들 간에는 대개의 경우 통계적으로 의미 있는 상관관계를 보이고 있으나 다중공선성이 발생하여 분석에 왜곡을 가져올 정도는 아닌 것으로 나타났다.

　다중공선성으로 인해 회귀분석 등에서 문제를 초래할 수 있는 .80의 기준(이인재, 이선우, 류진석, 1997)으로 볼 때, 사회적 지지총점과 가족지지, 동료지지의 관계가 상관관계가 비교적 높게 나타났다. 이는 사회적 지지총점이 가족지지, 동료지지, 노숙자지지 점수라는 세 하위요인의 합계로 구성되기 때문에 상관관계가 높게 나타난 것으로 지지총점과 각 하위 지지 유형은 분석상에서 동시에 투입되지 않으므로 다중공선성의 문제가 발생하지는 않는다. 그리고 공공근로와 일반근로가 -.762의 높은 상관관계를 보이고 있는데 공공근로에 참여하는 경우는 일반근로를 하고 있지 않는 경우이므로 강한 역의 상관관계가 나타난 것이다. 그 밖의 변수들 간에는 다중 공선성이 문제가 될 정도의 높은 상관관계는 보이고 있지 않다.

<표 4-3> 변수간 단순상관관계

변수명	길거리 노숙일수	총노숙일	성	연 령	원가족 해체경험	교육연한	건강정도	기술유무	공공근로	일반근로	지지총점	가족지지	동료지지	노숙지지	관계망	관계망내 노숙비율	효능감	외통제소	우 울	알코올 중독	만성화
길거리 노숙일수	1.00																				
총 노숙일	.552**	1.00																			
성	-.001	-.102	1.00																		
연 령	.001	.048	.034	1.00																	
원가족 해체경험	.060	.013	-.053	-.200**	1.00																
교육연한	.006	-.028	.027	.021	-.326**	1.00															
건강정도	-.195**	-.124*	.152**	-.011	-.065	-.002	1.00														
기술유무	-.083	-.081	.071	.028	.024	.039	.028	1.00													
공공근로	.020	.073	.049	.037	-.126*	.041	-.005	.037	1.00												
일반근로	-.019	-.049	-.040	-.106	152**	-.056	-.027	.024	-.762**	1.00											
지지총점	-.461**	-.508**	-.026	.007	-.180**	.105	.270**	.059	-.002	-.017	1.00										
가족지지	-.407**	-.434**	-.011	.046	-.235**	.142**	.266**	.067	.017	-.030	.864**	1.00									
동료지지	-.416**	-.452**	-.067	-.050	-.115*	.128*	.261**	.044	.019	-.018	.857**	.680**	1.00								
노숙지지	-.241**	-.287**	.028	.018	-.069	-.063	.105*	-.019	-.022	-.016	.603**	.285**	.258**	1.00							
관계망	-.247**	-.301**	.022	-.004	-.056	.002	.166**	.083	-.081	.072	.592**	.534**	.536**	.268**	1.00						
관계망내 노숙비율	.559**	.407**	.010	-.062	.200**	-.159**	-.251**	-.080	-.001	.040	-.615**	-.652**	-.655**	.032	-.454**	1.00					
효능감	-.418**	-.309**	.060	.093	-.225**	.124*	.314**	.125*	-.007	-.012	.637**	.587**	.553**	.312**	.405**	-.628**	1.00				
외통제소	.390**	.306**	-.122*	.010	.187**	-.162**	-.293**	-.089	.022	.022	-.630**	-.638**	-.592**	-.277**	-.433**	.583**	-.611**	1.00			
우 울	.324**	.287**	-.069	.043	.120**	-.067	-.375**	-.092	.057	-.006	-.596**	-.541**	-.530**	-.307**	-.423**	.511**	-.623**	.620**	1.00		
알코올중독	.208**	.117	.091	-.001	.071	-.150**	-.113*	-.108*	-.038	.087	-.290**	-.316**	-.313**	-.016	-.210**	.394**	-.263**	.315**	.261**	1.00	
만성화	.440**	.215**	.076	.038	.178**	-.119*	-.218**	-.080	-.023	.001	-.472**	-.463**	-.439**	-.192**	-.362**	.555**	-.502**	.552**	.455**	.341**	1.00

* p<.05, ** p<.01

제3절 노숙기간이 심리사회적
외상 특성에 미치는 영향

본 절에서는 노숙기간이 사회적 연계단절 요소와 심리적 역기능 요소에 미치는 영향에 대해서 분석한다. 이는 앞의 연구모형에서 ①과 ②에 대한 것이다. 먼저 연구모형의 ①과 관련되어 사회적 연계단절 요소에 대한 노숙기간의 영향을 살펴보고 다음으로 심리적 역기능 요소에 대한 노숙기간의 영향에 관한 ②의 부분을 분석한다.

1. 노숙기간이 사회적 연계단절 관련 변수에 미치는 영향

사회적 연계단절과 관련한 분석에서는 지각된 사회적 지지, 사회적 관계망의 크기, 사회적 관계망 내에서 노숙자가 차지하는 비율이 분석되었다. 이는 연구가설 1에 해당하는 분석으로 각기 하위 연구가설 1-1, 1-2, 1-3에 해당하는 것이다.

가설 1-1: 노숙기간이 길수록 지각된 사회적 지지의 정도는 낮을 것이다
가설 1-2: 노숙기간이 길수록 사회적 관계망의 크기는 작을 것이다
가설 1-3: 노숙기간이 길수록 사회적 관계망에서 노숙자가 차지하는 비율이
　　　　　높을 것이다

Grigsby의 만성화 모형에서 살펴본 바와 마찬가지로 노숙기간이 길어짐에 따라 사회적 연계단절의 정도가 심해져서, 지각된 사회적 지지의 정도가 낮아지고 사회적 관계망의 크기가 작아지며 사회적 관계망 내에서 노숙자의 비율이 커질 것으로 상정할 수 있으므로 이 영향을 실증적으로 분석하고자 한다. 이 중 가설 1-1과 1-2는 양적인 측면에서의 연계단절(disaffiliation) 양상을 살펴보

기 위한 것이고 가설 1-3은 관계망에서의 파행적인 재연계(re-affiliation) 양상과 관련된 것이다. 우선, 노숙기간과 사회적 연계단절 관련요인의 관계에 대해 살펴보기 위해 Pearson 적률상관관계를 살펴보았다.

분석결과는 다음 〈표 4-4〉에서 나타난 바와 같다. 노숙기간에 해당하는 총 노숙일수와 길거리 노숙일수는 모두 지각된 사회적 지지의 정도와 사회적 관계망의 크기에는 부(-)적 관계가 있고, 사회적 관계망에서 노숙자가 차지하고 있는 비율과는 정(+)적 관계가 있음을 확인할 수 있다. 이를 가설과 관련하여 살펴본다면, 가설 1-1에서 제시된 바와 같이 노숙기간이 길수록 지각된 사회적 지지의 정도가 낮고, 가설 1-2와 같이 노숙기간이 길수록 사회적 관계망의 크기가 작으며, 가설 1-3과 같이 노숙기간이 길수록 관계망에서 노숙자가 차지하는 비율이 높다는 것이 상관관계 계수를 통해 나타나고 있다. 따라서 연구가설 1은 전체적으로 지지되고 있음을 볼 수 있다.

〈표 4-4〉 노숙기간과 사회적 연계단절 관련변수의 상관관계

	지각된 사회적 지지 정도		사회적 관계망의 크기		사회적 관계망에서 노숙자 비율
	노숙자 제외	노숙자 포함	노숙자 제외	노숙자 포함	
총 노숙일수	-.484**	-.508**	-.309**	-.301**	.407**
길거리 노숙일수	-.447**	-.461**	-.255**	-.247**	.559**

* p<.05   ** p<.01

지각된 사회적 지지의 정도나 사회적 관계망에서의 크기를 살펴볼 때에는 노숙자를 제외한 지지와 관계망의 크기, 그리고 노숙자를 포함하였을 경우에 사회적 지지와 관계망의 크기를 모두 살펴보았다. 〈표 4-4〉에서 나타나고 있는 바와 마찬가지로 노숙자를 제외하였을 경우의 사회적 지지나 관계망의 크기에 노숙기간은 부적인 상관관계를 보일뿐만 아니라 노숙자를 포함하였을 경우에도 노숙기간과 사회적 지지 및 관계망의 크기는 부적인 상관관계를 보이고 있다. 노숙자는 일단 노숙생활을 통해 기존의 사회적 지지나 관계망을 상실하고 주변 노숙자들로

부터의 사회적 지지나 관계망을 획득하게 된다고 볼 수 있다. 이는 노숙뿐만 아니라 대부분의 상황에서 사람들은 자신의 생활환경의 변화에 따라 특정 영역의 지지나 관계망은 줄어들고 대신에 새로운 영역의 사회적 지지와 관계망을 획득하게 된다. 그런데 노숙생활을 통해 사회적 지지와 관계망의 크기가 감소한다는 것은 상실되는 지지와 관계망이 재획득되는 지지와 관계망보다 크다는 것을 의미한다. 따라서 노숙기간에 따라 지지와 관계망의 크기가 축소되는 측면은 노숙자를 포함한 지지와 관계망의 크기까지도 줄어들고 있는 현상을 통해 보다 명확히 나타난다.[42] 이러한 결과는 가설에서 제시되었던 바와 마찬가지로 노숙기간이 길면 사회적 연계단절이 심해지는 양상을 보이는 것이라 할 수 있다.

1) 노숙기간이 지각된 사회적 지지에 미치는 영향

그러나 상관관계계수의 통계적 유의미성 만으로는 가설의 검증에 충분하지 못하다. 이는 앞에서 살펴본 바와 같이 사회적 지지 등과 같은 노숙자의 심리사회적 특성에는 인구학적 배경요인의 다양한 속성들이 영향을 미칠 수 있기 때문이다. 노숙자들의 성과 사회적 지지의 관련성을 지적하는 연구(Milburn & D'Ercole, 1991), 혹은 고연령의 노숙자에게서 나타나는 사회적 지지 및 각종 특성에 관한 연구(Kutza & Keigher, 1991) 등에서도 노숙자의 인구학적 특성이 심리사회적 외상 양상과 관련성을 가지고 있음이 나타난다. 또한 원가족의 해체경험이나

---

42) 지각된 사회적 지지를 원천별로 살펴보았을 때, 가족, 동료, 노숙자들로부터의 지지 모두에 노숙기간이 통계적으로 유의미한 부(-)적 상관관계를 가지고 있음을 볼 수 있다. 이 중 특히 노숙자의 지지에 대해서도 부적 관계가 나타난 것은 의외라고 볼 수 있다. 이러한 결과는 사회적 지지에 대한 '주관적 지각' 측면과 관련되어 노숙기간이 길어지면서 주변의 노숙자들로부터 얻는 것으로 인식하는 사회적 지지의 정도도 줄어드는 것으로 인식하고 있음을 나타낸다. 사회적 관계망의 경우에는 노숙자 관계망의 크기만 볼 경우에 노숙기간에 따라 증가하는 경향이 나타났으나 통계적으로 유의미한 것은 아니었다. 따라서 지각된 사회적 지지의 양은 노숙기간이 길어지면서 노숙자들로부터의 지지를 포함하여 각 원천별로 절대적인 감소를 나타내고 있다고 할 수 있다. 반면, 사회적 관계망의 크기에서는 노숙기간에 따라 노숙자로 구성된 관계망은 의미 있는 변화가 없거나 미세한 증가를 나타내지만, 그밖의 사회적 관계망이 큰 축소양상을 보여 전체적인 관계망의 크기는 점점 절대적인 감소가 나타나는 것으로 볼 수 있다. 이에 따라 관계망에서 노숙자가 차지하는 비율이 증가하는 것으로 볼 수 있다. 이는 연구의 가설과 부합하는 경향이라고 할 수 있다.

교육, 건강상태, 근로활동의 참여여부 등은 지각된 사회적 지지의 정도에 영향을 미칠 수 있다. 따라서 노숙기간과 지각된 사회적 지지의 보다 직접적인 관계를 확인하기 위해서는 제반 인구학적 배경변수들의 영향을 통제하여 분석할 필요가 있다. 이는 각 변수들을 모두 투입한 다중회귀분석을 통해서 살펴볼 수 있다.

　먼저 연구가설 1-1을 검증하기 위해 노숙기간을 주요 독립변수로 삼고, 인구학적 요인과 인적 자본 요인의 배경변수를 동시 투입하여 지각된 사회적 지지를 종속변수로 하는 다중회귀분석을 실시하였다. 종속변수는 지각된 사회적 지지의 총점이 투입되며 노숙자를 제외한 경우와 노숙자를 포함한 경우가 모두 분석된다. 또한 노숙기간의 영향력을 세부적으로 살펴보기 위해 노숙기간 중에서는 길거리 노숙기간만을 투입한 경우(모형 I)와 총 노숙기간만을 투입한 경우(모형 II), 그리고 이 양자를 모두 투입한 경우(모형 III)의 결과를 종합적으로 비교한다. 분석모형의 회귀식은 다음과 같다.

$$\text{모형 I}: Y = a + B_1X_1 + B_3X_3 + B_4X_4 + B_5X_5 + B_6X_6 + B_7X_7 + B_8X_8 + B_9X_9 + B_{10}X_{10}$$

$$\text{모형 II}: Y = a + B_2X_2 + B_3X_3 + B_4X_4 + B_5X_5 + B_6X_6 + B_7X_7 + B_8X_8 + B_9X_9 + B_{10}X_{10}$$

$$\text{모형 III}: Y = a + B_1X_1 + B_2X_2 + B_3X_3 + B_4X_4 + B_5X_5 + B_6X_6 + B_7X_7 + B_8X_8 + B_9X_9 + B_{10}X_{10}$$

Y: 지각된 사회적 지지

X_1: 길거리 노숙일수	X_2: 총 노숙일수	X_3: 성
X_4: 연령	X_5: 원가족 해체경험	X_6: 교육연한
X_7: 주관적 건강상태	X_8: 기술유무	X_9: 공공근로
X_{10}: 일반근로		

　분석결과는 다음 〈표 4-5〉와 같다. 모형 I과 모형 II에서 노숙기간 중에서 길거리 노숙일수만이 투입된 경우와 총 노숙일수만이 투입된 경우에 이 양자는 모두 지각된 사회적 지지의 크기에 부적인 영향을 미치고 있으며 이는 통계적

으로 .01 수준에서 유의미하였다. 그리고 이는 길거리 노숙일수와 총 노숙일수의 두 가지 노숙기간 변수를 함께 투입한 모형 Ⅲ에서도 지각된 사회적 지지에 부적인 영향을 미치고 있음이 나타났다. 그리고 지각된 사회적 지지의 정도에서 노숙자로부터의 지지를 제외하고 살펴보았을 경우에도 길거리 노숙기간과 총 노숙기간은 유의미한 영향을 미치고 있었다. 이는 앞의 상관관계분석에서의 결과와 동일한 것으로 노숙자를 제외한 혹은 노숙자를 포함하더라도 전체적인 사회적 지지는 정도는 노숙기간에 따라 감소하고 있음을 나타내고 있다.

통제변수로 투입되었던 인구학적 배경변수 중에서는 주관적인 건강상태 인식과 원가족의 해체 유무가 .01수준에서 그리고 성이 .05수준에서 유의미한 결과를 나타내었다. 원가족의 해체경험이 없는 경우에 지각된 사회적 지지는 큰 것으로 나타나고 있으며 건강상태가 좋을수록, 그리고 남성보다는 여성이 지각된 사회적 지지가 큰 것으로 나타났다.

<표 4-5> 노숙기간의 사회적 지지에 대한 영향 회귀분석 결과

	모형 Ⅰ 노숙자 포함 사회적 지지		모형 Ⅱ 노숙자 포함 사회적 지지		모형 Ⅲ 노숙자 포함 사회적 지지		노숙자 제외 사회적 지지	
	B	β	B	β	B	β	B	β
길 거 리 노 숙 일 수	-.05377**	-.408			-.0259**	-.197	-.02079**	-.188
총 노숙일수			-.02761**	-.489	-.0214**	-.383	-.001714**	-.365
성	-5.718	-.059	-11.442*	-.120	-10.530*	-.108	-10.860**	-.133
연 령	-.06571	-.032	-.02339	-.011	-.0209	-.010	-.02205	-.013
원가족해체 경 험	-7.906**	-.147	-8.755**	-.161	-8.225**	-.152	-6.527**	-.144
교 육 연 한	.455	.174	.326	.050	.396	.061	.604*	.112
주 관 적 건 강 상 태	3.853**	.177	4.696**	.217	4.130**	.190	3.925**	.215
기 술 유 무	1.281	.030	1.902	.045	.934	.022	1.393	.040
공공근로유무	-.920	-.021	.937	.021	.721	.016	1.576	.042
일반근로유무	-.107	-.002	.477	.009	.651	.013	1.509	.035
상수	71.437**		77.955**		78.212**		51.625**	
R^2	.268		.341		.366		.370	
F	12.686**		18.176**		17.976**		18.239**	

* p<.05   ** p<.01

 이상의 분석결과를 볼 때, '노숙기간이 길수록 지각된 사회적 지지의 정도는 작아진다'는 연구가설 1-1은 상관관계분석과 배경변인들의 영향을 통제한 다중회귀분석을 통해 지지되었다. 그리고 이는 노숙기간의 두 가지 구체화 내용인 총 노숙기간과 길거리 노숙기간 모두의 영향력에 대해서 마찬가지이었다.

 한편, 지각된 사회적 지지의 원천별로 노숙기간의 영향력을 살펴보면 〈표 4-6〉과 같다.

<표 4-6> 노숙기간의 사회적 지지 원천별 영향 회귀분석 결과

	사회적 지지 총점		가족지지		동료지지		노숙자지지	
	B	β	B	β	B	β	B	β
길거리노숙일수	-.0259**	-.197	-.0104**	-.173	-.00998**	-.168	-.00513	-.105
총 노숙일수	-.0214**	-.383	-.00819**	-.320	-.00903**	-.358	-.00424**	-.205
성	-10.530*	-.108	-3.666	-.082	-7.137**	-.163	.343	.010
연 령	-.0209	-.010	.00398	.004	-.0340	-.037	-.000306	.000
원가족해체경험	-8.225**	-.152	-4.829**	-.196	-2.092	-.086	-1.691	-.085
교육연한	.396	.061	.197	.067	.321*	.111	-.210	-.088
주관적건강상태	4.130**	.190	2.086**	.210	1.959**	.200	.197	.024
기술유무	.934	.022	.654	.034	.563	.030	-.505	-.033
공공근로유무	.721	.016	-.00306	.000	1.729	.086	-.880	-.054
일반근로유무	.651	.013	-.0692	-.003	1.662	.071	-.864	-.045
상수	78.212**		24.786**		27.720**		26.687**	
R²	.366		.321		.322		.093	
F	17.976**		14.698**		14.743**		3.181**	

* p<.05   ** p<.01

 이는 종속변수인 사회적 지지의 총점 대신에 지지의 원천별로 분류하여 가족지지와 동료지지, 노숙자지지를 번갈아 종속변수로 투입하여 분석한 것이다. 가족지지와 노숙을 하지 않는 친구나 동료의 지지는 사회적 지지의 총점과 마찬가지로 길거리 노숙기간과 총 노숙기간에 의해 .01 수준에서 통계적으로 유의미한 영향을 받고 있는 것으로 나타났다. 즉, 길거리 노숙기간이 길어질수록, 그리고 총 노숙기간이 길어질수록 가족의 지지와 노숙을 하지 않는 동료들의 지지는 작아진 것으로 지각되고 있었다. 가족지지의 정도는 이 밖에 원가족의 해체여부에 의해 크게 영향을 받고 건강에 의해서도 영향을 받는 것으로 나타났으며, 동료의 지지 정도는 교육연한과 성, 건강과 관련됨이 나타났다. 반면 노숙을 하고 있는 동료인 노숙자의 지지 정도는 길거리 노숙기간에 의해서는 유의미한 영향이 없었고, 총 노숙일수에 의해서는 영향을 받고 있는 것으로 나타났다. 이는 노숙기간이 길어지면서 함께 노숙하는 동료의 지지에 대한 지각도 작아지는 것으로 인식된다는 측면에서는 다소 의외의 결과라고 할 수 있으나, 모형의 설명력이 약한 것으로 나타나($R^2 = .093$) 가족의 지지나 노숙을 하지 않는 동료의 지지에 비해서는 불분명한 결과를 나타내고 있었다.

2) 노숙기간이 사회적 관계망의 크기에 미치는 영향

〈표 4-4〉의 상관관계계수를 볼 때, 길거리 노숙기간과 총 노숙기간은 모두 노숙자의 사회적 관계망의 크기와 통계적으로 유의미한 부적 관계가 나타났다. 그리고 이는 관계망의 크기에서 노숙자를 제외한 경우나 노숙자를 포함한 경우에도 모두 마찬가지이었다. 이는 연구가설 1-2(노숙기간이 길수록 사회적 관계망의 크기는 작을 것이다)를 지지하는 방향의 관계이다. 그러나 사회적 지지의 경우에서와 마찬가지로 가설을 보다 엄밀히 검증하기 위해서는 제반 인구학적 배경변인들의 영향을 통제하여 살펴볼 필요가 있다. 따라서 총 노숙기간과 길거리 노숙기간을 주요 독립변수로 삼고, 통제변수에 해당하는 인구학적 요인과 인적자본 요인의 배경변수를 함께 동시 투입하여 다중회귀분석을 실시하였다. 사회적 지지에서와 마찬가지로 노숙기간 중에서 길거리 노숙기간만을 투입한 모형 Ⅰ과 총 노숙기간만 투입한 모형 Ⅱ, 길거리 노숙기간과 총 노숙기간을 모두 투입한 모형 Ⅲ의 결과를 종합적으로 비교하였다. 분석모형의 회귀식은 다음과 같다.

모형 Ⅰ : $Y = a + B_1X_1 + B_3X_3 + B_4X_4 + B_5X_5 + B_6X_6 + B_7X_7 + B_8X_8 + B_9X_9 + B_{10}X_{10}$

모형 Ⅱ : $Y = a + B_2X_2 + B_3X_3 + B_4X_4 + B_5X_5 + B_6X_6 + B_7X_7 + B_8X_8 + B_9X_9 + B_{10}X_{10}$

모형 Ⅲ : $Y = a + B_1X_1 + B_2X_2 + B_3X_3 + B_4X_4 + B_5X_5 + B_6X_6 + B_7X_7 + B_8X_8$

$$+B_9X_9+B_{10}X_{10}$$

Y: 사회적 관계망의 크기
X₁: 길거리 노숙일수   X₂: 총 노숙일수   X₃: 성
X₄: 연령   X₅: 원가족 해체경험   X₆: 교육연한
X₇: 주관적 건강상태   X₈: 기술유무   X₉: 공공근로
X₁₀: 일반근로

Y: 사회적 관계망의 크기

X_1: 길거리 노숙일수 X_2: 총 노숙일수 X_3: 성
X_4: 연령 X_5: 원가족 해체경험 X_6: 교육연한
X_7: 주관적 건강상태 X_8: 기술유무 X_9: 공공근로
X_{10}: 일반근로

모형에 따른 분석결과는 〈표 4-7〉과 같다.

〈표 4-7〉 노숙기간의 사회적 관계망에 대한 영향 회귀분석 결과

	모형 I 관계망 크기 (노숙자 포함)		모형 II 관계망 크기 (노숙자 포함)		모형 III 관계망 크기 (노숙자 포함)		관계망 크기 (노숙자 제외)	
	B	β	B	β	B	β	B	β
길거리노숙일수	-.02255**	-.204			-.00816	-.074	-.007953	-.084
총 노숙일수			-.01286**	-.274	-.0111**	-.235	-.01051**	-.249
성	-.422	-.005	-2.720	-.034	-2.90	-.035	-4.669	-.067
연 령	.01140	-.007	.009750	.006	.0110	.006	.004517	.003
원가족해체경험	-2.776	-.061	-3.173	-.070	-2.947	-.065	-.560	-.014
교육연한	-.163	-.030	-.221	.041	-.193	-.036	0.01085	.002
주관적건강상태	2.160*	.118	2.437*	.135	2.305*	.126	2.061*	.130
기술유무	2.629	.075	2.631	.075	2.417	.069	.236	.008
공공근로유무	-2.348	-.063	-1.500	-.040	-1.494	-.040	-.542	-.017
일반근로유무	1.514	.035	2.115	.049	1.906	.044	-.919	-.024
상수	13.300		16.540*		16.833**		14.928*	
R^2	.087		.120		.124		.119	
F	3.295**		4.807**		4.403**		4.057**	

* p<.05   ** p<.01

우선 길거리 노숙기간만을 투입한 모형 I과 총 노숙기간만을 투입한 모형 II에서는 각각의 노숙기간이 사회적 관계망의 크기에 부적 영향을 미치고 있는 것으로 나타났다. 그러나 길거리 노숙기간과 총 노숙기간을 함께 투입한 모형 III의 결과를 살펴보면 길거리 노숙기간은 영향력이 유의미하지 않은 것으로 나

타났다. 세 가지 모형을 통한 분석의 결과를 종합적으로 고려할 때, 사회적 관계망의 크기에 미치는 영향은 총 노숙기간의 영향력이 직접적이고 핵심적인 것으로 볼 수 있다. 길거리 노숙기간의 영향력은 총 노숙기간의 영향력을 통제할 경우 그 의미를 상실하는 것이라 하겠다. 사회적 관계망의 크기에서 노숙자를 제외하고 살펴보았을 경우에도 마찬가지로 총 노숙기간이 유의미한 부적 영향을 미치고 길거리 노숙기간은 유의미한 영향을 보이지 않았다. 즉, 총 노숙기간이 길수록 사회적 관계망의 크기는 줄어들고 있는 것으로 볼 수 있지만 길거리 노숙기간에 대해서는 이러한 결론을 내리기는 어렵다.

이 밖에 배경변인들 중에서는 영향을 살펴보면 건강상태가 좋을수록 사회적 관계망이 크다는 점이 나타났다($p<.05$).

연구가설과 관련지어 살펴볼 때, 가설 1-2인 '노숙기간이 길수록 사회적 관계망의 크기가 작아질 것이다'라는 가설은 상관관계분석이나 제반 배경변인들의 영향을 통제한 다중회귀분석에서 총 노숙기간이 사회적 관계망의 크기에 부적인 영향을 미치고 있음이 통계적으로 입증되었다. 단, 여기서 길거리 노숙기간은 단순상관관계에서는 사회적 관계망과 통계적으로 유의한 관계를 보였으나 회귀분석에서는 통계적인 유의성이 나타나지 않았다. 이에 비추어 볼 때, 사회적 관계망의 크기에는 길거리 노숙기간보다는 이를 포함한 총 노숙기간의 영향이 보다 직접적이고 핵심적인 것임을 볼 수 있다. 이는 노숙생활의 종류에 관계없이 노숙생활 자체가 노숙자들의 관계망을 절대적으로 축소시키고 있다는 의미가 된다. 따라서 연구가설 1-2는 총 노숙기간의 영향이라는 측면에서 가설이 지지되었다.

3) 노숙기간이 사회적 관계망의 형태에 미치는 영향

〈표 4-4〉의 상관관계계수를 볼 때, 길거리 노숙기간과 총 노숙기간은 모두 관계망에서 노숙자가 차지하는 비율과 통계적으로 유의미한 정적 관계가 나타났다. 이는 연구가설 1-3(노숙기간이 길수록 사회적 관계망 내에서 노숙자가 차지하는 비율은 높을 것이다)을 지지하는 방향의 관계이다. 그러나 이 경우에도 가설을 보다 엄밀히 검증하기 위해서는 제반 인구학적 배경변인들의 영향을

통제하여 살펴볼 필요가 있다. 따라서 총 노숙기간과 길거리 노숙기간을 주요 독립변수로 삼고, 통제변수에 해당하는 인구학적 요인과 인적자본 요인의 배경 변수를 함께 동시 투입하여 다중회귀분석을 실시하였다. 역시 길거리 노숙기간 을 투입한 모형 Ⅰ, 총 노숙기간을 투입한 모형 Ⅱ. 길거리 노숙기간과 총 노 숙기간을 함께 투입한 모형 Ⅲ을 종합적으로 살펴본다. 분석모형의 회귀식은 다음과 같다.

$$\text{모형 } Ⅰ: Y = a + B_1X_1 + B_3X_3 + B_4X_4 + B_5X_5 + B_6X_6 + B_7X_7 + B_8X_8 + B_9X_9 + B_{10}X_{10}$$

$$\text{모형 } Ⅱ: Y = a + B_2X_2 + B_3X_3 + B_4X_4 + B_5X_5 + B_6X_6 + B_7X_7 + B_8X_8 + B_9X_9 + B_{10}X_{10}$$

$$\text{모형 } Ⅲ: Y = a + B_1X_1 + B_2X_2 + B_3X_3 + B_4X_4 + B_5X_5 + B_6X_6 + B_7X_7 + B_8X_8 + B_9X_9 + B_{10}X_{10}$$

Y: 사회적 관계망에서 노숙자가 차지하는 비율

X_1: 길거리 노숙일수	X_2: 총 노숙일수	X_3: 성
X_4: 연령	X_5: 원가족 해체경험	X_6: 교육연한
X_7: 주관적 건강상태	X_8: 기술유무	X_9: 공공근로
X_{10}: 일반근로		

모형에 따른 분석결과는 〈표 4-8〉과 같다. 관계망에서 노숙자가 차지하는 비율은 관계망의 크기에서와는 대조적인 결과를 보인다. 즉, 모형 Ⅰ과 Ⅱ에서 길거리 노숙기간이나 총 노숙기간이 따로 투입되었을 경우에는 모두 .01 수준 에서 관계망에서 노숙자의 비율에 유의미한 영향을 미치고 있었다. 그러나 두 가지 독립변수를 함께 투입한 모형 Ⅲ에서는 관계망의 크기에 대한 분석에서와 는 대조적으로 길거리 노숙기간의 영향력이 상대적으로 더 유의미한 것으로 나 타났다. 이는 모형 Ⅰ과 Ⅱ의 모형 설명력(R^2)이나 표준화된 회귀계수의 비교, 그리고 모형 Ⅲ에서 길거리 노숙기간 변수와 총 노숙기간 변수의 통계적 유의

도와 표준화된 회귀계수를 비교해 볼 때, 길거리 노숙기간의 영향력이 상대적으로 중요하게 나타나고 있다.

〈표 4-8〉 노숙기간이 관계망에서 노숙자의 비율에 미치는 영향 회귀분석 결과

	모형 I 관계망 노숙자 비율		모형 II 관계망 노숙자 비율		모형 III 관계망 노숙자 비율	
	B	β	B	β	B	β
길거리노숙일수	.0011**	.514			.000936**	.437
총 노숙일수			.0003418**	.376	.000126*	.138
성	.08885	.056	.165*	.108	.117	.074
연령	-.000598	-.018	-.000959	-.029	-.000853	-.026
원가족해체경험	.104*	.119	.130**	.149	.106*	.121
교육연한	-.01129*	-.108	-.009204	-.088	-.0109*	-.105
주관적건강상태	-.04664**	-.132	-.06598**	-.189	-.0483**	-.137
기술유무	-.04296	-.063	-.05983	-.088	-.0406	-.060
공공근로유무	.04354	.060	.02318	.032	.0338	.047
일반근로유무	.05203	.062	.03107	.037	.0476	.056
상수	.392**		.353*		.352**	
R^2	.362		.246		.375	
F	19.708**		11.426**		18.681**	

* $p < .05$ ** $p < .01$

이밖에 배경변인들이 미치는 영향을 살펴보면 원가족의 해체경험이 있는 경우 관계망에서 노숙자가 차지하는 비율이 높고($p < .05$), 교육수준이 높을수록 관계망에서 노숙자가 차지하는 비율이 낮으며($p < .05$), 건강상태가 좋을수록 관계망에서 노숙자의 비율이 낮다($p < .01$)는 점을 볼 수 있다.

가설 1-3, 즉, '노숙기간이 길수록 사회적 관계망에서 노숙자가 차지하는 비율이 높을 것이다'라는 가설은 상관관계분석을 통해서나 제반 배경변인의 영향을 통제한 다중회귀분석을 통해서 지지되었다. 이는 길거리 노숙기간의 영향(.01 유의수준)과 총 노숙기간의 영향(.05 유의수준)이 다중회귀분석을 통해 모두 통계적으로 유의미한 것으로 나타났다. 여기서 관계망의 크기에 대한 분석에서와는 대조적으로 관계망에서 노숙자가 차지하는 비율에 대한 영향은 길

거리 노숙기간이 총 노숙기간의 영향보다 상대적으로 더 큰 것으로 나타났다는 것이 특이할만한 결과라고 하겠다. 이러한 점은 길거리 노숙생활의 경우 보호시설을 이용하는 경우보다 노숙자 이외에는 다른 사회적 관계망을 유지하거나 획득할 수 있는 기회가 훨씬 더 제약되기 때문인 것으로 추정된다.

이상과 같은 분석을 통해 사회적 연계단절 관련의 아래의 가설 1-1, 1-2, 1-3이 모두 통계적으로 입증되었으므로 노숙기간이 길어짐에 따라 사회적 연계단절이 심해질 것이라는 연구가설 1이 지지되었다. 이는 Grigsby 등이 만성화 모형에서 제시하였던 바와 같이 노숙생활을 통해서 노숙자들이 사회적 연계를 지속적으로 상실해가는 양상이 실증적으로 확인된 것이다. Grigsby 등은 노숙자들의 만성화와 사회적 연계단절을 두 가지의 양상으로 이야기했다. 첫째는 노숙생활에 따라 사회적 지지와 관계망의 크기가 작아지는 것이고 두 번째는 주변의 관계망이 주로 노숙자들로만 이루어지는 것이었다. 이 두 가지 양상이 노숙자들의 주류사회와의 단절을 이끌어내면서 노숙생활에서 벗어나지 못하고 만성화되어가는 과정인 것으로 보았다. 이 두 가지 양상에 대해 이들은 연계단절(disaffiliation)과 재연계(re-affiliation)의 개념을 활용하여 설명하였다. 본 연구의 분석에서 노숙기간이 길어짐에 따라 지각된 사회적 지지의 정도가 작아지고, 관계망의 크기가 작아진다는 것은 양적인 측면에서 사회적 연계의 단절(social disaffiliation) 양상을 입증하고 있으며, 관계망에서 노숙자의 비율이 높아진다는 사실은 파행적인 재연계(re-affiliation) 양상을 입증하는 것이라고 하겠다. 이러한 가설의 입증은 노숙자의 사회적 연계단절 관련 변수들이 노숙자가 되는 원인적 측면에서의 위험요소의 의미뿐만 아니라 노숙생활을 통해 점점 더 심화되는 심리사회적 외상이라는 측면에서 조망할 수 있다는 관점의 타당성을 보여주고 있다.

특히 관계망에서 노숙자가 차지하는 비율이 높아지고 있으면서도 노숙자를 포함한 지지와 관계망의 크기가 감소하고 있다는 사실은 Grigsby 등의 논의에서처럼 노숙생활을 하면서 지지망을 지속적으로 상실하는 '고립(isolate)'의 부류와 노숙자 중심의 새로운 연계를 맺어가는 '외부자(outsider)'의 부류가 서로 절대적으로 분리되는 것만은 아니라는 점을 나타내고 있다. 즉, 노숙생활 기간이 길어지면서 이러한 연계단절의 양상과 재연계의 양상은 동시에 나타나고 있는 것이며, 결국 노숙자 중심의 새로운 관계와 지지망을 획득하는 것은 기존의 지지망을 상실하는 것에 비하면 미미한 양에 지나지 않음을 나타내는 것이다.

2. 노숙기간이 심리적 역기능 관련 변수에 미치는 영향

학습된 무기력 관련 심리적 역기능 분석에서는 노숙기간이 자기효능감, 외적 통제소, 우울, 알코올 중독, 만성적 적응 변수에 미치는 영향이 분석되었다. 이는 연구모형에서 ②에 해당하는 분석으로 〈연구가설 2〉인 '노숙기간은 심리사회적 역기능성 관련 요소에 영향을 미칠 것이다'의 아래의 가설 2-1, 2-1, 2-3, 2-4, 2-5를 실증적으로 검증하기 위한 것이다. 가설은 다음과 같이 설정되어 있었다.

가설 2-1: 노숙기간이 길수록 자기효능감은 낮을 것이다
가설 2-2: 노숙기간이 길수록 외적 통제소 성향이 클 것이다
가설 2-3: 노숙기간이 길수록 정서적인 우울 증상이 심할 것이다
가설 2-4: 노숙기간이 길수록 알코올 중독 성향이 많이 나타날 것이다
가설 2-5: 노숙기간이 길수록 노숙생활에 만성적으로 적응되어 있을 것이다

우선, 노숙기간과 심리적 역기능성 관련 변수들의 관계를 보기 위해 Pearson 적률상관관계를 살펴보았다. 〈표 4-9〉에서 나타난 바와 마찬가지로 노숙기간에 해당하는 총 노숙일수와 길거리 노숙일수는 모두 심리적 역기능 관련 변수와 통계적으로 유의미한 상관관계를 보이고 있었다.

〈표 4-9〉 노숙기간과 심리적 역기능 관련변수의 상관관계

	자기효능감	외적 통제소	우울	알코올 중독	만성적 적응
총 노숙일수	-.309**	.306**	.287**	.117*	.215**
길거리 노숙일수	-.418**	.390**	.324**	.208**	.440**

* p<.05　　** p<.01

노숙기간은 자기효능감과 부적인 상관관계를 보이고 있으며, 외적 통제소, 우울, 알코올 중독, 만성적 적응과는 정적인 상관관계를 보이고 있어 모두 연구가설에 해당하는 방향으로 유의한 상관관계를 보이고 있다. 즉, 노숙기간이 길면 자기효능감은 낮아지고, 외적 통제소와 우울, 만성적 적응도는 높아지며, 알코올 중독이 나타나는 등 심리적 역기능성이 심해지는 양상을 보이고 있다. 또한 앞의 학습된 무기력에 관련된 이론적 검토에서 심리적 역기능성들이 특히 길거리 노숙일수에 의해 큰 영향을 받을 것으로 예측하였는데 상관관계 계수의 크기들은 총 노숙기간보다는 길거리 노숙일수와의 상관관계가 더 크다는 것을 보여주고 있다.

그러나 상관관계계수의 크기나 통계적 유의미성 만으로는 가설의 입증에 충분하지 않다. 노숙기간과 심리적 역기능 간의 직접적인 관계를 확인하기 위해서는 앞서 사회적 연계단절 관련 요인에서 살펴보았던 것과 마찬가지로 심리적 역기능 요인에 대해서 영향을 미칠 가능성이 있는 제반 배경요인의 영향을 통제할 필요가 있다. 그렇지 않을 경우 심리적 역기능에 미친 인구학적 배경요인의 영향을 노숙기간의 영향에 의한 것으로 잘못 판단할 수 있다. 이를 명확히 하기 위해서 사회적 연계단절 관련 변수의 분석에서와 마찬가지로 다중회귀분석을 실시하였다.

다중 회귀분석에서는 주요 독립변수로는 노숙기간에 해당하는 길거리 노숙일수와 총 노숙일수가 투입되었고, 인구학적 배경요인 관련 변수가 통제변수로 투입되었다. 종속변수는 심리적 역기능성 관련 변수인 자기효능감, 외적 통제소, 우울, 알코올 중독, 만성적 적응이 번갈아 투입되어 결과를 분석하였다.

분석모형의 회귀식은 다음과 같다.[43]

모형 I : $Y = \alpha + B_1X_1 + B_3X_3 + B_4X_4 + B_5X_5 + B_6X_6 + B_7X_7 + B_8X_8 + B_9X_9 + B_{10}X_{10}$

모형 II : $Y = \alpha + B_2X_2 + B_3X_3 + B_4X_4 + B_5X_5 + B_6X_6 + B_7X_7 + B_8X_8 + B_9X_9 + B_{10}X_{10}$

---

43) 단, 알코올 중독 유무를 종속변수로 한 분석의 경우 종속변수가 미중독(0), 중독(1)의 값만을 가지는 dummy 변수이므로 일반 선형회귀분석은 잘 맞지 않는다. 따라서 이에 대한 분석은 이항 변수가 종속변수일 경우에 흔히 사용하는 로지스틱 회귀분석을 실시하였다.

모형 Ⅲ: $Y = \alpha + B_1X_1 + B_2X_2 + B_3X_3 + B_4X_4 + B_5X_5 + B_6X_6 + B_7X_7 + B_8X_8 + B_9X_9 + B_{10}X_{10}$

Y: 자기효능감 / 외적 통제소 / 우울 / 만성적 적응

X_1: 길거리 노숙일수 X_2: 총 노숙일수 X_3: 성

X_4: 연령 X_5: 원가족 해체경험 X_6: 교육연한

X_7: 주관적 건강상태 X_8: 기술유무 X_9: 공공근로

X_{10}: 일반근로

회귀분석의 분석 결과는 다음의 〈표 4-10〉, 〈표 4-11〉, 〈표 4-12〉, 〈표 4-13〉, 〈표 4-14〉에서 보는 바와 같다.

〈표 4-10〉 노숙기간의 자기효능감에 대한 영향 회귀분석 결과

	모형 Ⅰ		모형 Ⅱ		모형 Ⅲ	
	B	β	B	β	B	β
길거리노숙일수	-.03122**	-.365			-.0257**	-.300
총 노숙일수			-.01009**	-.278	-.00424*	-.117
성	.795	.013	-1.574	-.026	-.157	-.002
연 령	.09909	.075	.114	.086	.108	.081
원가족해체경험	-5.598**	-.160	-6.258**	-.179	-5.661**	-.162
교 육 연 한	.227	.054	.174	.042	.215	.052
건 강 상 태	3.190**	.226	3.781**	.271	3.244**	.230
기 술 유 무	2.413	.089	2.735*	.101	2.338	.086
공 공 근 로 유 무	-.749	-.026	-.129	-.005	-.427	-.015
일 반 근 로 유 무	.402	.012	1.008	.030	.551	.016
상수	50.270**		51.313**		51.625**	
R^2	.288		.213		.297	
F	14.048**		10.809**		13.173**	

* p<.05   ** p<.01

먼저 자기효능감에 대한 분석결과는 〈표 4-10〉과 같다. 길거리 노숙일수는 제반 배경변수의 영향을 통제한 상태에서 .01 수준에서 유의한 부적 영향을 보여주고 있다. 반면 총 노숙일수도 자기효능감에 대해 .05 수준에서 부적인 영향을 보이고 있으나 그 영향력은 길거리 노숙일수보다는 작은 것으로 나타나고 있다. 이는 길거리 노숙일수만을 투입한 모형 Ⅰ과 총 노숙일수만을 투입한 모형 Ⅱ에서의 R^2나 표준화 회귀계수 혹은 유의도를 통해서도 나타나고 있다. 따라서 '노숙기간이 길수록 자기효능감이 낮아질 것이다'는 하위 연구가설 2-1은 지지되었으며 특히 길거리 노숙기간의 영향력이 더 큰 것으로 나타났다. 이는 자기효능감의 저하라는 심리적 역기능이 노숙자가 가지는 이전부터의 특성이기도 하지만, 노숙기간에 의해 심화되고 있는 외상이라는 점을 나타내고 있는 것이다. 이 밖에 인구학적 배경변수들 중에서는 원가족의 해체경험이 자기효능감에 대해 부적인 영향을, 건강상태가 자기효능감에 정적인 영향을 미치고 있음이 나타났다.

연구가설 2-2는 길거리 노숙기간이 외적 통제소 성향에 대해 미치는 영향이었다.

〈표 4-11〉 노숙기간의 외적 통제소에 대한 영향 회귀분석 결과

	모형 Ⅰ		모형 Ⅱ		모형 Ⅲ	
	B	β	B	β	B	β
길거리노숙일수	.02142**	.326			.0174**	.265
총 노숙일수			.007141**	.256	.00307	.110
성	-4.866*	-.100	-2.757	-.059	-4.172	-.086
연 령	.04408	.043	.03496	.034	.0377	.037
원가족해체경험	3.133*	.116	3.698*	.136	3.186*	.118
교 육 연 한	-.342*	-.106	-.314	-.097	-.335*	-.103
건 강 상 태	-2.015**	-.185	-2.393**	-.222	-2.051**	-.188
기 술 유 무	-1.719	-.082	-2.025	-.097	-1.669	-.080
공 공 근 로 유 무	2.262	.102	1.800	.081	2.020	.091
일 반 근 로 유 무	1.413	.054	.891	.035	1.291	.050
상수	42.671**		41.395**		41.702**	
R^2	.239		.177		.248	
F	10.877**		8.721**		10.199**	

* p<.05   ** p<.01

〈표 4-11〉에서 보는 바와 마찬가지로 모형 Ⅰ과 모형 Ⅱ에서 분리 투입하였을 경우에는 길거리 노숙일수와 총 노숙일수가 모두 외적 통제소 성향에 유의미한 영향을 미치고 있었다. 그러나 길거리 노숙일수와 총 노숙일수를 함께 투입한 모형 Ⅲ에서는 길거리 노숙기간은 외적 통제소에 통계적으로 .01 수준에서 유의미하게 정적인 영향을 미치고 있는 반면 총 노숙일수는 유의미한 영향을 발휘하지 못하고 있는 것으로 나타났다. 이는 길거리 노숙일수의 영향력을 통제할 경우 총 노숙기간의 영향력은 그 의미를 상실하는 것이라고 볼 수 있다. 따라서 실제로는 총 노숙기간이 외적 통제소 성향에 미치는 영향력보다는 길거리 노숙기간의 영향력이 직접적인 것이라고 하겠다. 이러한 결과들을 볼 때, 노숙기간이 길수록 외적 통제소 성향이 커진다는 아래의 가설 2-2는 지지되었으며 특히 길거리 노숙기간이 중요한 역할을 하고 있었다. 기타의 배경변수 중에서는 원가족의 해체경험이 있는 경우에, 교육연한이 짧을수록, 그리고 건강상태가 나쁠수록 외적 통제소 성향이 강한 것으로 나타났다.

〈표 4-12〉 노숙기간의 우울에 대한 영향 회귀분석 결과

	모형 Ⅰ		모형 Ⅱ		모형 Ⅲ	
	B	β	B	β	B	β
길 거 리 노 숙 일 수	.01057**	.242			.00727**	.167
총 노 숙 일 수			.004228**	.228	.00253*	.137
성	-1.414	-.044	-.221	-.007	-.841	-.026
연 령	.04579	.067	.03902	.057	.0406	.060
원 가 족 해 체 경 험	2.048*	.114	2.213*	.122	2.093*	.116
교 육 연 한	-.06157	-.028	-.04264	-.020	-.0549	-.025
주 관 적 건 강 상 태	-2.026**	-.280	-2.289**	-.319	-2.057**	-.285
기 술 유 무	-1.099	-.079	-1.227	-.088	-1.059	-.076
공 공 근 로 유 무	1.543	.104	1.255	.085	1.337	.090
일 반 근 로 유 무	.832	.048	.702	.041	.725	.042
상수	30.406**		29.794**		29.607**	
R^2	.210		.210		.223	
F	9.176**		9.263**		8.864**	

* p<.05   ** p<.01

가설 2-3은 노숙기간이 길수록 심리적인 우울성향이 심할 것을 예측하였다.

〈표 4-12〉에서 보는 바와 마찬가지로 이 역시 모형 Ⅰ과 모형 Ⅱ, 그리고 모형 Ⅲ에서 모두 통계적으로 .01 수준에서 지지되었다. 단 모형 Ⅲ에서 길거리 노숙기간과 함께 투입한 총 노숙기간의 영향은 .05 수준에서 유의한 것으로 나타났다. 배경변수 중에서는 원가족 해체경험과 건강상태가 나쁘다는 인식이 우울성향과 관련이 있는 배경변수로 나타났다. 따라서 우울성향은 원가족 해체 등과 같은 본래적 특성과도 관련이 되지만 노숙기간에 따라 더욱 심화되는 외상인 것으로 볼 수 있다.

노숙기간이 알코올 중독에 영향을 미칠 것이라는 아래의 가설 2-4는 종속변수가 알코올 중독의 유무를 나타내는 dummy 변수에 해당하므로 로지스틱 회귀분석을 실시하였다. 이 경우는 선형모형의 다중회귀분석과는 달리 모형의 회귀식이 다음과 같다.

모형 Ⅰ: $\log_e (P_i / 1-P_i) = a + B_1X_1 + B_3X_3 + B_4X_4 + B_5X_5 + B_6X_6 + B_7X_7 + B_8X_8 + B_9X_9 + B_{10}X_{10}$

모형 Ⅱ: $\log_e (P_i / 1-P_i) = a + B_2X_2 + B_3X_3 + B_4X_4 + B_5X_5 + B_6X_6 + B_7X_7 + B_8X_8 + B_9X_9 + B_{10}X_{10}$

모형 Ⅲ: $\log_e (P_i / 1-P_i) = a + B_1X_1 + B_2X_2 + B_3X_3 + B_4X_4 + B_5X_5 + B_6X_6 + B_7X_7 + B_8X_8 + B_9X_9 + B_{10}X_{10}$

(단, 여기서 P_i는 알코올 중독자일 확률을 의미한다. 기타의 변수 내용은 앞에서 나타난 다중회귀분석의 회귀식과 같다).

분석결과는 다음의 〈표 4-13〉과 같다. 로지스틱 회귀분석의 경우 모형의 설명력을 나타내는 R^2 대신에 $-2 \log(L_0 / L_1)$을 사용하여 모형의 적합도를 보는 것이 일반적이다. 이는 독립변수를 투입하기 전과 투입한 후의 우도(likelihood) 차이를 나타내며 이것이 χ^2 분포를 따른다고 보아 자유도를 고려한 통계적 유의도로부터 모형의 적합성을 보는 것이다. 〈표 4-12〉에서와 마찬가지로 이 모형 적합도가 통계적으로 유의미하게 나타났으므로 모형과 각 변수들의 계수는 의미 있는 것으로 볼 수 있다.

<표 4-13> 노숙기간의 알코올 중독에 대한 영향 분석 결과

	모형 Ⅰ		모형 Ⅱ		모형 Ⅲ	
	B	EXP(B)	B	EXP(B)	B	EXP(B)
길거리노숙일수	.0032*	1.0032			.0034*	1.0034
총 노숙일수			.0007	1.0007	-.0001	.9999
성	1.8874	6.6020	2.4142	11.1805	1.8520	6.3724
연 령	.0029	1.0029	.0036	1.0036	.0031	1.0031
원가족해체경험	.1199	1.1274	.2458	1.2787	.1186	1.1260
교육연한	-.1200*	.8869	-.1128*	.8934	-.1202*	.8867
주관적건강상태	-.2873	.7503	-.3229*	.7240	-.2864	.7510
기술유무	-.6418*	.5264	-.6756*	.5088	-.6432*	.5256
공공근로유무	.4999	1.6486	.4442	1.5592	.5070	1.6603
일반근로유무	.8335	2.3013	.7314	2.0779	.8377	2.3111
상수 $-2 \log(L_0 / L_1)$	-1.5355 33.803**		-2.0128 22.796**		-1.4803 33.849**	

* p<.05   ** p<.01

알코올 중독에 관한 분석결과에서는 모형 Ⅰ과 Ⅲ을 통해서 볼 때 길거리 노숙기간의 영향력은 통계적으로 .05 수준에서 유의미한 것으로 나타나 가설 2-4를 지지하고 있으나 모형 Ⅱ나 Ⅲ에서 총 노숙기간의 영향력은 유의미하지 않은 것으로 나타났다. 그러므로 노숙기간이 길수록 알코올 중독 성향이 많이 나타날 것이라는 연구가설 2-4는 길거리 노숙기간의 영향력 측면에서 지지되었다.

노숙생활에 대한 만성적 적응의 측면에 관한 분석결과는 다음의 <표 4-14>에서 보는 바와 같다. 길거리 노숙기간만을 투입한 모형 Ⅰ과 총 노숙기간 변수만을 투입한 모형 Ⅱ의 경우에는 각각의 노숙기간이 .01 수준에서 통계적으로 유의미한 영향력을 나타내고 있었다. 그러나 이 두 변수를 함께 투입한 모형 Ⅲ에서는 길거리 노숙일수의 영향력만이 유의미한 것으로 나타났다. 즉, 마찬가지로 길거리 노숙일수는 .01 수준에서 통계적으로 유의미한 영향을 미치고 있음이 나타났다. 배경변수 중에서는 원가족의 해체경험과 건강상태에 대한 인식이 노숙생활에 대한 만성적 적응과 유의미한 관련이 있었다. 그러므로 노숙기간이 길어지면 노숙생활에 만성적으로 적응하게 될 것이라는 가설 2-5는 주로 길거리 노숙기간의 측면에서 지지되었다.

<표 4-14> 노숙기간의 만성화에 대한 영향 회귀분석 결과

	모형 I		모형 II		모형 III	
	B	β	B	β	B	β
길거리 노숙일수	.0138**	.388			.0118**	.402
총 노숙일수			.002428**	.194	-.000328	-.026
성	2.175*	.100	2.907*	.134	2.101	.097
연령	.02829	.062	.02746	.060	.0289	.063
원가족 해체 경험	1.581*	.132	1.878**	.156	1.576*	.131
교육연한	-.107	-.074	-.08702	-.060	-.108	-.075
주관적 건강상태	-.725**	-.149	-.969**	-.202	-.722**	-.148
기술 유무	-.806	-.086	-1.069*	-.114	-.810	-.086
공공근로유무	-.485	-.049	-.590	-.059	-.460	-.046
일반근로유무	-.893	-.076	-1.083	-.093	-.879	-.075
상수	11.441**		11.794**		11.833**	
R^2	.250		.143		.250	
F	11.775**		5.764**		10.289**	

* $p < .05$ ** $p < .01$

이상의 실증적 분석내용을 연구가설과 관련지어 정리해 보면 다음과 같은 내용이 확인된다. 우선, 상관관계 분석에서는 총 노숙기간과 길거리 노숙기간이 모두 노숙생활의 학습된 무기력 관련 심리적 역기능 5개 요소와 통계적으로 유의미한 상관관계를 나타내고 있었다. 그리고 인구학적 / 인적 자본 변인의 영향력을 통제하고 독립변수로서 길거리 노숙기간만을 투입한 경우(모형 I), 총 노숙기간만을 투입한 경우(모형 II), 그리고 길거리 노숙기간과 총 노숙기간을 함께 투입한 경우(모형 III)의 결과를 종합적으로 비교해 볼 때, 대체적으로 노숙기간은 심리적 역기능 변수에 유의미한 영향력을 행사하고 있어 연구가설 2는 전체적으로 지지되고 있었다. 그러나 세부적인 면을 살펴보면 모형의 설명력, 유의도, 표준화 회귀계수 등에서 특히 길거리 노숙기간 변수가 중요한 역할을 하고 있다는 점이 나타났다. 길거리 노숙기간과 총 노숙기간을 함께 투입한 모형 III을 기준으로 본다면 자기효능감과 우울의 경우에는 총 노숙기간이 미치는 영향력이 .05 수준에서 유의미한 결과를 보였으나 외적 통제소, 알코올 중독, 만성적 적응에는 총 노숙기간의 영향력은 통계적으로 유의미하지는 않았다. 그러나 길거리 노숙기간의 영향력은 5가지 심리적 역기능 변수 모두에 대해 .01 수준에서 통계적으로 유의미한 영향력을 보이는 것으로 나타났다. 이는 심리적 역기능 양상은 총 노숙기간보다는 길거리 노숙기간에 의해 직접적인 영향을 받는다는 것을 의미한다. 즉, 길거리 노숙생활이 심리적 역기능의 위험성을 크게 만드는 것으로 볼 수 있다. 이는 앞의 이론 부분에서 살펴보았던 것처럼 노숙생활의 여건이 상대적으로 열악한 길거리 노숙생활이 학습된 무기력을 심화한다는 논의를 실증적으로 입증한 것이다.

이는 Goodman 등이 학습된 무기력의 개념을 통해 설명한 것처럼 노숙자의 심리적 역기능은 노숙생활에 따라 발생하거나 심화되는 심리사회적 외상의 양상임을 나타내고 있는 것이다. 특히 노숙생활의 조건이 더욱 가혹한 것으로 볼 수 있는 길거리 노숙생활이 학습된 무기력의 심리적 역기능 양상을 이끌고 있다. 많은 경우 노숙자들의 심리적 기능수행에서의 문제가 노숙을 하게 되는 원인의 하나인 것으로 언급되어 왔지만 본 연구의 결과는 원인의 측면에서보다도 노숙생활을 통해서 나타나는 결과로서의 측면에도 초점을 두어야 하는 것을 입증하고 있다. 한편으로 통제변수이었던 인구학적 배경변수들 일부가 학습된 무기력 관련의 심리적 역기능성에 영향을 미치고 있음이 확인되었다. 특히 건강상태에 대한 인식은 알코올 중독을 제외한 심리적 역기능 모두에 대해 주요한 영향을 나타내고 있었다. 이는 신체적 건강과 심리적 건강의 상호관련성을 잘 나타내 주는 것이다. 노숙자들이 자신의 육체적 건강상황을 열악하게 만들어가는 위험스러운 길거리 노숙생활에서 점차 학습된 무기력의 양상으로서 심리적인 역기능과 수동성을 나타내는 것이라고 하겠다.

제4절 심리사회적 외상 특성이
보호시설 퇴소에 미치는 영향

본 절에서는 노숙기간에 따라 심화된 노숙자의 심리사회적인 외상 특성들이 노숙자의 보호시설 퇴소형태에 미치는 영향을 실증적으로 분석하고자 한다. 이 분석은 연구가설 3과 연구가설 4를 검증하기 위한 것이다. 이를 위해서 사건사 분석의 기법을 활용하였다. 가설검증을 위해 종속변수는 긍정적 퇴소와 부정적 퇴소로 나누어진다. 그리고 독립변수인 심리사회적 외상 특성은 앞의 3절에서와 마찬가지로 사회적 연계단절 관련의 3개 변수(지각된 사회적 지지, 관계망의 크기, 관계망에서 노숙자가 차지하는 비율)와 심리적 역기능 관련 5개 변수(자기효능감의 저하, 외적 통제소, 우울, 알코올 중독, 만성적 적응)로 나누어진다. 기존의 보호시설 이탈에 관한 외국의 선행연구(Piliavin et al., 1996; Wong & Piliavin, 1997)들에서는 주로 인구학적 요인 등을 중심으로 연구가 이루어져왔기 때문에 이 선행연구들에서 초점을 두어 보았던 인구학적·인적 자본 관련의 변수들이 보호시설 퇴소에 미치는 영향을 간과할 수 없으므로 이들을 통제변수로 설정하여 분석에 투입하였다. 또한 보호시설이 사회복지관에서 운영하는 것인지 혹은 일반 종교단체 등에서 운영하는 것인지도 보호시설에서의 퇴소에 영향을 미칠 수 있으므로 통제변수에 포함하였다. 이는 영향을 미칠 수 있는 배경변수들의 영향력을 통제한 상태에서 심리사회적 외상 특성 변수들의 영향력을 살펴보아야 보다 직접적인 관계를 확인할 수 있기 때문이다.

1. 보호시설 퇴소의 양상

가설의 검증에 앞서 조사대상자들이 노숙자 보호시설에서 퇴소한 양상을 살펴보았다. 전체 조사대상자 355명 중 53.5%인 190명이 퇴소를 했고 이 중 긍정적 형태의 퇴소자는 97명, 부정적 형태의 퇴소자는 93명이었다. 퇴소까지 걸린 시간을 볼 때, 긍정적 퇴소자는 평균 262일, 부정적 퇴소자는 267일을 나타내어 큰 차이가 나타나지 않았다.

본 연구에서는 긍정적 퇴소와 부정적 퇴소 각각에 대해 심리사회적 외상 변수들이 가지는 영향력에 기본적으로 관심을 가지고 있으나 시간에 따라 자연스럽게 나타나는 퇴소의 양상을 고찰해야 한다. 즉, 특정 입소기간에 퇴소가 집중적으로 발생한다든가 하는 시점의 유무를 확인할 필요가 있다. 이를 확인하기 위해서 생존표(life table)의 그래프를 활용하였다. 다음의 【그림 4-1】 【그림 4-2】 【그림 4-3】 은 각각 퇴소 전체와 긍정적 퇴소, 부정적 퇴소의 발생 사건에 대한 생존함수의 그래프이다. 이 그래프에서 종축은 누적 생존율 즉, '1-사건발생률'의 누적치를 나타내고 있으며 횡축은 입소생활기간을 나타내고 있다.

【그림 4-1】 입소기간에 따른 생존 함수 그래프(퇴소 전체)

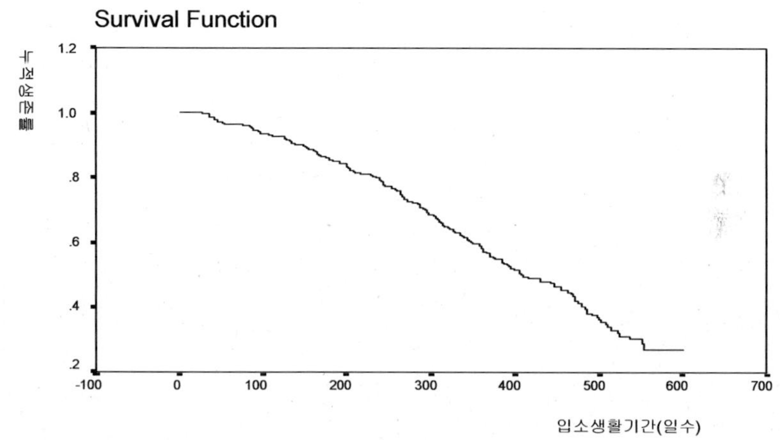

【그림 4-2】 입소기간에 따른 생존 함수 그래프(긍정적 퇴소)

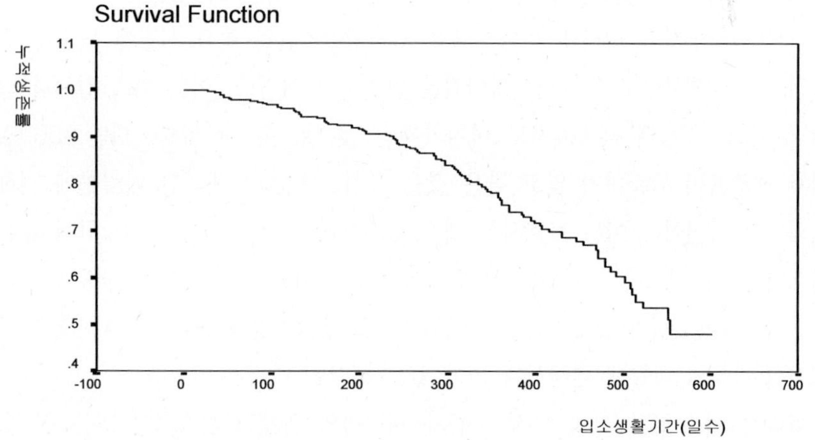

따라서 이 그래프들은 보호시설 입소자들이 입소생활기간의 각 시점에서 퇴소하지 않고 남아있을 생존율을 나타내는 것이므로 시점별로 퇴소가 어느 정도 발생했는지를 볼 수 있다. 【그림 4-1】은 퇴소전체에 대해, 【그림 4-2】는 긍정적 퇴소에 대해, 【그림 4-3】은 부정적 퇴소에 대해 그 생존 함수를 나타낸 것이다.

【그림 4-3】 입소기간에 따른 생존 함수 그래프(부정적 퇴소)

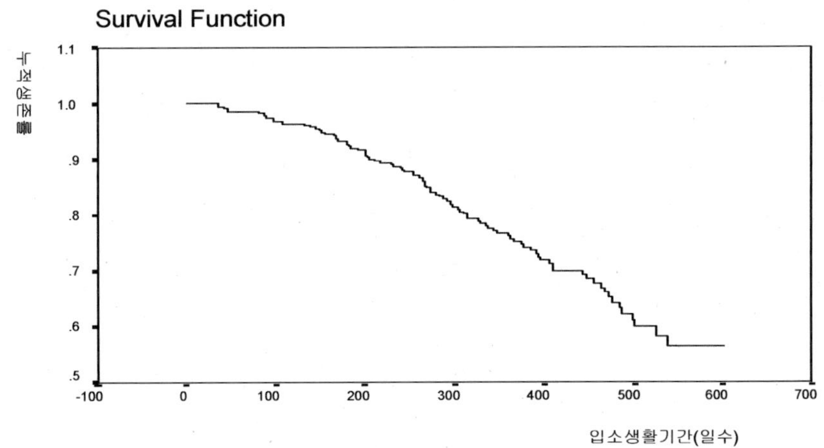

이 그래프들을 통해서 볼 때, 세 그래프 모두에서 누적 생존율이 완만하게 일정한 감소양상을 나타내고 있으므로 입소생활기간의 특정 시점에 퇴소가 집중적으로 발생한다고 할 만한 특이점은 발견하기 어렵다. 이는 퇴소 전체나 긍정적 퇴소, 부정적 퇴소에서도 마찬가지인 것으로 볼 수 있다. 다만, 550일 이후 생존율이 감소하지 않고 같은 값을 유지하는 것은 완만한 하락률에 비해 예외적인 측면이나 이는 보호시설 개소 당시부터 조사 당시까지 퇴소하지 않은 사례에 의한 것이다. 즉, 대부분의 보호시설이 개소한 후 1년 6개월 이하의 기간이 경과한 시점이므로 550일 이상의 입소생활기간에 따른 퇴소나 혹은 보호시설 잔류의 확률에 대해서는 의미 있는 해석을 내리기 어렵다.

따라서 입소생활기간의 특정 시점과 퇴소와의 관계는 특징적인 면을 볼 수 없다. 그러나 입소생활기간이 아닌 계절 등의 시기적 영향이 나타날 수 있다. 이를 위해서는 입소 후 얼마나 시간이 지났는가의 입소기간이 아닌 실제의 연월일 별로 퇴소 양상이 어떻게 나타나는가를 살펴보아야 한다. 따라서 1차 자료수집 시점인 1999년 8월부터 자료수집 종결 시점인 2000년 3월까지의 기간[44] 동안 조사대상자 중 퇴소자의 수를 월별로 확인해 보았다. 이를 그래프로 나타낸 것이 다음의【그림 4-4】【그림 4-5】【그림 4-6】이다. 먼저【그림 4-4】는 월별 전체 퇴소자 수를 나타내고 있다. 이를 보면 퇴소자의 수가 1999년 8월에서 10월까지는 증가하다가 1999년 11월부터 2000년 2월까지의 기간에 급격히 줄어든 점을 볼 수 있다. 3월에는 다시 퇴소자 수가 증가하고 있다. 이는【그림 4-5】에서 나타난 긍정적 퇴소자의 수에서도 유사하다. 1999년 10월까지 증가하던 긍정적 퇴소자의 수가 급격히 줄어들면서 11월부터 2월의 기간 특히 1월에 매우 적은 퇴소자 수를 보였다.

【그림 4-4】 월별 전체 퇴소자 추이

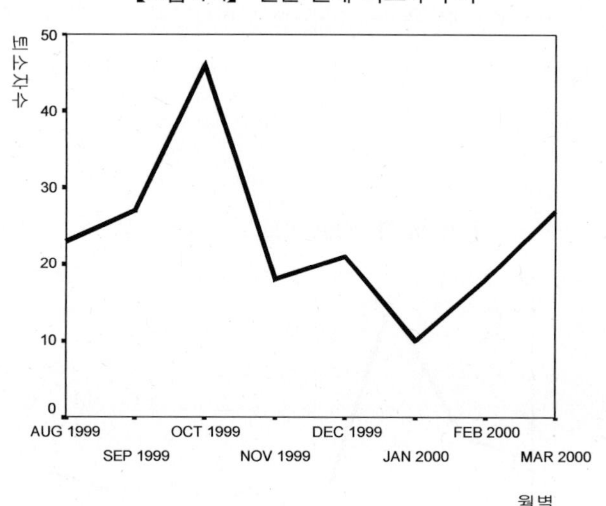

---

44) 원래 자료수집은 4월 1일까지의 현황을 조사하였으나 퇴소자의 수를 월별로 나타내었으므로 4월 1일은 3월에 포함시켜 자료를 처리하였다

【그림 4-5】 월별 긍정적 퇴소자 추이

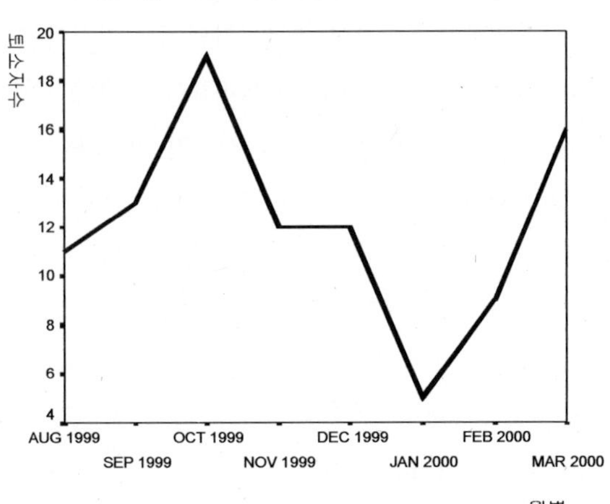

부정적 퇴소자의 경우에도 마찬가지로 【그림 4-6】에 나타난 것처럼 1999
년 12월부터 퇴소자의 수가 줄어들었다가 2000년 2월부터 조금씩 완만하게
증가하고 있다. 이러한 양상은 노숙자들이 보호시설에서 퇴소하는데 계절적 요
인이 크게 작용하고 있음을 보여주는 것이다. 즉, 12월부터 2월에 이르는 동
절기의 경우 퇴소가 잘 나타나지 않는 것이다.

【그림 4-6】 월별 부정적 퇴소자 추이

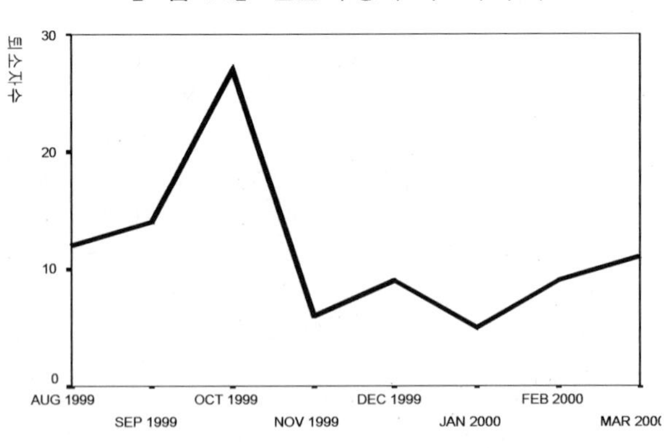

2. 심리사회적 외상 특성이 퇴소 유무에 미치는 영향

보호시설에서의 퇴소가 어떠한 내용을 가지는 것인지를 고려하지 않은 채 보호시설에서의 퇴소 유무 즉, 전체의 퇴소에 대해 각 심리사회적 외상 변수들이 가지는 영향력을 분석해 보았다. 이는 분석방법에서 언급했던 바와 마찬가지로 종속변수로서 퇴소의 발생을 사건(event)으로, 퇴소까지 걸린 일(日)수를 종속변수의 시간요소로 투입하여 사건사 분석의 Cox regression을 통해 분석하였다. 사회적 연계단절 관련 변수와 학습된 무기력 관련 심리적 역기능 변수를 독립변수로 하고 인구학적·인적 자본 관련 변수와 보호시설 유형변수를 통제변수로 투입하였다. 분석모형의 회귀식은 다음과 같다.

$$\log h(t) = a(t) + B_1X_1 + B_2X_2 + B_3X_3 + B_4X_4 + B_5X_5 + B_6X_6 + B_7X_7 + B_8X_8$$
$$+ B_9X_9 + B_{10}X_{10} + B_{11}X_{11} + B_{12}X_{12} + B_{13}X_{13} + B_{14}X_{14} + B_{15}X_{15} + B_{16}X_{16}$$
$$+ B_{17}X_{17}$$

$h(t)$: 퇴소사건 발생위험률
$a(t)$: 시간에 의존하는 상수

X_1: 사회적 지지총점	X_2: 관계망의 크기	X_3: 관계망에서 노숙자 비율
X_4: 자기효능감	X_5: 외적 통제소	X_6: 우울
X_7: 알코올 중독	X_8: 만성적 적응	X_9: 성
X_{10}: 연령	X_{11}: 원가족 해체 경험	X_{12}: 교육연한
X_{13}: 건강상태	X_{14}: 기술유무	X_{15}: 공공근로
X_{16}: 일반근로	X_{17}: 보호시설 유형	

여기서 종속변수는 퇴소사건이 발생할 위험률 $h(t)$에 자연 대수를 취한 값으로 여기에 미치는 각 독립변수의 영향력이 분석되었다.[45]

---

45) 이는 로지스틱 분석이나 프로빗 모형에서와 마찬가지로 종속변수에 로그를 취한 값이 회귀식에서 나타나게 되므로 각 회귀계수 자체는 일반 회귀모형에서와 같은 식으로 해석될 수 없다. 따라서 독립변수 1단위의 변화량에 따르는 종속변수의 변화는 EXP(B)를

Cox regression의 경우 선형회귀모형이 아니기 때문에 분석모형의 적합도는 로짓분석이나 프로빗 분석에서 처럼 $-2\log(L_0/L_1)$을 통해 나타난다. 이 값이 〈표 4-15〉의 하단부에 나타난 것처럼 통계적으로 .01 수준에서 유의한 것으로 나타나고 있다. $-2\log(L_0/L_1)$은 독립변수의 영향을 고려하기 전과 고려한 후의 우도(Likelihood)의 차이를 말한다. 이것이 χ^2 분포를 나타내므로 자유도를 고려한 χ^2 값의 유의도를 통해 모형의 적합도가 나타난다. 이것이 유의성을 갖는다는 것은 각 독립변수의 계수 값이 0이라는 영가설을 기각한 것이므로 모형의 계수들이 의미를 가지게 되는 것이다.

표에서 나타난 것처럼 사회적 연계단절 관련 변수인 사회적 지지총점, 관계망의 크기, 관계망에서 노숙자가 차지하는 비율은 모두 퇴소에 통계적으로 유의미한 영향을 미치는 것으로 나타났다. 즉, 지각된 사회적 지지의 정도가 클수록, 그리고 사회적 관계망이 클수록 보호시설에서 퇴소할 가능성이 높아지는 것으로 나타났다. 또한 관계망에서 노숙자가 차지하는 비율이 높을수록 퇴소하게 될 가능성이 큰 것으로 나타났다.[46] 심리적 역기능 관련 변수 중에서는 자기효능감과 우울이 퇴소에 미치는 정적 영향이 통계적으로 유의미한 것으로 나타났다. 즉, 자기효능감이 높을수록, 그리고 우울 증상이 높을수록 퇴소 확률이 높은 것으로 나타났다.

통해 제시하고 있다. EXP(B) 값은 이것이 만약 1.01이라면 독립변수 1단위 증가가 종속변수 값에서 1%의 증가를 가져오고, .99라면 독립변수 1단위 증가는 종속변수 값에서 1%의 감소를 가져오는 것으로 해석된다.

46) 관계망에서 노숙자가 차지하는 비율이 높다는 것은 사회적 연계단절이 심해진 역기능적인 양상이므로 사회적 지지나 관계망 자체가 크다는 것과는 반대되는 내용이라고 하겠다. 그런데, 지각된 사회적 지지나 관계망과 마찬가지로 관계망에서 노숙자의 비율도 같은 정(+)의 방향으로 영향력을 가진다는 것은 일반적인 생각과는 다른 모순된 양상으로 볼 수 있다. 이러한 모순된 결과는 심리적 역기능 관련 변수 중에서 자기효능감과 우울이 같은 정(+)의 방향으로 유의미한 영향력을 가진다는 것에서도 마찬가지인데, 이는 퇴소형태별 분석을 통해서 보다 면밀히 분석된다.

〈표 4-15〉 심리사회적 외상 특성이 퇴소유무에 미치는 영향

	퇴 소	
	B	EXP(B)
사회적 지지	.0138[*]	1.0139
관계망의 크기	.0185[**]	1.0187
관계망에서 노숙자 비율	3.4655[**]	31.9915
자기효능감	.0235[*]	1.0238
외적 통제소	-.0152	.9849
우울	-.0299	.9705
알코올 중독	.6460[**]	1.9079
만성적 적응	-.0263	.9740
성	.0585	1.0603
연령	-.0031	.9969
원가족 해체 경험	.4640	1.5904
교육연한	-.000112	.9999
주관적 건강상태	-.0801	.9230
기술 유무	.2067	1.2296
공공근로유무	-.9915[**]	.3710
일반근로유무	-.8215[**]	.4398
보호시설유형	.3467	1.4144
$-2 \log(L_0 / L_1)$	129.018[**]	

* p<.05   ** p<.01

통제변수로 투입되었던 변수들 중에서 공공근로활동 참여나 일반근로활동 참여는 보호시설 퇴소에 부적인 영향을 미치고 있어서 이들 활동에 참여하고 있을수록 보호시설 퇴소는 잘 발생하지 않는 것으로 나타나고 있다. 이는 현재의 우리나라 노숙자 보호사업 방식이 보호시설인 희망의 집(쉼터) 입소의 가장 큰 유인책으로 공공근로 활동참여를 연계하는 데에서 유추해 볼 수 있다. 즉, 기술의 보유나 건강문제 등, 일반 노동시장에서 경쟁력이 떨어지는 상태에서 상대적으로 근로가 고되지 않고, 어느 정도의 수입이 보장되는 공공근로가 희망의 집 입소생활자에게 우선 배정되고 있는 현실에 비추어 볼 때, 공공근로활동

이 노숙자들로 하여금 희망의 집에 입소하게 하는 유인책이 되고, 반대로 퇴소는 하지 않도록 하는 영향을 미치고 있다고 하겠다.

3. 사회적 연계단절 관련 변수가 긍정적 퇴소에 미치는 영향

이상과 같이 보호시설 퇴소에 대한 변수들의 영향을 살펴보았다. 그러나 이것은 보호시설 퇴소의 내용은 고려하지 않고 단지 보호시설에서 퇴소했는가의 유무만을 기준으로 분석한 것에 지나지 않는다. 본 연구에서는 보호시설 퇴소의 형태가 긍정적인 것인가 부정적인 것인가의 구별과 심리사회적 특성이 각 보호시설 퇴소형태에 미치는 영향에 대해 관심을 가지고 있다. 연구모형에서 ③과 ④가 심리사회적 외상특성 중 사회적 연계단절 관련 변수와 학습된 무기력 관련 심리적 역기능 변수가 보호시설 퇴소형태에 미치는 영향의 분석으로 이는 연구가설 3과 연구가설 4에 해당한다. 이에 관련된 아래의 가설을 검증하는 것은 퇴소사건의 발생 자체가 아니라 보호시설 퇴소의 형태가 노숙생활의 탈피를 위해 긍정적인 것인가 부정적인 것인가를 구별하여 분석해야 한다.

본 연구에서 긍정적 형태의 퇴소는 구직과 관련하여 정규적인 주거지를 마련한 경우, 가족과 재결합하여 주거를 확보한 경우, 보호시설 생활을 통해 정규적인 일자리를 가지게 되어 '자활의 집'에서 생활하게 된 경우를 포함하였다. 반면, 부정적 형태의 퇴소로는 보호시설을 무단으로 나와 길거리 노숙으로 돌아간 경우, 보호시설 생활에 적응하지 못하고 문제를 일으켜 강제퇴소를 당한 경우, 법률적인 제재나 중증 의료요양시설로 옮겨간 경우를 포함하였다.

먼저 사회적 연계단절 관련 변수가 긍정적 형태의 퇴소에 미치는 영향을 분석하였다. 이는 본 연구의 하위 연구가설 3-1, 3-2, 3-3을 분석하기 위한 것이다. 연구가설은 사회적 연계단절과 긍정적 형태의 퇴소 가능성과의 관련성에 대한 것으로 사회적 연계단절을 구체화시킨 세부하위 가설들은 다음과 같이 설정된 바 있다.

가설 3-1: 지각된 사회적 지지정도가 높은 노숙자일수록 노숙자 보호시설에

서 긍정적인 형태의 퇴소를 하게 될 가능성이 높아질 것이다
가설 3-2: 사회적 관계망의 크기가 큰 노숙자일수록 노숙자 보호시설에서
긍정적인 형태의 퇴소를 하게 될 가능성이 높아질 것이다
가설 3-3: 사회적 관계망에서 노숙자가 차지하는 비율이 낮을수록 노숙자 보호
시설에서 긍정적인 형태의 퇴소를 하게 될 가능성이 높아질 것이다

이 분석을 위해 종속변수는 긍정적 형태의 퇴소가 된다. 분석모형은 앞의 퇴소유무에 대한 분석에서와 마찬가지로 사건사 분석의 Cox regression을 사용하였다. 그러나 퇴소사건 유무만을 분석할 때와는 다르게 사건의 유무만이 아니라 발생하는 사건의 내용이 두 가지 이상이 되는 것이므로 competing risks 모형에 따라 분석이 이루어졌다. 따라서 긍정적 형태의 퇴소가 발생할 때만 사건이 발생한 것으로 취급되었다. 부정적 사건의 퇴소가 나타나더라도 사건은 발생하지 않은 것으로 처리되었다. 단 부정적 퇴소 사건이 발생한 경우, 그 시점에서 해당사례는 긍정적 퇴소가 발생할 기회를 상실하는 것이므로 절단된 자료(censored data)로 처리된다. 미퇴소의 경우와 차이가 나는 것은 사건이 발생하기까지의 시간요소가 미퇴소는 조사 종결시점인 2000년 4월 1일까지인데 부정적 퇴소는 퇴소사건이 발생한 시점까지로 분석에 투입되었다는 점이다.

가설 3-1, 3-2, 3-3을 검증하기 위해서 사회적 연계단절 관련 변수에 해당하는 사회적 지지총점, 관계망의 크기, 관계망에서 노숙자가 차지하는 비율의 세 변수가 주요 독립변수로 분석에 투입되었다. 그러나 기존의 선행연구들이 노숙자 보호시설에서의 퇴소에 관한 연구에서 인구학적·인적 자본 변수의 영향을 주로 살펴보았다. 그리고 보호시설이 가지는 성격도 퇴소가 나타나는데 영향을 미칠 수 있다. 따라서 이 점을 감안할 때, 이들 배경변수들의 영향을 통제한 상태에서 사회적 연계단절 관련 변수들의 영향력을 살펴볼 필요가 있다. 또한 본 연구에서는 사회적 연계단절 관련 변수뿐만이 아니라 학습된 무기력 관련 심리적 역기능 변수의 영향력에도 주목하고 있다. 그러므로 사회적 연계단절 관련 변수의 영향력을 분석하는 경우에도 심리적 역기능 관련 변수의 영향력을 감안할 필요가 있다.

본 연구에서는 이러한 점을 감안하여 사회적 연계단절 관련 변수만을 주 독립변수로 분석에 투입한 단독투입모형(모형 Ⅰ), 인구학적·인적 자본 배경변수, 보호시설 유형변수와 함께 투입하여 배경변수의 영향력을 통제한 통제변수투입모형(모형 Ⅱ), 그리고 여기에 심리적 역기능 변수까지를 모두 투입한 통합모형(모형 Ⅲ)의 세 가지 모형을 통한 분석결과를 종합적으로 살펴본다. 이는 세 가지 모형을 통해서 사회적 연계단절 관련변수의 영향력이 여타 변수들의 영향력을 통제함에 따라 어떻게 달라지는가를 확인할 수 있기 때문이다. 단, 가설의 지지와 기각을 위한 일관된 기준이 필요하므로 가설검증의 기준은 기본적으로 제반 관련변수의 영향력을 모두 통제한 통합모형에 의거하도록 한다. 분석모형의 회귀식은 다음과 같다.

단독투입모형(모형 Ⅰ): $\log h_j(t) = a(t) + B_1X_1 + B_2X_2 + B_3X_3$

통제변수투입모형(모형 Ⅱ): $\log h_j(t) = a(t) + B_1X_1 + B_2X_2 + B_3X_3 + B_4X_4$
$$+ B_5X_5 + B_6X_6 + B_7X_7 + B_8X_8 + B_9X_9 + B_{10}X_{10} + B_{11}X_{11}$$
$$+ B_{12}X_{12}$$

통합모형(모형 Ⅲ): $\log h_j(t) = a(t) + B_1X_1 + B_2X_2 + B_3X_3 + B_4X_4 + B_5X_5 +$
$$B_6X_6 + B_7X_7 + B_8X_8 + B_9X_9 + B_{10}X_{10} + B_{11}X_{11} + B_{12}X_{12}$$
$$+ B_{13}X_{13} + B_{14}X_{14} + B_{15}X_{15} + B_{16}X_{16} + B_{17}X_{17}$$

$h_j(t)$: 긍정적 퇴소 사건 발생위험률
$a(t)$: 시간에 의존하는 상수

X_1: 사회적 지지총점	X_2: 관계망의 크기	X_3: 관계망 노숙자 비율
X_4: 성	X_5: 연령	X_6: 원가족 해체경험
X_7: 교육연한	X_8: 건강상태	X_9: 기술유무
X_{10}: 공공근로	X_{11}: 일반근로	X_{12}: 보호시설 유형
X_{13}: 자기효능감	X_{14}: 외적 통제소	X_{15}: 우울
X_{16}: 알코올 중독	X_{17}: 만성적 적응	

이 세 가지 분석의 결과는 다음 〈표 4-16〉에서 보는 바와 같다.

〈표 4-16〉 사회적 연계단절 관련 변수가 긍정적 퇴소에 미치는 영향

	모형 I		모형 II		모형 III	
	B	EXP(B)	B	EXP(B)	B	EXP(B)
사회적 지지	.0398**	1.0406	.0439**	1.0449	.0277**	1.0281
관계망의 크기	.0120**	1.0121	.0135**	1.0136	.0118*	1.0118
관계망 노숙자 비율	-5.0682**	.0063	-4.4309**	.0119	-1.9580	.1411
성			.1772	1.1939	.3152	1.3705
연령			.0022	1.0022	.0111	1.0112
원가족 해체 경험			.9720	2.6432	1.0643	2.8988
교육연한			.0125	1.0126	-.0341	.9665
건강상태			.0478	1.0490	-.4613	.6305
기술 유무			.5512*	1.7354	.3650	1.4405
공공근로유무			-.8579*	.4241	-.6608	.5164
일반근로유무			-.3092	.7340	-.3074	.7354
보호시설 유형			.2424	1.2743	.2966	1.3452
자기효능감					.0476**	1.0488
외적 통제소					-.0604**	.9414
우울					-.0694*	.9329
알코올 중독					.2286	1.2568
만성적 적응					-.0264	.9740
$-2 \log(L_0 / L_1)$	140.768**		147.660**		193.644**	

* p<.05   ** p<.01

먼저 통제변수 없이 사회적 연계단절 관련 변수만을 투입하였을 경우인 모형 I의 경우에는 긍정적 퇴소에 대해서 모두 통계적으로 .01 수준에서 유의미한 결과를 나타내었다. 또한 영향의 방향도 관계망에서 노숙자가 차지하는 비율에서만 부(-)적인 영향력을 나타내어 연구가설과 일치하는 방향을 보이고 있다. 인구학적·인적 자본 관련 통제변수들과 함께 투입한 모형 II의 경우에도 사회적 지지총점, 관계망의 크기, 관계망에서 노숙자의 비율은 모두 긍정적 퇴소에 대해 .01 수준에서 통계적으로 유의미한 영향을 나타내고 있었다. 반면, 심리적 역기능 관련 변수까지 모두 투입하여 심리적 역기능 관련 변수들의 영향을 통제한 모형 III에서는 사회적 지지총점은 .01수준에서, 그리고 관계망의 크기는

.05 수준에서 통계적으로 유의한 영향을 나타내었지만, 관계망에서 노숙자가 차지하는 비율은 그 영향이 통계적으로 유의한 것으로 나타나지는 않았다.

연구가설과 관련지어 볼 때, 우선 사회적 지지총점은 세 가지 모형 모두에서 통계적으로 .01 수준에서 유의미한 영향을 나타내고 있었고 계수의 방향이 양이므로 사회적 지지총점이 크면 긍정적 퇴소의 가능성은 커지고 사회적 지지총점이 작아지면 긍정적 퇴소의 가능성은 줄어드는 것으로 볼 수 있다. 따라서 '지각된 사회적 지지의 정도가 높을수록 긍정적 퇴소를 하게 될 가능성은 높아질 것이다'는 연구가설 3-1은 지지되었다.[47]

다음으로 관계망의 크기는 단독모형과 통제변수를 투입한 경우에는 .01 수준에서, 그리고 심리적 역기능 관련 변수까지 모두 투입한 통합모형에서는 .05 수준에서 통계적으로 유의미한 영향을 보이고 있다. 따라서 관계망의 크기가 클수록 긍정적 퇴소의 가능성은 크지만 관계망의 크기가 작으면 긍정적 퇴소의 가능성이 작아지는 것을 볼 수 있다. 그러므로 '관계망의 크기가 크면 긍정적 퇴소의 가능성이 높아질 것이다'는 연구가설 3-2도 전체적으로 지지되었다.

관계망에서 노숙자가 차지하는 비율이 긍정적 퇴소에 미치는 영향은 모형 I과 모형 II에서는 .01 수준에서 통계적으로 유의한 영향을 나타내었다. 그러나 통합모형인 모형 III에서는 영향력에 대해 통계적인 유의성이 나타나지 않았다. 이는 관계망에서 노숙자가 차지하는 비율은 자체로 혹은 인구학적 통제변수의 영향력을 통제한 상태에서는 긍정적 퇴소에 대해 영향을 미치고 있으나, 심리적 역기능과 관련된 변수들의 영향력을 통제한 상태에서는 통계적으로 유의한 영향을 미치지 못하였다는 것을 의미한다. 따라서 '관계망에서 노숙자가 차지하는 비율이 낮을수록 긍정적 퇴소의 가능성이 높아진다'는 연구가설 3-3은 부분적으로만 지지되었다. 즉, 관계망에서 노숙자가 차지하는 비율은 심리적 역기능 변수의 영향과 혼재된 상태에서는 유의한 영향을 미치지만, 심

---

47) 사회적 지지총점은 지지의 원천별로 가족／친척의 지지와 노숙을 하지 않는 동료의 지지, 노숙을 하는 사람들의 지지로 나누어 볼 수 있는데 이를 위해 지지의 원천별로도 분류하여 분석을 실시하였다. 그 결과 지각된 지지의 원천별로 분류한 세 가지의 지지 모두가 통계적으로 유의한 영향을 나타내고 있었다. 지각된 지지를 분류하여 투입하였을 경우에 다른 변수들의 계수치는 변화하였지만 그 통계적 유의성에는 변화가 없었다.

리적 역기능 변수의 영향을 통제한 상태에서는 영향력의 의미가 없으므로 이
경우에는 가설 3-3이 기각된다.

　노숙생활에서의 이탈이나 노숙생활의 역동적 과정에 대해 대표적인 연구자라
고 할 수 있는 Piliavin 등은 노숙생활로 인한 손상이 심할수록 노숙생활과정
에서의 이탈이 어려워진다는 점을 제안한 바 있다. 이에 비추어 볼 때, 대표적
인 손상양상인 사회적 연계단절과 관련되어 지각된 사회적 지지의 정도가 작고
관계망의 크기가 작은 노숙자들이 노숙과정에서의 이탈에 근접해가는 긍정적
형태의 보호시설 퇴소 가능성은 낮아진다고 할 수 있으며 연구가설 3-1과 3-2
의 지지는 바로 이러한 점을 입증한 것이라고 하겠다. 특히 사회적 지지나 관
계망의 크기는 정상적인 사회생활로의 복귀라는 측면에서는 필수적인 자원이
되는 것이므로 이 요소들이 보호시설에서의 긍정적 퇴소에는 핵심적인 관건이
된다. 그러나 반면, 관계망에서 노숙자가 차지하는 비율은 긍정적 퇴소에 미치
는 영향이 제반 관련 변수들의 영향력을 모두 통제한 상태에서는 통계적으로
입증되지 못했다. 관계망에서 노숙자가 차지하는 비율은 지각된 사회적 지지의
정도나 관계망의 크기와 같은 사회적 관계의 양적 측면보다는 그 내용적 측면
에 해당하는 것이라고 볼 수 있다. 따라서 보호시설에서의 긍정적 퇴소는 관계
망의 양적인 측면에 크게 영향을 받는 것이라고 하겠다. 관계망이 주로 노숙자
들로만 이루어지는 파행적인 재연계(re-affiliation) 양상은 보호시설에서의
긍정적 퇴소보다는 부정적 퇴소의 양상과 관련되는 것으로 볼 수 있다.[48) 이
는 또한 유형화 논의와도 관련지어 볼 수 있는데 outsider 관련 요인보다는
isolate 관련 요인이 긍정적 퇴소와 관련을 가지고 있는 것으로 볼 수 있다.

4. 심리적 역기능 관련 변수가 긍정적 퇴소에 미치는 영향

　다음으로 심리적 역기능 관련 변수가 긍정적 형태의 퇴소에 미치는 영향에
대해 분석하였다. 이는 본 연구의 가설 4-1, 4-2, 4-3, 4-4, 4-5를 검증하

---

48) 이 점은 이후 부정적 형태의 퇴소에 관련된 분석을 통해서 입증되었다

기 위한 것이다. 가설은 다음과 같이 설정되었던 바 있다.

> 가설 4-1: 노숙자의 자기효능감이 높을수록 노숙자 보호시설에서 긍정적인
> 형태의 퇴소를 하게 될 가능성이 높아질 것이다
> 가설 4-2: 외적 통제소 성향이 작을수록 노숙자 보호시설에서 긍정적인 형
> 태의 퇴소를 하게 될 가능성이 높아질 것이다
> 가설 4-3: 정서적 우울 증상이 작을수록 노숙자 보호시설에서 긍정적인 형
> 태의 퇴소를 하게 될 가능성이 높아질 것이다
> 가설 4-4: 알코올 중독이 없는 경우 노숙자 보호시설에서 긍정적인 형태의
> 퇴소를 하게 될 가능성이 높아질 것이다
> 가설 4-5: 노숙생활에 만성적으로 적응하지 않은 노숙자일수록 노숙자 보호시
> 설에서 긍정적인 형태의 퇴소를 하게 될 가능성이 높아질 것이다

이를 검증하기 위한 분석 모형은 사회적 연계단절 관련 변수의 방법과 동일하다. Cox regression의 competing risks 모형을 활용하였다. 그리고 심리적 역기능 변수들만의 영향을 보여주는 단독투입모형과 인구학적 / 인적자본 관련 변수, 보호시설 유형변수 등 통제변수와 함께 투입하여 통제변수들의 영향력을 통제한 결과를 보여주는 통제변수투입모형, 사회적 연계단절 관련 변수들까지 모두 투입하여 관련되는 모든 변수들의 영향력을 통제한 상태에서 심리적 역기능 변수들의 영향력을 보여주는 통합모형을 종합적으로 제시하였다. 분석모형의 회귀식은 다음과 같다.

단독투입모형(모형 I): $\log h_j(t) = a(t) + B_1X_1 + B_2X_2 + B_3X_3 + B_4X_4 + B_5X_5$

통제변수투입모형(모형 II): $\log h_j(t) = a(t) + B_1X_1 + B_2X_2 + B_3X_3 + B_4X_4$
$$+ B_5X_5 + B_6X_6 + B_7X_7 + B_8X_8 + B_{12}X_{12} + B_{13}X_{13} + B_{14}X_{14}$$

통합모형(모형 III): $\log h_j(t) = a(t) + B_1X_1 + B_2X_2 + B_3X_3 + B_4X_4 + B_5X_5 +$
$$B_6X_6 + B_7X_7 + B_8X_8 + B_9X_9 + B_{10}X_{10} + B_{11}X_{11} + B_{12}X_{12} +$$
$$B_{13}X_{13} + B_{14}X_{14} + B_{15}X_{15} + B_{16}X_{16} + B_{17}X_{17}$$

$h_j(t)$: 긍정적 퇴소 사건 발생위험률
$a(t)$: 시간에 의존하는 상수

X_1: 자기효능감	X_2: 외적 통제소	X_3: 우울
X_4: 알코올 중독	X_5: 만성적 적응	X_6: 성
X_7: 연령	X_8: 원가족 해체경험	X_9: 교육연한
X_{10}: 건강상태	X_{11}: 기술유무	X_{12}: 공공근로
X_{13}: 일반근로	X_{14}: 보호시설 유형	X_{15}: 사회적 지지 총점
X_{16}: 관계망의 크기	X_{17}: 관계망 노숙자 비율	

　분석결과는 다음의 〈표 4-17〉에서 보는 바와 같다. 자기효능감, 외적 통제소 성향, 우울 성향은 통계적으로 유의한 결과를 나타내었고 알코올 중독과 만성적 적응은 통계적인 유의성이 나타나지 않고 있다.

〈표 4-17〉 심리적 역기능 관련 변수가 긍정적 퇴소에 미치는 영향

	모형 I		모형 II		모형 III	
	B	EXP(B)	B	EXP(B)	B	EXP(B)
자기효능감	.0399[**]	1.0408	.0457[**]	1.0468	.0476[**]	1.0488
외적 통제소	-.0812[**]	.9220	-.0850[**]	.9185	-.0604[**]	.9414
우　울	-.0800[**]	.9231	-.1031[**]	.9020	-.0694[*]	.9329
알코올 중독	-.0305	.9790	.2729	1.3138	.2286	1.2568
만성적 적응	-.0084	.9917	-.0342	.9664	-.0264	.9740
성			-.0691	.9332	.3152	1.3705
연　령			.0014	1.0014	.0111	1.0112
원가족 해체 경험			.6040	1.8294	1.0643	2.8988
교육연한			-.0228	.9774	-.0341	.9665
건강상태			-.3856	.6800	-.4613	.6305
기술 유무			.1383	1.1483	.3650	1.4404
공공근로유무			-.7010[*]	.4961	-.6608	.5164
일반근로유무			-.3636	.6952	-.3074	.7354
보호시설 유형			.3902	1.4773	.2966	1.3452

	모형 I		모형 II		모형 III	
	B	EXP(B)	B	EXP(B)	B	EXP(B)
사회적 지지					$.0277^{**}$	1.0281
관계망의 크기					$.0118^{*}$	1.0118
관계망 노숙자 비율					-1.9580	.1411
$-2 \log(L_0 / L_1)$	152.586^{**}		165.965^{**}		193.644^{**}	

* p<.05 ** p<.01

　연구가설과 관련지어 정리해 볼 때, 먼저 자기효능감의 경우는 계수가 모형 I, 모형 II, 모형 III에서 모두 통계적으로 유의하게 나타났다. 즉, 통제변수나 사회적 연계단절 관련 변수들의 영향을 모두 통제한 상태에서도 자기효능감은 긍정적 퇴소에 대해 통계적으로 의미 있는 영향을 미치고 있었다. 따라서 회귀계수의 부호를 감안할 때 자기효능감이 높으면 긍정적 퇴소의 가능성이 높고, 자기효능감이 낮으면 긍정적 퇴소의 가능성이 낮아지는 것을 볼 수 있다. 연구가설 4-1인 '자기효능감이 높은 노숙자는 보호시설에서 긍정적 퇴소를 할 가능성이 높아질 것이다'는 지지되었다.

　외적 통제소의 경우도 그 계수가 모형 I, 모형 II, 모형 III에서 모두 .01 수준에서 통계적으로 유의미한 것으로 나타났다. 이 경우에는 영향의 방향이 부(-)적인 것이었으므로 외적 통제소 성향은 보호시설에서의 긍정적 퇴소에 대해 부적인 영향을 미치고 있음이 확인되었다. 그러므로 통제변수나 사회적 연계단절 관련 변수들의 영향력을 모두 통제한 상태에서도 '외적 통제소 성향이 작은 노숙자는 긍정적 퇴소를 할 가능성이 높아질 것이다'는 연구가설 4-2는 지지되었다.

　우울의 경우도 외적 통제소 변수와 유사한 결과를 나타내었다. 심리적 역기능 변수들만을 투입한 모형 I과 인구학적 / 인적 자본의 통제변수들과 함께 투입한 모형 II에서는 통계적으로 .01 수준에서 유의미한 영향력을 나타내었다. 그리고 통제변수와 아울러 사회적 연계단절 관련 변수들과 함께 투입하여 제반 영향력을 통제한 모형 III에서는 .05 수준에서 통계적으로 유의한 영향력을 나타내었다. 계수의 부호가 (-)이므로 우울 성향은 긍정적 퇴소에 역방향의 영향을 미치고 있었다. 따라서 '우울 성향이 작을수록 보호시설에서 긍정적 형태의 퇴소를 할 가능성은 높아진다'는 연구가설 4-3은 지지되었다.

이상의 지지된 가설의 내용을 살펴보면 노숙생활의 심리적 외상을 나타내는 양상으로서 가지는 학습된 무기력 증상이 보호시설에서의 긍정적 퇴소 가능성을 떨어뜨리는 영향을 미치고 있음을 볼 수 있다. 자기효능감이 높고, 외적 통제소 성향이 낮고, 우울 증상이 낮아야 노숙생활에서 벗어나 정상적인 사회생활로 복귀하는 방향으로 보호시설을 퇴소할 가능성이 높아지는 것이다. 이와 반대로 노숙생활로 인한 학습된 무기력과 관련되어 자기효능감이 낮아 자기비하적인 태도를 가지거나 생활의 통제력이 자기 외부에 있다는 심리적 태도 혹은 우울 성향을 가지는 경우에는 긍정적 퇴소의 가능성이 크게 떨어진다. 따라서 보호시설 입소 노숙자들이 정상적인 사회생활 복귀하도록 도모하기 위해서는 학습된 무기력의 심리적 역기능성을 완화하는 전문적 개입이 필수적이라고 하겠다.

그러나 학습된 무기력의 다른 요소들인 알코올 중독 여부와 노숙생활에 대한 만성적 적응은 긍정적 형태의 퇴소에는 가설과 부합하는 방향으로 회귀계수의 부호는 나타나지만 통계적 유의도로 보아 그 영향력이 미미하여 유의미한 영향을 미치는 것으로 볼 수 없다. 이에 따라 연구가설 4-4와 4-5는 기각되었다. 알코올 중독은 현재 노숙자 보호시설에서 가장 문제로 제시하고 있는 노숙자의 심리적 역기능이다. 그런데 특히 이를 문제 삼게 되는 부분이 자활하는 데 장애가 된다는 긍정적 퇴소의 장애요인으로서의 측면보다는 보호시설 생활에 적응하지 못하거나, 길거리 생활로 다시 되돌아가는 부정적 퇴소와 관련되는 요인으로서의 측면이다. 따라서 알코올 중독이라는 심리적 역기능성은 긍정적 퇴소의 가능성을 떨어뜨리는 측면보다는 부정적 퇴소의 가능성을 높이는 방향으로의 영향이 주효한 것으로 생각해볼 수 있다. 만성적 적응 변수 관련의 가설이 기각된 것은 우리나라 노숙자 상황의 특수성과 관련되는 것으로 생각해볼 수 있다. 우리나라에서 노숙자들이 대량으로 발생하게 된 시기는 비교적 최근이기 때문에 서구 국가들의 노숙자들에 비해 노숙기간이 짧으며, 노숙생활의 회기(spell)가 반복되면서 노숙생활과 문화에 대해 만성적으로 적응하게 되는 양상은 아직 두드러지지 않은 것으로 보인다. 따라서 노숙생활에 대한 만성적인 적응이 보호시설 퇴소형태에 미치는 영향은 크지 않은 것이라고 하겠다.

5. 사회적 연계단절 관련 변수가
부정적 퇴소에 미치는 영향

다음으로 부정적 형태의 퇴소에 미치는 영향력을 분석해 보았다. 먼저 사회적 연계단절 관련 변수가 부정적 형태의 퇴소에 어떠한 영향을 미치는가를 살펴보았다. 이는 연구가설 3-4, 3-5, 3-6을 검증하기 위한 것이다. 가설은 다음과 같이 설정된 바 있다.

> 가설 3-4: 지각된 사회적 지지가 높은 노숙자일수록 노숙자 보호시설에서 부정적인 형태의 퇴소를 하게 될 가능성이 작아질 것이다
> 가설 3-5: 사회적 관계망의 크기가 큰 노숙자일수록 노숙자 보호시설에서 부정적인 형태의 퇴소를 하게 될 가능성이 작아질 것이다
> 가설 3-6: 사회적 관계망에서 노숙자가 차지하는 비율이 낮을수록 노숙자 보호시설에서 부정적인 형태의 퇴소를 하게 될 가능성이 작아질 것이다

이 경우 긍정적 형태의 퇴소에서와 분석방법은 동일하다. 단 부정적 형태의 퇴소가 사건의 발생으로 취급된다. 긍정적 형태의 퇴소사건은 본 분석에서의 종속변수인 사건(부정적 형태의 퇴소) 발생기회를 상실하게 하는 것이 되어 퇴소시점에서 절단된 자료로 분석된다. 역시 사회적 연계단절 관련 변수들만을 투입한 단독투입모형(모형 Ⅰ)과 인구학적/인적 자본 요인과 보호시설 유형의 영향력을 통제한 통제변수투입모형(모형 Ⅱ), 통제변수와 심리적 역기능 관련 변수들의 영향력을 통제한 통합모형(모형 Ⅲ)의 세 가지 결과를 통해서 가설을 검증하였다. 분석모형의 회귀식은 다음과 같다.

단독투입모형(모형 Ⅰ): $\log h_j(t) = a(t) + B_1 X_1 + B_2 X_2 + B_3 X_3$
통제변수투입모형(모형 Ⅱ): $\log h_j(t) = a(t) + B_1 X_1 + B_2 X_2 + B_3 X_3 + B_4 X_4$
$$+ B_5 X_5 + B_6 X_6 + B_7 X_7 + B_8 X_8 + B_9 X_9 + B_{10} X_{10} + B_{11} X_{11}$$
$$+ B_{12} X_{12}$$

통합모형(모형 Ⅲ): $\log h_j(t) = a(t) + B_1X_1 + B_2X_2 + B_3X_3 + B_4X_4 + B_5X_5 +$
$$B_6X_6 + B_7X_7 + B_8X_8 + B_9X_9 + B_{10}X_{10} + B_{11}X_{11} + B_{12}X_{12}$$
$$+ B_{13}X_{13} + B_{14}X_{14} + B_{15}X_{15} + B_{16}X_{16} + B_{17}X_{17}$$

$h_j(t)$: 부정적 퇴소 사건 발생위험률
$a(t)$: 시간에 의존하는 상수

X_1: 사회적 지지총점	X_2: 관계망의 크기	X_3: 관계망 노숙자 비율
X_4: 성	X_5: 연령	X_6: 원가족 해체경험
X_7: 교육연한	X_8: 건강상태	X_9: 기술유무
X_{10}: 공공근로	X_{11}: 일반근로	X_{12}: 보호시설 유형
X_{13}: 자기효능감	X_{14}: 외적 통제소	X_{15}: 우울
X_{16}: 알코올 중독	X_{17}: 만성적 적응	

분석 결과는 다음 〈표 4-18〉에서 보는 바와 같다. 사회적 연계단절 변수만을 투입한 모형 Ⅰ과 인구학적 / 인적 자본 관련 통제변수들과 함께 투입한 모형 Ⅱ, 통제변수와 심리적 역기능 관련 변수들을 모두 투입한 통합모형인 모형 Ⅲ의 결과를 볼 때, 사회적 지지와 관계망의 크기는 유의미한 영향력이 없는 것으로 나타났다. 반면, 관계망에서 노숙자가 차지하는 비율은 세 모형 모두에서 .01 수준에서 통계적으로 유의미한 영향력을 나타냈다.

〈표 4-18〉 사회적 연계단절 관련 변수가 부정적 퇴소에 미치는 영향

	모형 Ⅰ		모형 Ⅱ		모형 Ⅲ	
	B	EXP(B)	B	EXP(B)	B	EXP(B)
사회적 지지	-.0102	.9898	-.0195	.9807	-.0118	.9883
관계망의 크기	-.0191	.9811	-.0163	.9838	.000647	1.0007
관계망 노숙자 비율	3.7029[**]	40.5660	3.6335[**]	37.8456	3.4425[**]	31.2645
성			-.3327	.7170	.4994	1.6477
연령			-.0216	.9786	-.0224	.9778
원가족 해체 경험			-.2247	.7987	-.1625	.8500
교육연한			-.0207	.9795	-.0082	.9918

	모형 I		모형 II		모형 III	
	B	EXP(B)	B	EXP(B)	B	EXP(B)
건강상태			.0512	1.0525	.0965	1.1013
기술 유무			.2613	1.2986	.2522	1.2869
공공근로유무			.3628	1.4373	-.1692	.8441
일반근로유무			.1357	1.1453	-.0633	.9387
보호시설 유형			-.1994	.8192	.1869	1.2055
자기효능감					.0150	1.0151
외적 통제소					$.0413^{*}$	1.0421
우울					.0557	1.0594
알코올 중독					$.6481^{**}$	1.9119
만성적 적응					-.0400	.9608
$-2 \log(L_0 / L_1)$	208.178^{**}		202.862^{**}		211.830^{**}	

* p<.05   ** p<.01

가설과 관련하여 살펴볼 때, 우선 지각된 사회적 지지의 정도가 부정적 형태
의 퇴소에 미치는 영향력은 세 모형 모두에서 통계적인 유의성이 나타나지 않
아 지각된 사회적 지지가 클수록 보호시설에서 부정적 형태의 퇴소를 할 가능
성이 작아질 것이라는 가설 3-4는 기각되었다. 그러나 여기서 사회적 지지의
원천별로 나누어서 추가적으로 분석을 하여보았다. 이는 지각된 사회적 지지의
총점 대신 가족의 지지, 노숙을 하지 않는 친구의 지지, 노숙을 하고 있는 친
구의 지지로 나누어서 독립변수로 투입한 것이다. 결과는 다음 〈표 4-19〉에
나타난 바처럼 가족지지의 영역은 세 모형 모두에서 가족의 지지는 부정적 퇴
소 가능성에 통계적으로 유의한 부(-)의 영향을 미치고 있는 것이 확인되었다.
가족의 지지 정도에 대해 낮게 지각하는 노숙자는 보호시설에서 부정적 퇴소를
하게 될 가능성이 높다는 부분적인 내용이 입증되었다.

〈표 4-19〉 사회적 지지의 원천별 변수가 부정적 퇴소에 미치는 영향

	모형 I		모형 II		모형 III	
	B	EXP(B)	B	EXP(B)	B	EXP(B)
가족 지지	-.0482[*]	.9529	-.0588[**]	.9429	-.0505[*]	.9507
동료 지지	.0165	1.0167	.0018	1.0019	.0107	1.0108
노숙하는 동료 지지	-.000266	.9997	-.0074	.9856	-.0178	.9823
관계망의 크기	-.0150	.9851	-.0074	.9926	.0088	1.0089
관계망 노숙자 비율	3.7381[**]	42.0174	3.7262[**]	41.5214	3.5737[**]	35.6489
성			-.3518	.7034	.4315	1.5396
연령			-.0196	.9806	-.0203	.9799
원가족 해체 경험			-.3079	.7350	-.2283	.7959
교육연한			-.0274	.9730	-.0194	.9808
건강상태			.0931	1.0975	.1411	1.1515
기술 유무			.3519	1.4217	.3059	1.3579
공공근로유무			.5129	1.6702	.0255	1.0259
일반근로유무			.2004	1.2219	.0295	1.0300
보호시설 유형			-.2091	.8113	.1441	1.1550
자기효능감					.0144	1.0145
외적 통제소					.0348	1.0355
우울					.0628[*]	1.0648
알코올 중독					.6360[*]	1.8889
만성적 적응					-.0460	.9550
-2 log(L_0 / L_1)	213.347[**]		208.247[**]		216.514[**]	

* p<.05   ** p<.01

다음으로 관계망의 크기가 부정적 형태의 퇴소에 미치는 영향을 검증하였다. 이 경우 계수의 부호는 모형 I과 II에서는 부적 방향을 나타내고 있던 것이 모형 III에서는 정적 방향의 영향을 미치고 있는 것으로 나타났다. 그러나 이는 세 모형 모두에서 통계적인 유의미성이 나타나지 않아 '관계망의 크기가 큰 노숙자일수록 보호시설에서 부정적 형태의 퇴소를 할 가능성이 작아진다'는 가설 3-5는 기각되었다.

지각된 사회적 지지의 정도와 관계망의 크기에 관련된 가설 3-4와 3-5가 기각된 것은 긍정적 퇴소의 분석에서 지각된 사회적 지지 정도, 관계망의 크기

의 영향력이 통계적으로 입증되었던 것을 감안해 볼 때, 매우 대조적인 양상이다. 물론 이 경우에도 회귀계수의 부호를 통해서 보면 사회적 연계단절이 심한 경우에 부정적 퇴소의 가능성이 높아지는 방향인 경향성은 보여주고 있지만 그 영향력은 대단히 약하다. 긍정적 퇴소와 부정적 퇴소 양면에 대한 사회적 연계단절 관련 변수의 분석결과를 전체적으로 고려해 볼 필요가 있다. 사회적 연계단절이 심해지면 보호시설에서 긍정적 퇴소를 하게 될 가능성은 낮아지고 부정적 퇴소를 하게 될 가능성이 높아지는 대체적 경향은 나타나지만 세부적인 각 변수들의 영향은 긍정적 퇴소와 부정적 퇴소의 모두에 대해 영향을 미치고 있다기 보다는 어느 한 가지 형태의 퇴소에 주로 영향을 미치고 있다고 할 수 있다. 즉, 지각된 사회적 지지와 관계망의 크기와 같은 사회적 연계단절의 양적 측면은 주로 긍정적 형태의 퇴소 가능성에 영향을 미치는 요소로 볼 수 있다. 본 연구의 가설은 각 변수들이 긍정적 퇴소와 부정적 퇴소에 대해 모두 반대 양상으로의 영향을 가정하는 쌍의 형태로 설정되어 있었으나 실제의 분석에서는 각 퇴소형태에 주로 영향을 미치는 요인들이 구별되는 모습을 보이고 있어 일부 가설들의 기각이 나타나고 있다.[49]

반면 관계망에서 노숙자가 차지하는 비율은 세 모형 모두에서 통계적으로 .01 수준의 유의미한 영향력을 보이고 있다. 이는 다른 변수들의 영향력을 모두 통제한 상태에서도 관계망에서 노숙자가 차지하는 비율은 부정적 형태의 퇴소에 의미 있는 영향력이 있음을 나타내는 것이다. 따라서 계수의 부호와 유의도에 비추어 '관계망에서 노숙자가 차지하는 비율이 작을수록 부정적 형태의 퇴소를 할 가능성이 작아진다'는 가설 3-6은 지지되었다. 이러한 결과는 앞에서 살펴보았던 긍정적 형태의 퇴소 분석에서와는 전체적으로 대조적인 모습을 보이고 있다. 관계망에서 노숙자가 차지하는 비율이 높다는 것은 사회적 관계의 양적 측면이 아니라 사회적 연계단절 양상에서 파행적인 재연계

---

[49] 이러한 양상은 다음에 분석결과를 제시하게 될 학습된 무기력 관련 심리적 역기능 변수에서도 마찬가지로 나타나고 있다. 자기효능감, 외적 통제소, 우울은 주로 긍정적 퇴소에 유의미한 영향을 미치고 있으며, 부정적 형태의 퇴소에는 외적 통제소와 아울러 알코올 중독의 유무가 유의미한 영향을 미치고 있다.

(re-affiliation)라는 사회적 관계의 내용적인 측면에 해당하는 것이다. 이는 보호시설에서 긍정적으로 퇴소하는데 장애요인이라기보다는 보호시설 생활에도 적응하지 못하여 길거리 노숙생활로 되돌아가거나 점점 만성적 노숙으로 빠져 드는 것을 촉진하는 요인으로 볼 수 있다. 이를 Grigsby 등이 노숙자를 유형 화했던 논의와 관련지어 볼 때, 흥미 있는 점은 isolate 혹은 vulnerable로 표현했던 관계의 절대적 축소와 관련되는 변수들은 긍정적 퇴소를 막는 저해요 인으로 작용하고 outsider로 표현했던 노숙자들로 지지망을 재형성한 재연계 (re-affiliation) 관련 변수는 부정적 퇴소를 촉진하는 요인으로 작용하고 있 다는 것이다. 물론 이론적 논의 부분에서 밝혔듯이 이 두 가지 유형이 절대적 으로 분리되는 것이 아니라 노숙생활을 통한 사회적 연계단절 양상 내에 함께 내재되어 있다고 볼 수 있으나, 각 속성이 퇴소에 대해 미치는 영향의 내용은 상이하게 나타나고 있다.

6. 심리적 역기능 관련 변수가 부정적 퇴소에 미치는 영향

다음으로 심리적 역기능 관련 변수가 부정적 퇴소에 미치는 영향을 분석하 기 위해서 동일한 절차의 Cox regression 분석을 실시하였다. 이는 연구가 설 4의 하위 연구가설 4-6, 4-7, 4-8, 4-9, 4-10을 검증하기 위한 것이다. 하위 연구가설들은 다음과 같이 설정된 바 있다.

　가설 4-6: 노숙자의 자기효능감이 높을수록 노숙자 보호시설에서 부정적인 형태의 퇴소를 하게 될 가능성이 작아질 것이다
　가설 4-7: 외적 통제소 성향이 작을수록 노숙자 보호시설에서 부정적인 형 태의 퇴소를 하게 될 가능성이 작아질 것이다
　가설 4-8: 정서적 우울 증상이 작을수록 노숙자 보호시설에서 부정적인 형 태의 퇴소를 하게 될 가능성이 작아질 것이다

가설 4-9: 알코올 중독이 없는 경우 노숙자 보호시설에서 부정적인 형태의 퇴소를 하게 될 가능성이 작아질 것이다

가설 4-10: 노숙생활에 만성적으로 적응하지 않은 노숙자일수록 노숙자 보호시설에서 부정적인 형태의 퇴소를 하게 될 가능성이 작아질 것이다

분석을 위해서 마찬가지로 단독투입모형과 통제변수투입모형, 사회적 연계단절 관련 변수의 영향력까지 통제한 통합모형의 세 모형을 전체적으로 분석하였다. 분석모형의 회귀식은 앞에서 살펴 본 긍정적 퇴소에 관한 것과 마찬가지이다.

단독투입모형(모형 I): $\log h_j(t) = a(t) + B_1X_1 + B_2X_2 + B_3X_3 + B_4X_4 + B_5X_5$

통제변수투입모형(모형 II): $\log h_j(t) = a(t) + B_1X_1 + B_2X_2 + B_3X_3 + B_4X_4 + B_5X_5 + B_6X_6 + B_7X_7 + B_8X_8 + B_{12}X_{12} + B_{13}X_{13} + B_{14}X_{14}$

통합모형(모형 III): $\log h_j(t) = a(t) + B_1X_1 + B_2X_2 + B_3X_3 + B_4X_4 + B_5X_5 + B_6X_6 + B_7X_7 + B_8X_8 + B_9X_9 + B_{10}X_{10} + B_{11}X_{11} + B_{12}X_{12} + B_{13}X_{13} + B_{14}X_{14} + B_{15}X_{15} + B_{16}X_{16} + B_{17}X_{17}$

$h_j(t)$: 부정적 퇴소 사건 발생위험률
$a(t)$: 시간에 의존하는 상수

X_1: 자기효능감	X_2: 외적 통제소	X_3: 우울
X_4: 알코올 중독	X_5: 만성적 적응	X_6: 성
X_7: 연령	X_8: 원가족 해체경험	X_9: 교육연한
X_{10}: 건강상태	X_{11}: 기술유무	X_{12}: 공공근로
X_{13}: 일반근로	X_{14}: 보호시설 유형	X_{15}: 사회적 지지 총점
X_{16}: 관계망의 크기	X_{17}: 관계망 노숙자 비율	

분석결과는 다음 〈표 4-20〉에서 보는 바와 같다. 먼저 심리적 역기능 요소들만의 단독투입모형인 모형 I 에서는 자기효능감과 외적 통제소, 알코올 중독

의 영향이 부정적 퇴소에 대해 통계적으로 .01 수준에서 유의한 영향을 나타내었다. 인구학적 / 인적 자본 관련 통제변수의 영향력을 통제한 모형 II에서는 외적 통제소 성향과 알코올 중독이 부정적 퇴소에 대해 .01 수준에서 유의미한 영향력을 나타내었다. 통제변수와 아울러 사회적 연계단절 관련 변수들의 영향력까지를 통제한 모형 III에서는 외적 통제소가 .05 수준에서 그리고 알코올 중독이 부정적 퇴소에 대해 .01 수준에서 유의미한 영향력을 보였다.

〈표 4-20〉 심리적 역기능 관련 변수가 부정적 퇴소에 미치는 영향

	모형 I		모형 II		모형 III	
	B	EXP(B)	B	EXP(B)	B	EXP(B)
자기효능감	-.0332**	.9673	-.0260	.9743	.0150	1.0151
외적 통제소	.0668**	1.0691	.0809**	1.0843	.0413*	1.0421
우 울	.0391	1.0399	.0585	1.0603	.0577	1.0594
알코올 중독	1.1193**	3.0626	1.1130**	3.0434	.6481**	1.9119
만성적 적응	-.0354	.9652	-.0132	.9869	-.0400	.9608
성			1.4099*	4.0957	.4994	1.6477
연 령			-.0241	.9762	-.0224	.9778
원가족 해체 경험			-.3899	.6771	-.1625	.8500
교육연한			-.0443	.9567	-.0082	.9918
건강상태			.0002738	1.0003	.0965	1.1013
기술 유무			.0978	1.1028	.2522	1.2869
공공근로유무			-.2172	.8048	-.1695	.8441
일반근로유무			.5605	1.7515	-.0633	.9387
보호시설 유형			.4267	1.5322	.1869	1.2055
사회적 지지					-.0118	.9883
관계망의 크기					.0006647	1.0007
관계망 노숙자 비율					3.4425**	31.2645
$-2 \log(L_0 / L_1)$	136.862**		148.689**		211.830**	

* p<.05   ** p<.01

이를 연구가설과 관련지어 살펴볼 때, 먼저 '자기효능감이 높을수록 부정적 퇴소를 하게 될 가능성이 작아진다'는 연구가설 4-6은 부분적으로만 지지될 수

있다. 자기효능감은 심리적 역기능 관련변수만을 투입하였을 경우에는 부정적 퇴소에 대해 통계적으로 유의미한 역의 영향을 미치고 있다. 그러나 통제변수와 사회적 연계단절 관련 변수들까지 모두 투입하여 그 영향력을 통제하였을 경우에는 의미 있는 영향력이 나타나지 않고 있다. 이는 사회적 연계단절 관련 변수의 분석에서 언급했던 바와 마찬가지의 양상으로 볼 수 있다. 즉, 전체적으로 학습된 무기력의 심리적 역기능성이 심하면 긍정적 퇴소의 가능성이 낮아지고 부정적 퇴소의 가능성이 높아지는 경향성은 있으나 심리적 역기능의 세부변수들 각각이 모두 긍정적 퇴소와 부정적 퇴소에 반대방향으로 영향을 미치는 것이라기보다는 어느 특정 방향의 퇴소에만 주요한 영향을 미치는 것으로 볼 수 있다. 자기효능감의 저하는 긍정적 퇴소의 방향에 주로 영향을 미치는 변수이며, 부정적 퇴소에 대한 영향력은 다른 변수들에 비해 상대적으로 약하며 관련 변수들의 영향력을 통제할 경우에는 그 의미가 상실되는 것이라고 하겠다.

심리적 역기능 중 외적 통제소 성향은 세 가지 모형에서 모두 통계적으로 유의한 정(+)의 영향력을 보이고 있다. 따라서 외적 통제소 성향이 작을수록 보호시설에서 부정적 형태의 퇴소를 하게 될 가능성이 작아진다는 연구가설 4-7은 지지되었다. 이 외적 통제소 성향은 본 연구에서 관심을 가진 사회적 연계단절 관련의 3개 변수와 학습된 무기력 관련 심리적 역기능 5개 변수 중 유일하게 긍정적 퇴소와 부정적 퇴소 모두에 대해 유의미한 영향을 미치는 것으로 나타났다.

우울 성향의 경우는 모든 모형에서 통계적인 유의성이 나타나지 않았다. 우울변수 역시 자기효능감의 저하와 마찬가지로 긍정적 퇴소에 미치는 영향이 주효하며 부정적 퇴소에 미치는 영향은 다른 관련 변수들의 영향력을 통제할 경우에는 그 영향력이 상대적으로 감소하는 것으로 볼 수 있다.

알코올 중독의 경우 단독모형과 통제변수모형, 통합모형 모두에서 .01 수준에서 의미 있는 영향력을 보이고 있다. 이는 긍정적 퇴소의 분석에서와는 대조적인 결과로 긍정적 퇴소에는 큰 영향을 미치지 못하던 알코올 중독 성향이 부정적 퇴소에 대해서는 일관되게 유의미한 정(+)의 영향력을 보이고 있는 것이다. 따라서 '알코올 중독이 없는 경우 보호시설에서 부정적인 형태의 퇴소를 하게 될 가능성이 작아진다'는 가설 4-9는 지지되었다.

노숙생활에의 만성적 적응도의 경우 통계적인 유의성을 나타내고 있지 못하다. 따라서 '노숙생활에 익숙하여 만성적으로 적응하지 않은 노숙자가 부정적 퇴소가능성이 작아진다'는 연구가설 4-10은 기각되었다. 긍정적 퇴소의 분석에서 밝힌 바와 마찬가지로 우리나라의 노숙자들이 외국에 비해 노숙기간이 짧고 반복적 노숙회기가 두드러지게 나타나지는 않는다는 점에 따라 아직까지 우리나라의 노숙자들은 노숙생활에 대한 만성적 적응의 정도가 퇴소에 영향을 줄 정도로 중요한 변인은 아닌 것으로 나타나는 것이라고 하겠다.

7. 퇴소유무 영향요인과 퇴소형태별 영향요인의 비교

이상에서 연구가설의 검증을 중심으로 심리사회적 외상특성의 각 요소들이 퇴소유무 및 긍정적 / 부정적 퇴소에 미치는 영향을 살펴보았다. 제반 변수들이 퇴소유무, 긍정적 퇴소, 부정적 퇴소에 미치는 영향을 통합모형을 기준으로 비교해 보면 다음의 〈표 4-21〉과 같다.

퇴소유무 자체에는 사회적 연계단절 관련 변수인 사회적 지지총점, 관계망 크기, 관계망에서 노숙자가 차지하는 비율의 영향력이 통계적으로 유의미하였다. 심리적 역기능 관련 변수 중에서는 자기 효능감과 알코올 중독의 영향력이 유의미하게 나타났다. 그리고 통제변수로 설정된 변수 중에서 공공근로와 일반근로의 유무가 유의미한 영향력을 가지는 것으로 나타났다.

퇴소유무 자체에 대해 유의미한 영향력을 보인 변수들을 두 가지 퇴소 형태에 미치는 영향력을 고려해서 살펴본다면 사회적 연계단절 관련 변수 중에서 사회적 지지총점, 관계망의 크기의 요인은 긍정적 형태의 퇴소에 그리고 관계망에서 노숙자 비율은 부정적 형태의 퇴소에 주로 영향을 미쳤던 점을 볼 수 있다. 퇴소유무에 유의미한 영향을 미쳤던 심리적 역기능 관련 변수 중에서 자기효능감 변수는 긍정적 퇴소에, 그리고 알코올 중독 변수는 부정적 퇴소의 방향으로 유의미한 영향을 미치고 있었다. 이는 통계적 유의도와 아울러 계수의 부호를 통한 영향의 방향을 통해 파악될 수 있다.

이를 통해 통제변수이었던 공공근로와 일반근로의 영향이 퇴소형태별로는 분명한 영향을 보여주고 있지 못하다는 점을 제외한다면 대부분의 퇴소유무에 대한 유의미한 영향은 사실상 긍정적인 형태나 부정적인 형태 중 어느 한 형태의 퇴소에 대한 영향이라는 점을 볼 수 있다.

〈표 4-21〉 심리사회적 외상특성이 보호시설 퇴소에 미치는 영향

	퇴소유무		긍정적 형태의 퇴소		부정적 형태의 퇴소	
	B	EXP(B)	B	EXP(B)	B	EXP(B)
사회적 지지	.0138[*]	1.0139	.0277[**]	1.0281	-.0118	.9883
관계망의 크기	.0185[**]	1.0187	.0118[*]	1.0118	.0006647	1.0007
관계망 노숙자 비율	3.4655[**]	31.9915	-1.9580	.1411	3.4425[**]	31.2645
자기효능감	.0235[*]	1.0238	.0476[**]	1.0488	.0150	1.0151
외적 통제소	-.0152	.9849	-.0604[**]	.9414	.0413[*]	1.0421
우울	-.0299	.9705	-.0694[*]	.9329	.0577	1.0594
알코올 중독	.6460[**]	1.9079	.2286	1.2568	.6481[**]	1.9119
만성적 적응	-.0263	.9740	-.0264	.9740	-.0400	.9608
성	.0585	1.0603	.3152	1.3705	.4994	1.6477
연령	-.0031	.9969	.0111	1.0112	-.0224	.9778
원가족 해체 경험	.4640	1.5904	1.0643	2.8988	-.1625	.8500
교육연한	-.000112	.9999	-.0341	.9665	-.0082	.9918
건강상태	-.0801	.9230	-.4613	.6305	.0965	1.1013
기술 유무	.2067	1.2296	.3650	1.4405	.2522	1.2869
공공근로유무	-.9915[**]	.3710	-.6608	.5164	-.1695	.8441
일반근로유무	-.8215[**]	.4398	-.3074	.7354	-.0633	.9387
보호시설 유형	.3467	1.4144	.2966	1.3452	.1869	1.2055
$-2 \log(L_0 / L_1)$	129.018[**]		193.644[**]		211.830[**]	

* p<.05   ** p<.01

이러한 경향은 퇴소유형 별로 유의미한 변수들이 서로 다르게 나타난 양상을 통해서도 확인해 볼 수 있다. 심리적 역기능 변수 중에서 외적 통제소 성향만이 긍정적 퇴소에는 부적 영향을 그리고 부정적 퇴소에는 정적 영향을 미치

는 것으로 확인된 것 이외에는 대부분의 변수들이 어느 한 쪽 방향의 퇴소에만 유의한 영향을 미치는 것으로 나타난 것이다. 일견, 한 쪽 방향의 퇴소에 유의한 영향을 미치는 변수는 다른 쪽 방향의 퇴소에도 반대 방향의 유의한 영향력을 가질 것으로 상정하기 쉬우나 그렇지 않은 경우가 더 많은 것으로 확인되었다. 즉, 노숙자의 심리사회적인 특성들 대부분이 그 측정치가 상대적으로 긍정적인 상태이면 긍정적 퇴소의 가능성이 높고, 측정치가 부정적인 상태이면 부정적 퇴소의 가능성이 높아지는 것으로 판단할 수 없는 것이다. 예를 들어 자기효능감이 높을 경우, 긍정적 퇴소의 가능성은 높아지고 반대로 자기효능감이 낮다면 부정적 퇴소의 가능성이 높아진다는 식으로 양방향으로 볼 수 없다는 것이다. 이보다는 오히려 노숙자의 심리사회적 특성 중에서 어떤 요소는 주로 긍정적 형태의 퇴소에 영향을 미치고 어떤 요소는 주로 부정적 형태의 퇴소에 영향을 미치는 것으로 보아야 한다. 자기효능감이 높다는 것은 긍정적 퇴소 가능성을 높이는 데는 주로 영향을 미치지만 부정적 퇴소에는 큰 영향을 미치지 않고, 알코올 중독 성향은 부정적 퇴소의 가능성을 높이지만 긍정적 형태의 퇴소에는 유의미한 영향력을 가지지 못한다는 식이다. 본 연구의 가설 일부분이 기각된 내용을 살펴보면 이 점을 충분히 반영하지 못한데 기인하고 있다. 본 연구에서는 기본적으로 노숙자의 심리사회적인 각 특성이 긍정적 퇴소와 부정적 퇴소에 반대방향으로 양 방향 모두에 영향을 미칠 것이라는 쌍의 형태로 가설이 설정되었고, 긍정적 퇴소와 부정적 퇴소에 주로 영향을 미치는 주 변인들이 다르게 나타날 것을 반영하지 못하였기 때문에 일부 가설의 기각이 나타난 중요한 원인이 되었다.

먼저 사회적 연계단절 양상이 심하면 긍정적 퇴소의 가능성은 줄어들고, 부정적 퇴소의 가능성은 높아지는 것으로 볼 수 있으나, 세부적인 해당 변수들의 분석을 통해서 긍정적 퇴소에 영향을 미치는 중요한 요인으로 지각된 사회적 지지, 사회적 관계망의 크기가 확인되었고, 부정적 형태의 퇴소에는 주로 사회적 관계망 내에서 노숙자가 차지하는 비율이 어느 정도인가가 큰 영향을 미치는 것으로 확인되었다.

마찬가지로 심리적 역기능이 심하면 긍정적 퇴소의 가능성은 줄어들고 부정적 퇴소의 가능성이 높아진다는 대체적인 경향은 나타나지만, 관련 변수들에 대한 세부적인 분석결과 자기효능감, 외적 통제소, 우울 성향이 긍정적 퇴소에 중요한 역할을 하며 반대로 부정적 퇴소에는 외적 통제소 성향과 알코올 중독의 유무가 큰 영향을 미치는 것으로 확인되었다.

Grigsby 등의 유형적 분류 논의와 관련지어 볼 때, 본 연구의 결과 사회적 관계망의 측면에서는 isolate 관련 요인인 관계망의 절대적 축소는 주로 긍정적 퇴소의 가능성과 그리고 outsider 관련 요인인 노숙자 중심의 관계망은 주로 부정적 퇴소의 가능성과 관련되었다. 이에 따른다면 학습된 무기력의 심리적 역기능성은 Grigsby의 논의에서는 주로 isolate의 유형과 관련되므로 주로 긍정적 퇴소의 가능성과 관련될 수 있으나 실증적 분석결과는 다르게 나타났다. 즉, 부정적 퇴소에서도 외적 통제소 성향은 큰 영향을 미치는 요인인 것으로 나타났다. 따라서 본 연구의 퇴소형태별 영향요인 분석에서는 Grigsby의 노숙자 유형화 논의와 관련된 이론적 내용이 모두 실증적으로 입증되지는 않았다. 그러나 본 연구는 유형화와 관련된 퇴소요인 분석보다는 심리사회적 외상 변수들이 퇴소형태에 미치는 영향을 분석하기 위한 것이었고 그 결과 긍정적 퇴소와 부정적 퇴소에 영향을 미치는 상이한 변수들을 판별할 수 있었다.

이러한 결과는 단지 퇴소 유무만을 가지고 분석하였을 경우 나타나는 결과인 지각된 사회적 지지, 사회적 관계망의 크기, 관계망에서 노숙자의 비율, 자기효능감, 알코올 중독 유무가 보호시설 퇴소가능성에 정(+)적인 영향을 미친다는 내용의 제한성을 넘어서는 것이라고 하겠다.[50]

한편 통제변수 중에서 공공근로사업은 퇴소자체가 발생하지 않도록 억제하는 효과를 나타내고 있었다. 물론 긍정적 퇴소나 부정적 퇴소의 어느 유형에 대한

---

50) 본 연구의 자료를 토대로 Piliavin 등의 연구(1993)와 같은 방식으로 보호시설 생활기간을 종속변수로 설정하고 동일한 변수들을 투입하여 다중회귀분석을 실시한 결과 관계망의 크기, 관계망에서 노숙자가 차지하는 비율, 자기효능감 변수가 보호시설 생활기간에 부(-)적으로 영향을 미치고 있는 것으로 나타났다. 그리고 통제변수 중에서는 공공근로활동이 보호시설 생활기간에 정(+)적으로 영향을 미치고 있는 것으로 나타났다. 이러한 결과도 각 변수가 영향을 미치는 방향에 대해서 통일적으로 설명하기에는 어려운 것이므로 본 연구의 방식과 같이 보호시설 퇴소의 방향을 확인하는 것이 필요하다고 하겠다.

효과는 나타나지 않았지만, 일단 공공근로라는 서비스를 제공하는 것이 노숙자들로 하여금 보호시설을 계속 이용하게 만드는 요인이 되고 있다는 점을 볼 수 있었다.

그리고 보호시설에서의 퇴소에 중요한 영향을 미칠 수 있는 변수인 보호시설의 유형 즉, 사회복지관의 보호시설인가 그렇지 않은 일반 종교사회단체의 보호시설인가의 변수가 통계적으로 유의미한 영향을 보이지 못했다. 단 회귀계수의 부호로 본다면 사회복지관에서 운영하는 보호시설의 경우 모든 형태의 퇴소가 상대적으로 더 잘 발생하는 것을 볼 수 있다. 즉, 보호시설에서 생활하는 규정이나 관리가 엄격하다는 의미도 될 수 있으나 이는 의미 있는 영향력은 아니었다. 그러나 조사 당시가 보호시설 개소의 초기단계로서 본격적인 심리사회적 접근의 프로그램이 실시되지 못하고 있었다는 점에 유의할 필요가 있다. 다시 말하면, 퇴소에 관한 본 조사의 결과에서 보호시설별 차이가 나타나지 않는 부분에 대해서는 그 의미에 주의해야 한다. 즉, 보호시설에서 어떠한 서비스를 주고 있느냐는 별로 중요하지 않고 노숙자들이 노숙생활을 통해 심화된 심리사회적 외상이 퇴소에 중요하다는 것이 아니다. 반대로 심리사회적 외상이 중요한 역할을 하는 만큼 심리사회적인 사회복지실천 서비스가 노숙자의 긍정적 퇴소 촉진과 부정적 퇴소 방지에 결정적으로 중요하다는 의미이다. 그리고 본 조사에서 보호시설 간 차이가 나타나지 않는 것은 아직은 차이를 유발할 만큼 심리사회적 개입을 실행하지 못하고 있는 실정이었으므로 이 도입이 필요한 것이다.

제5장 결 론

제1절 요 약

　본 연구는 노숙자들이 노숙과정에서 이탈하는 것과 관련하여 보호시설에서 퇴소하는데 영향을 주는 요인이 무엇인가 하는 문제의식에서 출발하였다. 이를 위해 노숙생활을 통해서 심화되는 노숙자들의 심리사회적 외상 양상을 사회적 연계단절과 심리적 역기능이라는 측면에서 고찰하고 이들 요소가 보호시설에서의 퇴소형태에 어떠한 영향을 미치는가를 분석해 보았다. 이는 지금까지 기존의 많은 논의들이 노숙자들의 심리사회적 특성을 '노숙자가 되는 이유'라는 취약성으로만 보던 것에서 벗어나 이를 '노숙생활을 하면서 나타나는 위험성'으로 분석해보기 위한 것이었다. 그리고 이러한 위험성이 보호시설에서 퇴소하는데 미치는 영향을 확인하기 위한 것이었다.

　선행연구들을 살펴볼 때 노숙자들은 노숙기간이 길어지면서 주류 사회와 단절되는 사회적 연계단절 양상을 통해 노숙생활이 만성화되어 간다는 점을 볼 수 있었다. 이는 사회적 지지의 정도, 관계망의 크기, 관계망에서 노숙자가 차지하는 비율을 통해서 살펴 볼 수 있었다. 또한 노숙생활은 자신의 생활에 대한 전반적인 통제력과 변화의욕을 상실하게 하는 학습된 무기력의 양상을 유발한다는 점이 지적되고 있었다. 이러한 양상은 자기효능감이 저하되고, 외적 통

제소와 우울 성향이 강화되며, 알코올 중독이 나타나고, 노숙생활에 대해 수동
적으로 적응해가는 만성적 모습을 통해 살펴볼 수 있었다. 본 연구는 이러한
특성들과 이것이 보호시설 퇴소형태에 미치는 영향을 살펴보기 위해서 실증적
인 서베이 조사를 실시하였다. 서울시내 노숙자 보호시설 입소자 10%에 해당
하는 355명을 대상으로 1999년 7월과 8월에 걸쳐 심리사회적 특성에 대한
자기보고식 설문조사를 실시하였고, 2000년 4월 1일까지의 퇴소형태에 대해
추적조사를 실시하여 자료를 수집하였다. 여기서 얻어진 자료를 통해 다중회귀
분석과 사건사 분석 등의 분석방법을 활용하여 얻어진 연구결과를 요약하면 다
음과 같다.

첫째, 노숙기간이 길어질수록 사회적 연계단절의 양상이 심해지는 것을 확인
할 수 있었다.

Grigsby는 사회적 연계단절(social diasaffiliation) 개념을 중심으로 한
노숙의 만성화 모형에서 노숙자는 노숙생활을 하게 되면서 사회적 관계와 지지
의 상실을 경험하게 되고 이는 노숙기간이 길어지면서 더욱 심화된다고 했다.
그리고 사회적 관계망은 주로 주변의 노숙자들로 국한되면서 사회 주류의 인습
적 방법과 원칙에 따라 행동해야 할 필요를 느끼지 않게 되어 기행(奇行)을
일삼게 되고 이는 다시 일반 주류 사회관계와의 관계망과 지지 상실을 가속화
시켜 사회적 연계단절을 더 극심하게 하는 악순환을 이루게 된다고 설명했다.

이러한 Grigsby의 논의에 기초하여 설정된 본 연구의 연구가설 1 즉, 노숙
기간이 길어질수록 사회적 연계단절이 심해질 것이라는 가설은 전체적으로 지
지되고 있다. 사회적 연계단절을 보다 구체화하여 설정하였던 지각된 사회적
지지의 정도, 관계망의 크기, 관계망에서 노숙자가 차지하는 비율의 3개 요소
에 관련된 아래의 가설이 모두 다중회귀분석을 통해 통계적으로 유의한 결과를
나타내어 실증적으로 입증되고 있다. 지각된 사회적 지지의 정도는 길거리 노
숙기간과 총 노숙기간이 길어지면서 점점 작아진다. 신원우의 연구(1999)에서
노숙자로 전화하는 과정에서 사회적 지지의 상실은 매우 중요한 역할을 하고
있다는 점이 지적되었다. 따라서 노숙 초기에 이미 상당한 정도의 사회적 지지
를 상실하였을 뿐만 아니라 노숙기간이 길어지면서 사회적 지지는 지속적으로

상실되고 있는 것으로 지각된다. 이는 자신이 지원을 받을 수 없고 고립되어 있다는 상황인식을 이끌게 된다. 이와 아울러 실제의 사회적 관계망 역시 노숙기간이 길어지면서 축소된다. 이는 특히 길거리 노숙기간 보다도 총 노숙기간이 길어지면 자신에게 원조를 줄 수 있고, 활용할 수 있는 주변의 자원이 점차 상실된다는 것으로 나타났다. 또한 관계망에서 노숙자가 차지하는 비율이 높아지고 상대적으로 재활을 위해 반드시 필요한 다른 사회적 관계망은 줄어든다. 특히 관계망에서 노숙자가 차지하는 비율이 커지는 것은 길거리 노숙기간이 길어짐에 따라 나타나는데 길거리 노숙의 경우 보호시설에서의 생활보다도 노숙자 이외의 다른 관계망을 유지하거나 회복할 기회가 적기 때문이다. 이러한 일련의 양상은 결국 노숙기간이 길어짐에 따라 주류 사회와의 단절을 이끌어 낸다고 할 수 있다.

둘째, 노숙기간이 길어질수록 심리적 역기능의 정도가 심해지고 있었다.

Goodman 등은 노숙생활을 심리적인 역기능을 초래하게 만드는 하나의 외상(trauma) 사건으로 보았다. 노숙생활은 노숙자 개인들에게 충격적인 경험이 되고, 이는 자기 스스로가 통제하지 못하는 사건의 경험 후에 나타나는 심리적 역기능 양상으로서 학습된 무기력으로 연결되어질 수 있다. 특히 길거리 노숙이 학습된 무기력 양상의 심리적 역기능성을 유발하는 보다 큰 위험사건으로 보고 있었다.

이에 기초하여 설정된 연구가설 2인 '노숙기간이 길어질수록 학습된 무기력 관련의 심리적 역기능성이 커진다'는 전체적으로 지지되었다. 학습된 무기력 관련의 심리적 역기능성을 구체화하여 설정된 파악된 자기효능감의 저하, 외적 통제소 성향의 강화, 우울 성향의 강화, 알코올 중독, 노숙생활에 대해 만성적으로 적응해버리는 5가지 특성이 모두 노숙기간에 의해 영향을 받고 있음이 확인되었다. 특히 이러한 심리적 역기능 양상은 총 노숙기간보다는 길거리 노숙기간의 영향을 더 크게 받는 것으로 확인되었다.

셋째, 사회적 연계단절이 심화된 노숙자는 긍정적 퇴소의 가능성은 줄어들고 부정적 퇴소의 가능성이 늘어나는 대체적 경향을 보이고 있었다. 그러나 사회적 연계단절 관련 변수에 해당하는 지각된 사회적 지지, 관계망의 크기, 관계망에서 노숙자가 차지하는 비율은 각각 퇴소형태별로 주요하게 영향을 미치는 양상이 상대적으로 다르게 나타났다. 즉, 긍정적 형태의 퇴소 가능성에 큰 영향을 미치는 요인은 지각된 사회적 지지의 정도와 관계망의 크기라는 관계의 양적 측면이었고, 부정적 형태의 퇴소 가능성에 큰 영향을 미치는 요인은 관계망에서 노숙자의 비율이라는 관계망의 내용적 측면인 것으로 확인되었다.

넷째, 학습된 무기력과 관련한 심리적 역기능성이 심화된 노숙자는 긍정적 퇴소의 가능성은 줄어들고 부정적 퇴소의 가능성이 늘어나는 대체적인 경향을 보이고 있었다. 그러나 사회적 연계단절 요인에서와 마찬가지로 심리적 역기능 관련 변수 중에서도 긍정적 형태의 퇴소와 부정적 형태의 퇴소에 영향을 주는 요인은 조금씩 상이한 모습을 보여주었다. 긍정적 형태의 퇴소에 유의미한 영향을 미치는 요인은 자기효능감과 외적 통제소, 우울이었는데 부정적 형태의 퇴소에는 외적 통제소와 알코올 중독이 큰 영향을 미치고 있는 것으로 나타났다.

제2절 연구의 함의

1. 이론적 함의

본 연구의 분석 결과 밝혀진 사실들은 이론적인 측면에서 다음과 같은 함의를 가지는 것으로 볼 수 있다.

첫째, 본 연구는 노숙자들이 나타내는 다양한 심리사회적 특성을 노숙의 원인으로서만이 아니라 노숙생활에 의한 심리사회적 외상이라는 시각에서 분석하였다. 그간 노숙자 문제에 대한 많은 연구들이 노숙자들의 심리사회적 특성에서의 위험성 혹은 취약성을 지적하며 이를 노숙이라는 결과를 유발하는 위험요인 즉, 심리사회적 외상특성이 노숙생활에 대해 위험요인인 것으로 주로 조망해왔다. 이러한 점은 본 연구의 조사에서도 원가족의 해체가 몇몇 심리사회적 외상 특성에 영향을 주었던 결과 등에서 나타났다. 그러나 본 연구에서는 이러한 측면뿐만 아니라 노숙생활 자체가 심리사회적 특성에 대해서 큰 위험요소가 된다는 점에 입각하여 연구를 진행하였다. 그 결과 본 연구에서는 노숙기간에 따라 노숙자들의 심리사회적 외상 특성이 심화되어가는 양상을 실증적으로 입증하였다. 즉, 노숙자의 심리사회적 외상 특성과 노숙생활은 어느 한 쪽으로의 단선론적 인과관계를 설정할 수만은 없고 특히 노숙기간에 따라 심리사회적 외상이 심해지고 있다는 점에 대해서 유의해야할 필요성을 나타내고 있다. 이러한 분석결과는 노숙이 특정한 심리사회적 속성을 가지는 인구 층에만 국한되는 문제가 아니라, 노숙생활이 사회경제적으로 한계계층에 속해 있는 사람들의 사회적 기능수행 수준을 심각하게 떨어뜨리게 만드는 위험한 외상 사건인 것으로 보는 시각을 제공한다.

두 번째로 노숙자들의 심리사회적 외상 양상을 사회적 연계단절(social disaffiliation)과 학습된 무기력(learned helplessness)이라는 이론적 개념을 통해 그 위험성을 명확히 하는 틀을 제공하였다. 기존의 선행연구들에서는 노숙자들의 심리사회적 특성 각각에 대한 실증적 조사는 많이 있었지만 노숙자의 심리사회적 외상을 이론적인 개념을 통해 통일적으로 분석하고 또한 이를 실증적으로 분석하는 연구는 찾아보기 힘들다. 본 연구는 노숙자의 사회적 연계단절의 양상으로 지각된 사회적 지지의 축소와 사회적 관계망의 축소라는 지지망의 양적인 문제, 관계망에서 노숙자가 차지하는 비율이 높아지는 지지망의 내용적인 문제를 분석하였다. 그 결과 노숙기간에 따라서 사회적 연계단절이 심해지는 것을 확인하였다. 이는 Grigsby가 제안한 사회적 연계단절의 노숙 만성화 모형을 실증적으로 입증한 것이다. 그러나 본 연구에서는 Grigsby 등이 사회적 연계단절과 재연계 양상을 기준으로 노숙자를 구별하여 분류하였던 논의와는 다르게 노숙생활은 연계단절과 재연계 양상이 동시에 나타나도록 하고 있다는 점을 보여주고 있다.

또한 본 연구에서는 학습된 무기력의 심리적 역기능 양상을 자기효능감의 저하, 외적 통제소 성향, 우울, 알코올 중독, 노숙생활에의 만성적 적응이라는 하위 요소들을 통해 분석하였다. 그 결과 학습된 무기력의 심리적 역기능은 노숙생활의 조건이 보다 열악한 길거리 노숙기간에 따라 심화되는 것을 확인하였다. 이는 Goodman 등이 제시한 노숙의 학습된 무기력 모형을 실증적으로 입증한 것이다.

본 연구에서는 이와 같이 노숙자의 심리사회적 외상 특성으로서 가설적 개념으로서만 제시되었던 사회적 연계단절과 학습된 무기력의 개념이 노숙기간에 따른 노숙자의 심리사회적 외상을 실제로 설명하고 있음을 입증하여 이론구축에 기여하고 있다.

세 번째의 이론적 함의로 본 연구는 Piliavin 등(1996)이 노숙자들의 기능수행에서의 손상이 보호시설 퇴소에 영향을 미칠 것이라고 제시하였던 것을 실증적으로 입증하고 있다. 노숙자의 보호시설 퇴소에 대한 선행연구들은 주로 인구학적 변수들이 보호시설 퇴소에 미치는 영향에 대해 분석해 왔으며 심리사회적 외상 특성에 대해 직접 측정하거나 자료를 수집하여 실증적으로 입증하는 경우는 드물었다. 이는 연구방법론적인 난점과 관련이 있다. 노숙자를 대상으로 종단적 형태의 자료 수집을 하지 않으면 심리사회적 외상양상이 보호시설 퇴소에 미치는 현상에 실증적으로 접근하기 어렵다. 이에 따라 행정적 기록과 같은 2차 자료를 통해 노숙자들의 보호시설 퇴소에의 영향요인을 분석하다보니 주로 인구학적 변수나 과거 정신건강 시설의 활용 여부 등의 변수와 보호시설 퇴소와의 관련성에 대해 분석이 이루어져 왔다. 반면에 노숙자를 대상으로 직접 서베이나 면접을 통해 자료를 수집하고 보호시설 퇴소까지를 추적해야 하는 심리사회적 외상 양상과 보호시설 퇴소와의 관련성에 대해서는 직접적인 실증 분석이 잘 이루어지지 않고 가설적으로만 제안되어 왔다.

본 연구는 노숙자를 대상으로 종단적 연구의 가능성이 제약되어 있는 현실에서 대안적인 방식으로 사건사 분석의 기법을 활용하였다. 이는 노숙자 문제의 양상에 대해서 정태적인 분석에 그치지 않고, 8개월 가량의 노숙자들의 퇴소상황을 추적해서 분석에 포함하는 노숙자 문제의 역동성에 대한 분석을 시도하는 것으로 이루어졌다. Piliavin 등이 제기한 바처럼 노숙생활이 각각의 노숙자 개인에게는 정태적이고 고정된 것이 아니라 생활주기상에서 나타나는 다양한 생활국면의 한 부분이라고 볼 때, 노숙자 문제의 역동성에 근접하기 위해서는 이와 같은 분석이 필수적인 방법론적 시도라고 할 수 있다. 본 연구는 사건사 분석과 2차례의 시차를 둔 자료수집의 방법론을 활용하여 노숙자의 심리사회적 외상 양상이 보호시설 퇴소에 미치는 영향을 실증적으로 분석하였고 그 결과 사회적 연계단절과 학습된 무기력의 각 하위 변수들이 보호시설 퇴소에 영향을 미치고 있음을 실증적으로 입증하였다.

네 번째로 보호시설 퇴소에 관한 선행연구들이 보호시설에서의 이탈 유무에 대해서만 분석해왔던 것과는 달리 본 연구는 보호시설로부터의 퇴소 유무만이 아니라 퇴소형태를 구별하여 분석함으로써 노숙생활로부터 이탈하는 방향인 긍정적 퇴소에 영향을 미치는 요인과 심각한 만성적 노숙과정으로 빠져드는 방향인 부정적 퇴소에 영향을 미치는 요인을 구별할 수 있었다. 사회적 연계단절 관련 변수 중에서 지각된 사회적 지지와 관계망의 크기는 주로 긍정적 퇴소에 영향을 미치고 있었고, 관계망에서 노숙자가 차지하는 비율은 주로 부정적 형태의 퇴소에 영향을 미치고 있었다. 심리적 역기능 변수 중에서 자기효능감, 외적 통제소, 우울은 주로 긍정적 형태의 퇴소 가능성에 영향을 미치고 있었고, 부정적 형태의 퇴소에는 외적 통제소와 알코올 중독이 주로 영향을 미치고 있었다. 이러한 결과는 사회적 연계단절과 학습된 무기력의 각 하위변수들 중에서 주로 긍정적 퇴소에 영향을 미치는 요인과 주로 부정적 퇴소에 영향을 미치는 요인이 서로 구별되는 양상을 나타내는 것이었다. 일반적으로 사회적 연계단절이나 심리적 역기능에 해당하는 각각의 변수들은 긍정적 퇴소 가능성과 부정적 퇴소 가능성에 대해 동시에 영향을 미치며, 단지 그 영향력의 방향이 긍정적 퇴소와 부정적 퇴소에서 서로 반대로 나타날 것으로 생각하기 쉽다. 이러한 일반적 생각과는 다르게 본 연구의 결과는 긍정적 퇴소의 방향에 주로 영향을 미치는 변수와 부정적 퇴소의 방향에 영향을 미치는 변수들이 상이하게 나타남을 실증적으로 확인하였다. 이에 따라 보호시설에서의 퇴소에 대한 연구들이 보호시설 퇴소의 형태나 내용에 대해 관심을 가져야 함을 제시하고 있다.

본 연구의 결과는 대체적으로 외국에서 주로 이루어졌던 노숙자에 대한 이론적 연구들의 결과와 유사한 양상을 보이고 있다. 그러나 우리나라의 노숙자는 최근에 대량으로 발생하였다는 점에 비추어보면, 본 연구에서 나타난 노숙자의 특성이 앞으로도 지속적으로 나타날 것이라고 단정하기는 어렵다. 현재 우리나라의 노숙자 문제는 아직도 대량발생의 초기국면으로 보이기 때문이다. 따라서 이 문제에 관한 지속적인 관심과 후속연구가 필요할 것이다.

2. 실천적 함의

본 연구에서는 원인론적인 접근보다는 노숙생활에 따르는 반응으로서의 심리사회적 외상 특성을 확인하고 이것이 보호시설 퇴소형태에 미치는 영향을 분석하여 노숙자 재활이라는 사회복지실천적 과제에 대해 직접적 함의를 도출하고자 하였다.

실천적인 측면에서 우선, 노숙자들이 재활과 자활을 통해 보호시설에서 퇴소하여 정상적인 사회생활로 복귀하도록 하기 위해서는 심리사회적인 외상에 대한 개입이 필수적이라는 사실을 입증한 점이 큰 의의가 될 수 있다. 노숙자들이 보호시설에서 긍정적인 형태로 퇴소하는가 혹은 부정적인 형태로 퇴소하는가, 아니면 보호시설에서 퇴소하지 않고 머무르는가에 사회적 연계단절 관련 변수들과 심리적 역기능 관련 변수들이 핵심적인 영향을 미치고 있음을 실증적으로 검증하였다. 이는 아직도 보호와 취업자원 알선에만 국한되고 있는 현재의 보호시설 운영방식이 재활을 위한 사회복지실천에 초점을 두는 것으로 전환될 필요성을 제기한다.

두 번째로는 길거리 노숙의 위험성에 비추어 볼 때, 길거리 노숙자에 대한 조기 보호와 개입의 필요성을 보여주고 있다. 길거리 노숙이 길어진다는 것은 총 노숙기간에 비해서도 심리적 역기능성과 관계망의 형태에 대해서 더 큰 위험을 내포하는 것으로 확인되었다. 따라서 노숙자들의 심리적 역기능성이 심화되지 않도록 하기 위해서는 노숙자들이 장기간 길거리 노숙을 하지 않도록 하는 개입체계가 구축되어야 할 필요가 있다. 현재 서울역과 을지로, 서소문 지역 등 길거리 노숙자가 많은 지역에 대해서는 이들에게 보호시설의 입소 등을 알선하는 상담소가 일부 운영되고 있다. 이러한 out-reach 활동의 적극적 확대가 길거리 노숙기간을 단축할 수 있는 대안이 될 수 있다.

세 번째로는 노숙자들에 대한 사정(assessment)에서 유의해야 할 사항들을 제시하여 주고 있다. 본 연구의 결과 총 노숙기간과 길거리 노숙기간은 노숙자들의 심리사회적 측면 중 어느 부분에 대해 더 큰 영향을 미치고 있는가 하는 점이 확인되었다. 이는 개입실천에서 개별 노숙자의 노숙상황에 비추어 볼 때, 어느 측면에 대한 면밀한 사정이 필요한가를 제시하여 주고 있다. 또한 사회적 연계단절 관련 변수와 학습된 무기력 관련의 심리적 역기능성이라는 범주를 통해서 제시되었던 본 연구의 측정내용들을 통해서 노숙자들의 현재 문제 양상에 대해 필요한 사정의 내용과 도구들을 유추할 수 있다.

네 번째 가장 중요한 실천적 함의로 본 연구가 노숙자의 재활을 위한 사회복지실천 개입 지점을 제시하여 주고 있다는 점을 들 수 있다. 현재 우리나라의 노숙자 보호사업은 노숙자들을 보호시설에 안전한 형태로 수용 보호하는 소극적인 목적을 가진 대책의 측면과 보호시설에 입소한 노숙자들이 보호시설을 퇴소하여 정상적인 사회경제 활동으로 복귀할 수 있도록 하는 적극적 목적을 가진 대책으로 구별해 볼 수 있다. 그리고 이러한 목적을 위한 노숙자 보호사업의 가장 핵심적인 것들로 보호시설인 '희망의 집' 운영과 공공근로사업, 재활프로그램 운영이 활용되고 있다. 본 연구의 분석결과 현재 보호시설 운영과 함께 가장 많은 예산이 투입되고 있는 노숙자 보호사업인 공공근로활동의 경우 노숙자들이 길거리 노숙에서 벗어나 보호시설을 이용하게 하는 소극적 의미로서는 효과를 발휘하고 있으나 일단 보호시설을 이용하고 있는 노숙자들이 보호시설을 벗어나 자활하도록 하는 목적에는 기여하지 못하고 있는 것으로 나타났다. 그러므로 공공근로활동의 경험을 통해 노숙자들이 정상적인 사회생활로 복귀할 수 있다는 기대는 무리이다. 공공근로활동의 효과는 노숙자들의 부정적 퇴소 즉, 길거리로 되돌아가는 것을 방지하고 있는데 있다. 그리고 여기서 더 나아가 노숙자들의 긍정적 퇴소 즉, 자활과 사회복귀를 도모하는 것에는 심리사회적 외상에 개입하는 사회복지적 실천 프로그램 즉, 재활프로그램이 중요한 의미를 가질 것이다. 특히 긍정적 퇴소에 영향을 미치는 것으로 나타난 사회적 지지의 확대, 관계망의 확장, 자기효능감의 고양, 외적 통제소 성향의 완화, 우울 성향의 완화와 관련되는 전문적 개입과 프로그램이 이루어져야 한다. 현재 시범적으로 운영되고 있는 재활프로그램의 내용에서도 이러한 것들이 일부

다루어지기 시작하고 있다. 학습된 무기력의 요소에 대처하기 위해서는 능력고
취(empowerment)에 초점을 둔 실천과 프로그램, 자아존중감 향상 집단 프
로그램, 우울에 대한 합리적 인지행동모형의 치료 등이 기존에 사회복지실천에
서 활용되어 온 바 있다. 사회적 지지망, 특히 노숙자가 아닌 사회적 관계망의
확충을 위해서도 사회기술훈련이나 관계망 개입 등을 실시할 필요가 있다. 반
면 부정적 퇴소를 예방하기 위해서는 알코올 중독에 대한 예방적 치료적 개입
등을 강화해야 한다. 이러한 점들이 바로 노숙자 보호시설에서 사회복지사들의
전문적 역할이 될 것이다. 특히 노숙자들에게 손상되지 않은 공식적 지지망을
제공해 줄 수 있는 가장 중요한 원천 중의 하나가 바로 사회복지사들이다.

제3절 연구의 한계 및 제언

　본 연구는 노숙자들의 심리사회적 외상 양상들과 퇴소형태에 대해 여러 가
지 측면에서 유용한 결과를 낳고 있으나 다음과 같은 측면에서 한계를 가지고
있음이 지적될 수 있다.

　첫째, 본 연구는 노숙자의 사회적 연계단절과 심리적 역기능이라는 심리사회
적 특성을 노숙의 원인으로서가 아니라 노숙생활의 산물로서 분석하고 있다.
이와 같은 분석에서는 가장 확실한 인과관계 입증방법은 종단적 연구설계를 통
해서 가능하다. 즉, 노숙생활 이전과 초기, 보호시설 입소시기, 퇴소시기의 각
지점에서 심리사회적인 특성을 측정하여 이 종단적 자료의 분석을 통해 심리사
회적 특성의 변화양상을 고찰해야 인과관계에 대한 정확한 확신을 가질 수 있
다. 그러나 현재의 연구여건상 이와 같이 노숙자에게서 종단적이고 반복적인
자료 수집은 거의 불가능하여 대안적인 방법으로 심리사회적 특성에 대해서는
일회적인 자료 수집을 실시하고 노숙기간과의 관련성을 분석하는 방법을 취하였
다. 그러므로 본 연구의 결과가 노숙자의 심리사회적인 특성들은 이들이 원래 가
지고 있어 노숙을 하게 된 원인적 요소가 아니라 노숙생활의 산물로 나타나게 된

결과적 특성이라는 점을 인과적으로 확증한 것은 아니다. 다만 노숙기간을 통해 심리사회적 외상 특성들이 심화되고 있다는 사실을 입증한 것으로 보아야 한다.

둘째로 본 연구에서는 노숙자 보호시설에서 제공되는 전문적 서비스 부분에 대해서는 충분히 반영하지 못하고 있다. 만약 특정 보호시설에서는 노숙자의 심리사회적 특성들에 대해 전문적이고 집중적인 개입이 이루어지고 있고, 어떤 시설에서는 이에 대해 아무런 개입이 없이 방치되고 있다면 이 보호시설 간의 서비스 차이가 노숙자들의 심리사회적인 특성과 보호시설 퇴소형태에 영향을 미치게 된다. 그러나 본 연구에서는 보호시설이 사회복지관에서 운영하는 것인지 아니면 일반 종교시민단체에서 운영하는 것인지의 차별성에 대해서만 반영하고 있다. 그 이상의 서비스의 내용이나 수준에 대한 내용은 반영되지 않고 있다. 이는 보호시설 간 서비스의 수준 차이를 양화하여 통제하기가 어려운 점도 있지만 또한 연구의 1차 조사시점에서는 대부분의 보호시설이 긴급히 개소되어 보호와 공공근로 알선의 노력에만 머무르고 있어 전문가를 활용한 체계적인 재활프로그램을 거의 실시하지 못하고 있는 형편이어서 보호시설 간의 서비스 전문성 수준 차이가 나타나지 않고 있는 상태이었던 것에도 기인한다. 이에 따라 현재 노숙자 보호시설의 가장 큰 성격차이를 나타내는 사회복지관에서 운영하느냐, 일반 종교시민단체에서 운영하는가 하는 변수도 유의미한 영향을 나타내지 않고 있다. 이는 보호시설 간 서비스 차이가 노숙자들의 특성과 퇴소형태에 차별성을 가져오지 않는다는 식으로 그 중요성을 평가절하 하는 의미보다는 조사 당시 우리나라 노숙자 보호사업의 수준이 아직은 퇴소에 대해 차별성을 가져올 수 있는 정도의 심리사회적 개입을 시도하지 못하고 있는 상황이라는 의미로 보아야 한다.51) 따라서 이 요인이 본 연구의 결과에 왜곡을 가져왔을 것으로 보기는 어렵지만, 앞으로의 노숙자 재활에 관한 연구에서는 보호시설에서의 서비스 요소를 적극적으로 반영하는 것이 보다 명확한 결과를 얻을 수 있다고 판단된다.

---

51) 이러한 점 때문에 보건복지부와 학계에서는 노숙자 자활사업 평가단을 구성하여 1999년 동절기의 시범적 사업을 거쳐 2000년부터 심리사회적 재활프로그램의 정착을 노숙자 보호사업의 주요 내용으로 추진하고 있다.

셋째로 외국에서의 선행연구들에 의하면 노숙생활과 정규적인 주거생활은 한 개인의 생활주기에서 일시적이고 반복적인 모습을 나타낸다. 즉, 노숙생활에의 진입과 이탈, 그리고 재진입 과정이 시기적으로 나타나곤 한다는 것이다. 이러한 특성을 정확히 반영하기 위해서는 노숙자들의 노숙생활에서 나타나는 노숙회기(spell)와 각 회기의 기간들이 종합적으로 고려되어야 한다. 그러나 본 연구에서는 노숙의 기간과 이탈에만 관심을 두었고 노숙의 반복적 회기의 특성을 고려한 설계는 하지 못하였다. 본 연구의 표본 중에서도 8개월이라는 기간 동안에 일단 긍정적 형태의 퇴소를 하였던 노숙자가 다시 노숙으로 재진입하는 경우가 있었다. 본 연구에서 이러한 사례는 긍정적 퇴소가 일어나지 않은 것으로 처리를 하는데 그쳤지만, 노숙의 반복적 회기를 고려한 연구가 이후 노숙자들의 정확한 모습을 반영할 수 있을 것이라 판단된다. 그러므로 노숙자들의 반복적 노숙사건을 설계에 반영한 후속연구가 중요한 의미를 가질 것이다.

이상에서 본 연구에서의 한계로 지적될 수 있는 점들을 살펴보았다. 노숙자 문제 자체가 우리나라에서는 비교적 최근에 관심사가 되었고 따라서 노숙자 문제에 대한 현재의 대책들도 응급적인 속성을 가지고 있다. 노숙자 문제에 관한 연구들도 대부분이 최근 2년 동안에 나타나고 있는데 이러한 점에 따라 노숙자의 양상을 정확히 파악하는데 필수적인 엄밀한 설계의 연구들, 특히 종단적 형태의 연구는 아직 이루어지지 못하고 있다. 따라서 체계적인 자료의 축적보다는 규범적인 성격의 연구가 많은 것으로 보인다. 후속연구들은 노숙자 문제의 각 측면에 대해 정확하고 체계적인 자료수집과 분석이 이루어져야 할 것이다.

이와 아울러 본 연구의 내용과 관련하여 현재 우리나라의 노숙자 보호사업의 양상에 대해 제언하면 다음과 같다.

우선, 불과 1~2년 전까지만 해도 길거리에서 노숙자들이 눈에 띄지 않도록 '격리수용'하는데 급급했던 것에서 벗어나 노숙자들의 보호와 재활/자활을 노숙자 대책사업의 골간으로 삼게 된 것은 분명히 진일보한 대책이라고 할 수 있다. 그러나 아직까지도 우리나라의 노숙자 대책은 임시방편적인 응급대책을 벗어나지 못하고 있다. 대량으로 발생한 노숙자가 존재하고 있으나 이에 대한 사회복지적 대응은 아직 체계화되어 있지 못한 상태인 과도적 단계인 것이다. 이는 노숙자 보호시설 대부분이 법적 근거를 갖지 못한 채 일시적인 행정적 지원에 따라 운영되고 있다는 점에서 잘 드러난다. 현재 노숙자 보호시설은 승인된 사회복지시설의 범주에 들지 못하고 있다. 이러한 점들은 보호시설이나 종사자의 입장에서는 장기적인 계획이나 전문적인 개입실천을 할 수 있는 여건이 되지 못한다. 심지어 공공근로활동에 참여하는 노숙자들의 수입보다도 적은 급여를 받고 있는 종사자들이 있다는 점을 감안할 때, 이들이 계획성 있고 전문성 있는 개입을 할 수 있는 상황에 있다고 보기는 어렵다. 이에 따라 일부 시작되고 있는 노숙자 재활프로그램도 전문성에 기초하여 이루어진다기 보다는 비전문적 인력에 의해 분절적으로 이루어지고 있을 뿐이다. 따라서 우리나라에서 현재의 노숙자 재활사업들이 효과를 가져오기 어려운 것은 노숙자에 대한 사회복지 프로그램의 효과성 문제라기보다는 프로그램의 여건이 되는 응급적인 재활사업이라는 환경요소의 문제가 더 중요한 원인인 것이다.

서구 국가들의 경험이 그렇듯이 우리나라에서 노숙자 문제가 단시일 내에 해결되리라고 보기는 어려우며, 현재까지 임시적 방책으로만 운영되어 오던 많은 대책사업들을 이제는 제도적 근거를 가진 정규적인 사회복지사업으로 편성해야 할 시점이다. 본 연구의 결과와 같이 노숙자의 심리사회적 외상에 대한 개입실천이 노숙자들이 보호시설에서 퇴소하여 정상적인 사회생활로 복귀하는 데 핵심적인 관건이라고 할 때, 임시보호시설들을 정규화하고 재활을 위한 사회복지적 개입실천의 여건을 조성하는 것은 가장 필수적인 과제일 것이다.

참고 문헌

【국내 문헌】

강철희, 김교성, 김진욱(1999). 실업급여 수급권자의 실업기간과 재취업에 관한 실증연구; 모수적 생존모델을 이용한 분석. *한국사회복지학*. V.37, 1-31.

김경빈, 한광수, 이정국, 이민규, 김유광, 김철규(1991). 한국형 알콜중독 선별검사 제작을 위한 예비연구(III). *신경정신의학*. V.30, 569-581.

김광일, 김재환, 원호택(1989). *간이정신진단검사*. 중앙적성연구소

김미숙(1998). *도시노숙자 실태*. 한국보건사회연구원

김성이(1998). 실직 노숙자의 인권과 정책방향. *국회인권포럼 제2회 정책심포지움자료집*.

김수현(1998). IMF사태와 홈리스 대책. 한국도시연구소. *홈리스의 발생원인과 실태에 관한 연구*.

김수현, 전홍규, 홍선미(1998). *영국·일본·미국의 홈리스 실태와 대책*. 노숙자다시서기지원센터

김용석(1999). 국내의 알코올 사용장애 선별도구의 비교를 통한 한국 성인의 알코올 사용장애에 관한 역학 조사. *한국사회복지학*. V.37, 67-88.

김인숙(1994). 빈곤여성의 사회적 환경요인과 심리적 디스트레스와의 관계. 서울대학교 사회복지학과 박사학위논문

김지은(1998). 청소년의 재비행에 영향을 미치는 요인. 서울대학교 사회복지학과 석사학위논문.

김형태(1998). 무주거자의 생활실태 및 욕구에 관한 연구. 숭실대학교 석사학위논문.

김혜성(1999) 노숙자 쉼터 입소자의 거리숙박기간에 영향을 미치는 요인에 관한 연구, 연세대학교 석사학위논문

남기철(1998). 노숙자 문제의 현황과 시각. 한국사회과학연구소 편, *동향과 전망*, 가을호.

노숙자다시서기지원센타(1998). *실직노숙자 집중상담 1차분석결과.*

노숙자다시서기지원센타(1999). *99 연구조사백서.*

박지원(1985). 사회적 지지 척도 개발을 위한 일 연구. 연세대학교 박사학위논문.

백기청(1987). 스트레스 요인으로서의 생활사건과 통제소재 및 불안의 관계에 대한 연구. 서울대학교 의과대학 석사학위논문.

보건복지부(2000). 2000년 노숙자 지원사업. 전국실직노숙자대책종교시민단체협의회. *노숙자재활프로그램워크샵자료집*

사랑의전화 부설 실직노숙자문제연구소(1999). *실직노숙자보고서.*

서동우(1998). 경제위기와 알콜중독. 서울시 강남보건센터. *IMF시기의 알콜중독에 대한 정책 세미나 – IMF로 무너진 가정! 술로 또 무너질 것인가?」.*

서울시정개발연구원(1999). *노숙자 재활프로그램 개발연구.*

신영화(1999). 학대받는 아내의 능력고취를 위한 집단사회사업실천의 효과성. 서울대학교 사회복지학과 박사학위논문.

신원우(1999). 실직 건설일용노동자의 노숙결정요인. 서울대학교 사회복지학과 석사학위논문.

유채영(2000). 문제음주자의 변화동기에 관한 연구. 서울대학교 사회복지학과 박사학위논문

유채영, 신원우(1999). 노숙자의 음주문제에 관한 조사연구. 노숙자다시서기지원센터. *음주문제노숙자를 위한 재활 프로그램 및 조사연구.*

윤명숙(1998). 실직자의 알콜중독 치료를 위한 지역사회 재활모형. 서울시 강남보건센터. *IMF시기의 알콜중독에 대한 정책 세미나 – IMF로 무너진 가정! 술로 또 무너질 것인가?」.*

윤명숙, 노인숙, 박희영(1999). 음주문제 노숙자를 위한 단기 집단개입 프로그램. 노숙자다시서기지원센터. *음주문제노숙자를 위한 재활 프로그램 및 조사연구.*

윤일성(1999). 노숙자 연구; 부산시 노숙자 실태조사. 도시빈민사회복지선교회, *노숙자 문제 다시 생각한다.*

이원숙(1995). *사회적 망과 사회적 지지이론.* 홍익재.

이인재, 이선우, 류진석(1997). *사회복지 통계분석.* 나남.

인도주의실천의사협의회(1998). *노숙자 건강실태 조사보고서*

정원오(1998). *노숙자의 원인과 양상.* 노숙자다시서기지원센타.

조성희(1999). 실직자 가족의 해체가능성에 관한 연구. 서울대학교 사회복지학과 박사학위논문

주영수(1998). 노숙자 건강실태 조사보고. 인도주의실천의사협의회. *'98 학술대회-IMF 시대, 노숙자·실직자·요보호아동의 건강문제와 대책.*

최영희, 김인, 이병윤(1989). 한국형 알콜리즘 선별검사를 위한 예비연구(Ⅰ). *신경 정신의학.* V.28, 588-602.

최정훈, 이훈구, 한종철, 윤진, 정찬섭, 오경자(1995). *인간행동의 이해.* 법문사

한광수, 이정국, 김경빈(1990). 한국형 알콜리즘 선별검사를 위한 예비연구(Ⅱ). *신 경정신의학.* V.29, 168-177.

한국도시연구소(1998). *홈리스의 발생원인과 실태에 관한 연구.*

홍대식(1990). *사회심리학.* 박영사.

【국외 문헌】

Allison, P. D.(1984). *Event History Analysis.* California; SAGE Publications, Inc.

Applewhite, S. L.(1997). Homeless veterans: Perspectives on Social Service Use. *Social Work,* V.42(1).

Barrera, M.(1980). Social Support in the Adjustment of Pregnant Adolescents; Assessment Issues. In B. H. Gottlieb(Ed.), *Social Network and Social Support,* pp.69-96, California; SAGE Publications, Inc.

Bassuk, E. L. & Rosenberg, L.(1988). Why does familiy Homelessness occur? A Case Control Study. *American Journal of Public Health, V.78,* 1097-1101.

Bauman, D. & Grigsby, C.(1988). *Understanding the Homeless; From Research to Action.* Austin, TX; Hoggfoundation for Mental Health.

Belcher, J. R., Schiller-Jaquish, A. & Drummond, M.(1991). Three Stages of Homelessness; A Conceptual Model for Social Workers in Health Care. *Health and Social Work,* V.16(2). 87-93.

Bhugra, D.(1996). *Homelessness and Mental Health,* Cambridge University Press.

Blossfeld, H. P., Hamerle, A., & Mayer, K. U.(1989). Event History Analysis. New Jersey; Lawrence Erlbaum Associates Inc.

Breakey, W. R., Fischer, P. J.(1990). Homelessness: The Extent of the Problem. *Journal of Social Issues*, V.46(4), 31-48.

Breakey, W. R., Fischer, P. J., Kramer, M., Nestadt, G. N., Romanosky, A. J. & Stine, O. C.(1989) Health and Mental Health Problems of Homeless Men and Women in Baltimore. *Journal of American Medical Association*, V.262, 1352-1357.

Calsyn, R. J. & Morse G. A.(1991). Predicting Chronic Homelessness. *Urban Affairs Quartery*, V.27(1), 155-164.

Calsyn, R. J. & Morse G. A.(1992). Predicting Psychiatric Symptoms among Homeless People. *Community Mental Health Journal*, V.28(5), 385-395.

Cohen, M. B.(1989). Social Work Practice with Homeless Mentally Ill People; Engaging the Client. *Social Work*, V.34(6), 505-509.

Cohen, M. B.(1994). Overcoming Obstacles to Forming Empowerment Groups: A Consumer Advisory Board for Homeless Clients. *Social Work*, V.39(6), 742-749.

Cohen, S., & McKay, G.(1984). Social support, stress, and buffering hypothesis: A theoretical analysis. In A. Baum, J. E. Singer, E. & S. E. Taylor(Ed.), *Handbook of psychology and health* Vol. 4, pp. 253-267. Hillsdale, NJ: Erlbaum.

Dail, P. W.(1988). Unemployment and Family Stress, *Public Welfare*, winter.

Danseco, E. R. & Holden, E. W.(1998). Are There Different Types of Homeless Families? A Typology of Homeless Families Based on Cluster Analysis. *Family Relations*, V.47(2), 159-165.

Devine, J. A., Brody, C. J. & Wright, J. D.(1997). Evaluating an Alcohol and Drug Treatment Program for the Homeless; An Econometric Approach. *Evaluation and Program Planning*, V.20(2), 205-215.

Downing-Orr, K.(1996). *Alienation and Social Support*. Aldershot; Avebury.

Drake, R. E., Osher, F. C. & Wallach, M. A.(1991). Homelessness and Dual Diagnosis. *American Psychologist*, V.46(11), 1149-1157.

Elliot, M., & Krivo, L. J.(1991). Structural Determinants of Homelessness in the United States. *Social Problems*, V.38(1), 113-131.

First, R. J., Rife, J. C., & Toomey B. G.(1994). Homelessness in Rural Areas; Causes, Patterns, and Trends. *Social Work*, V.39(1), 97-108.

First, R. J., Rife, J. C., & Toomey B. G.(1995). Homeless Families, In National Association of Social Workers(Ed.), *Encyclopedia of Social Work*, 19th eds. Silver Spring.

First, R. J., Roth, D. & Arewa, B. D.(1988). Homelessness; Understanding the Dimension of the Problem for Minorities. *Social Work*, V.33(2), 120-124.

Fischer, J. & Corcoran, K.(1994). *Measures for Clinical Practice: A Sourcebook*. NY; Free Press.

Fischer, P. J. & Breakey, W. R.(1991). The Epidemiology of Alcohol, Drug, and Mental Disorders among Homeless Persons. *American Psychologist*, V.46(11), 1115-1128.

Flannery, R.(1987). From Victim to Survivor; A Stress Management Approach in the Treatment of Learned Helplessness. In B. A. Van der Kolk(Ed.), *Psychological Trauma* pp, 217-233. Washington D. C.; American Psychiatric Press.

Garber, D. S. & Seligman, M. E. P.(1980). *Human Helplessness*. New York; Academic Press.

Goetz, K. W. & Schmiege, C. J.(1996). From Marginalized To Mainstreamed; The Heart Project Empowers The Homeless. *Family Relations*, V.45(October), 375-379.

Goodman, L., Saxe, L. & Harvey, M.(1991). Homelessness as Psychological Trauma, *American Psychologist*, V.46(11), 1219-1225.

Gory, M. L., Ritchey F. J., & Mullis, J.(1990). Depression among the Homeless. *Journal of Health and Social Behaviour*, V.31(March), 87-101.

Grigsby, C., Baumann, D., Gregorich, S. E. & Roberts-Gray, C.(1990). Disaffiliation to Entrenchment; A Model for Understanding Homelessness. *Journal of Social Issues*, V.46(4), 141-156.

Harris, S. N., Mowbray, C. T. & Solarz, A.(1994). Physical Health, Mental Health, and Substance Abuse Problems of Shelter Users. *Health and Social Work*, V.19(1), 37-45.

Hertzberg, E. L.(1992). The Homeless in the United States: Condition, Typology and Intervention. *International Social Work*, V.35, 149-161.

Hoch, C. & Slayton, R. A.(1989). *New Homeless and Old*. Philadelphia; Temple University Press.

Hong, Seonmee(1997). Case Management of Homeless Mentally Ill Women in New York City; A Study of Service Use and Dropout. Doctoral Dissertation, Columbia University.

Horowitz, H. J.(1993). Stress-Response Syndromes. *International Handbook of Traumatic Stress Syndrome*, Plenum press., 49-60.

Jackson, K. K.(1998). An Examination of the Relative Importance of Factors Predicting the Duration of Homelessness and Housing Stability Following Homeless Exit for Families with Children. Doctoral Dissertation, The Fielding Institute.

Jackson-Wilson, A. G. & Borgers, S. B.(1993). Disaffiliation Revisited: A Comparison of Homeless and Nonhomeless Women's Perceptions of Family of Origin and Social Supports. *Sex Roles*, V.28.

James, F. J.(1992). New Methods for Measuring Homelessness and the Population at Risks. *Social Work and Research Abstracts*, V.28(2), 9-14.

Jencks, C.(1994). *The Homeless*, Harvard University Press.

Johnson, A. K.(1995). Homelessness. In National Association of Social

Workers(Ed.), *Encyclopedia of Social Work* 19th eds. Silver Spring.

Kelly, E., Mitchell, C. & Smith S. J.(1990). Factor in the Length of Stay of Homeless Families in Temporary Accommodation. *Housing Studies*, V.5. 619-633.

Koroloff, N. M. & Anderson, S. C.(1989). Alcohol-Free Living Centers; Hope for Homeless Alcoholics. *Social Work*, V.38(6), 497-504.

Kozol, J.(1988). *Rachel and Her Children; Homeless Families in America*. NY; Ballantine Books.

Kozol, J.(1990). Mental Illness Does Not Cause Homelessness. In D. L. Bender & B. Leone(Ed.), *The Homeless*. CA; Greenhaven.

Kutza, E. A. & Keigher, S. M.(1991). The Elderly "New Homeless"; An Emerging Population at Risk. *Social Work*, V.36(4), 288-293.

Kurtz, P. D., Jarvis, S. V. & Kurtz, G. L.(1991). Problems of Homeless Youth; Empirical Findings and Human Services Issues. *Social Work* V.36(4), 309-314

Kwok J. & Chan, R.(1996). Street Sleeping in Hong Kong. *International Social Work*, V.41(4), 471-483.

Lamb, H. R. & Talbott, J. A.(1990). Mental Illness Causes Homelessness. In D. L. Bender & B. Leone(Ed.), *The Homeless*. CA; Greenhaven.

Leach, J.(1979). Providing for the Destitute, In J. K. Wing & R. Olsen(Ed.), *Community Care of the Mentally Disabled*, pp.90-105. Oxford University Press.

Letiecq, B. L., Anderson, E. A. & Koblinsky, S. A.(1996). Social Support and Permanently Housed Low-Income Mothers with Young Children. Family Relations, V.45(July), 265-272.

Liebow, E.(1993). *Tell Them Who I Am: The Lives of Homeless Women*. NY; The Free Press.

Marshall, E. J. & Bhugra, D.(1996). Services for the Mentally Ill Homeless. In D. Bhugra(Ed.), *Homelessness and Mental Health*.

Cambridge University Press.

McCarty, D., Argeriou, M., Huebner, R. B., & Lubran, B.(1991). Alcoholism, Drug Abuse, and the Homeless. *American Psychologist*, V.46(11), 1139-1148.

McChesney, K. Y.(1990) Family Homelessness: A Systemic Problem. *Journal of Social Issues*, V.46(4), 191-205.

McChesney K. Y.(1995). A Review of the Empirical Literature on Contemporary Urban Homeless Families. *Social Service Review*, V.69(September), 429-460

McNaught, A. & Bhugra, D.(1996). Models of homelessness. In D. Bhugra(Ed.), *Homelessness and Mental Health*. Cambridge University Press.

Milburn, N. & D'Ercole, A.(1991). Homeless Women: Moving Toward a Comprehensive Model. *American Psychologist*, V.46(11), 1161-1169.

Molnar, J. M., Rath, W. R. & Klein, T. P.(1990). Constantly Compromised: The Impact of Homelessness on Children. *Journal of Social Issues*, V.46(4), 109-124.

Morris, J. M.(1998). Affiliation, Gender, and Parental Status among Homeless Persons. *Journal of Social Psychology*, V.138(2), 241-250.

Mowbray, C. T., Thrasher, S. P., Cohen, E. & Bybee, D.(1996). Improving Social Work Practice with Persons Who are Homeless and Mentally Ill. *Journal of Sociology and Social Welfare*, V.23(4), 3-24.

Mowbray, C. T. & Bybee, D.(1998). The Importance of Context in Understanding Homelessness and Mental Illness. *Research on Social Work Practice*, V.8(2), 172-199.

Neale, J.(1997). Homelessness and Theory Reconsidered. *Housing Studies*, V.12(1).

Piliavin, I., Sosin, M., Westerfelt, A. H., & Matsueda, R. L.(1993). The Duration of Homeless Careers: An Exploratory Study. *Social Service Review*, V.67(4), 576-598.

Piliavin, I., Wright, B. R. E., Mare, R. D. & Westerfelt, A. H.(1996).

Exits From and Returns to Homeless. *Social Service Review*, V.70(March), 33-57.

Proch, K. & Taber, M. A.(1987). Helping the Homeless. *Public Welfare*, Spring.

Rafferty, Y. & Shinn, M.(1991). The Impact of Homelessness on Children. *American Psychologist*, V.46(11), 1170-1179.

Ritter, B. C.(1989). Abuse of the adolescent: New York state. *Journal of Medicine*, V.89, 156-158.

Rook, K. S.(1984). Promoting social bonding: Strategies for helping the lonely and socially isolated. *American Psychologist*, V.39, 1389-1407.

Rook, K., Dooley, D., & Catalano, R.(1991). Stress transmission: The effects of husbands' job stressors on the emotional health of their wives. *Journal of Marriage and the Family*, V.53, 165-177.

Rosenfield S., & Wenzel, S.(1997). Social Networks and Chronic Mental Illness: A Test of Four Perspectives, *Social Problems*. V.44(2), 113-131.

Rossi, P. H., Wright, J. D., Fisher, G. A., & Willis G.(1987). The Urban Homeless: Estimating Composition and Size. *Science*, V.235.

Savarese, M. & Weber, C. M.(1993). Case Management for Persons Who Are Homeless. *Journal of Case Management*, V.2(Spring), 3-8.

Schnabel, P.(1992). Down and Out: Social Marginality and Homelessness. *The International Journal of Social Psychiatry*, V.38(1), 59-67.

Schutt, R. K., Goldfinger, S. M. & Penk, W. E.(1997). Satisfaction with Residence and with Life: When Homeless Mentally Ill Persons are Housed. *Evaluation and Program Planning*, V.20(2), 185-194.

Schutt, R. K., Meschede, T. & Rierdan, J.(1994). Distress, Suicidal Thought, and Social Support Among Homeless Adults. *Journal of Health and Social Behaviour*, V.35(June), 134-142.

Seligman, M. E. P.(1975). *Helplessness; On Depression, Development and Death*. San Francisco; Freeman.

Shinn, M. & Weitzman, B. C.(1990). Research on Homelessness. *Journal of Social Issues*, V.46(4), 1-12.

Shinn, M., Knickman, J. R., & Weitzman, B. C.(1991). Social Relationships and Vulnerability to Becoming Homeless Among Poor Families. *American Psychologist*, V.46(11), 1180-1187.

Snow. D. a. & Anderson, L.(1987). Identity Work among the Homeless; the Verbal Constructionand Avowal of Personal Identities. *American Journal of Sociology*, V.92(6), 1336-1371.

Sosin, M. & Piliavin, I. & Westerfelt, H.(1990). Toward a Longitudinal Analysis of Homelessness. *Journal of Social Issues*, V.46(4), 157-174.

Taylor, S. E., Peplau, L. A. & Sears, D. O.(1997). *Social Psychology*, NY; Prentice Hall.

Timms, P.(1993). Mental Health and Homelessness. In K. Fisher & J. Collins(Ed), *Health Care and Welfare Provision*. NY; Routledge.

Toro, P. A., Trickett, E. J., Wall, D. D. & Salem, D. A.(1991). Homelessness in the United States. *American Psychologist*, V.46(11), 1208-1218.

Unite States General Acconting Office(1999). *Homelessness; Coordination and Evaluation of Programs Are Essential*. Report to Congressional Committes.

Weisaeth L., & Eitimgr, L.(1993). Posttraumatic Stress Phenomena, *International Handbook of Traumatic Stress Syndromes*. Plenum press., 69-77

Weitzman, B. C., Knickman, J. R. & Shinn, M.(1990). Pathways to Homelessness Among New York City Families. *Journal of Social Issues*, V.46(4), 125-140.

White, M. C., Tulsky, J. P., Dawson, C., Zolopa, A. R. & Moss, A. R.(1997). Association between Time Homeless and Perceived Health Status among the Homeless in San Francisco. *Journal of Community Health*, V.22(4), 271-282.

Wilson, J. P., Smith, W. K. & Johnson, S. K.(1985). A Comparative Analysis of PTSD among Various Survivor Groups. In C. R. Figley(Ed.), *Trauma and Its Wake*, pp.153-172, NY; Brunner-Mazel.

Wong, Y. I., Culhane, D. P. & Kuhn, R.(1997). Predictors of Exit and Reentry among Family Shelter Users in New York City. *Social Service Review, V.71(3)*, 441-462.

Wong, Y. I. & Piliavin, I.(1997). A dynamic analysis of homeless-domicile transitions. *Social Problems*, 44(3), 408-424.

Wood, D., Valdez, R. B., Hayashi, T. & Shen, A.(1990). Homeless and Housed Families in Los Angeles: A Study Comparing Demographic, Economic, and Family Function Characteristics. *American Journal of Public Health, 80*(9), 1049-1052.

Wood, P. A., Hurlburt, S. M., Hough, R. L. & Hofstetter, C. R.(1997). Health Status and Functioning among Homeless Mentally Ill. *Evaluation and Program Planning*, V.20(2), 151-161.

Wright, J. D.(1990). Poor People, Poor Health: The Health Status of Homeless. *Journal of Social Issues*, V.46(4), 49-64

Wright, J. D., Rubin, B. A. & Devine, J. A.(1998). *Beside the Golden Door*. NY; Walter de Gruyter, Inc.

【인터넷 자료】

Kroloff, C. A.(1998). 54 Ways You Can Help The Homeless In
    http://www.earthsystems. org/ways

National Coalition for the Homeless(1998). NCH Fact Sheet. In
    http://nch.ari.net.

Home of The Sparrow In
    http://user.mc.net/~sparrow

부 록 1

<table>
<tr><td>B</td><td>—</td><td></td><td></td><td></td><td></td></tr>
</table>

노숙자의 심리사회적 외상과 노숙이탈 요인

안녕하십니까?

 본 설문지는 『노숙자다시서기지원센타』에서 노숙생활로부터 벗어나 자활하는데 영향을 미치는 요인을 알아보기 위한 것입니다. 귀하의 응답은 많은 실직노숙자들에게 구체적인 사회복지실천의 도움을 드리는 대책과 서비스를 개발하는데 큰 보탬이 될 것입니다.

 옳고 그른 답이 있는 것이 아니오니 각 문항에 대하여 귀하께서 생각하고 있는 대로 솔직하게 응답해 주시기 바랍니다.

 귀하께서 응답해 주신 모든 내용은 통계법 제13조(비밀의 보호 등)에 의하여 엄격히 법의 보호를 받고 비밀이 보장되며, 본 연구 이외의 다른 목적으로는 일체 사용되지 않을 것입니다.

 질문내용에 대해 의문이 생기시거나 기타 문의사항이 있으시면, 조사원에게 물어보시거나 혹은 아래의 주소와 전화로 연락해 주시면 성심껏 답해드리겠습니다.

 감사합니다.

서울대학교 사회복지연구소

노숙자 다시서기 지원센터

연구원 남기철

(☎ 777-5217, HP 017-220-8751)

I-1. 다음은 귀하의 생각이나 태도에 관한 질문입니다. 각 질문에 대해 여러
     분의 생각과 비슷하다고 생각되는 곳에 V표시 해주십시오.

문 항	매우 그렇다	대체로 그렇다	보통 이다	별로 그렇지 않다	전혀 그렇지 않다
계획을 세울 때, 잘 할 수 있다고 확신한다					
해야 할 일을 시작하지 못하는 것이 나의 문제다					
나는 처음에 일이 잘 안되더라도 끝까지 노력한다					
새로 친구를 사귀는 것이 어렵다					
나는 목표를 정해도 달성하지 못한다					
나는 일을 끝내기 전에 포기하는 편이다					
만나고 싶은 사람이 있으면 기다리지 않고 찾아간다					
나는 어려운 일이 있으면 피한다.					
복잡한 일은 굳이 하려고 들지 않는다.					
성격이 까다로운 사람은 호감이 가더라도 사귀기가 귀찮다					
즐겁지 않은 일이어도 나는 끝까지 매달린다					
나는 일단 하기로 결정하면 곧장 시작하는 편이다					
새로운 것을 배울 때, 처음에 잘 안되면 그만둔다					
첫인상이 별로인 사람도 사귀기로 작정하면 쉽게 포기하지 않는다					
예상치 않았던 일이 발생하면 어떻게 해야 할지 모르겠다					
어려워 보이는 일은 새로 배우려고 하지 않는다					
실패는 나를 더 강하게 만들어 준다.					

문 항	매우 그렇다	대체로 그렇다	보통 이다	별로 그렇지 않다	전혀 그렇지 않다
사람들이 모이는 곳에서는 어떻게 해야 할지 잘 모르겠다					
나는 내 자신의 일하는 능력을 믿지 못한다					
나는 자립심이 있는 사람이다					
나는 친구를 잘 사귀는 것은 내 자신의 개인적 능력이다					
나는 쉽게 포기한다.					
나는 내 인생의 문세를 해결힐 능력이 없는 것 같다					
원하는 걸 얻으려면 중요한 사람을 잘 알아야 한다					
나는 주위사람들의 요구에 따라 행동한다					
내 인생에서 능력보다는 운이 중요하다					
내가 성공하느냐는 운수에 달려있다					
나보다 다른 사람이 내 인생을 지배하고 있다.					
내 운명을 바꾸기 위해 내가 할 수 있는 것이 별로 없다					
나는 내 운명의 주인이 아닌 것 같다					
내 생활에서 일어나는 대부분의 일들은 내가 어쩔 수 없는 것들이다					
다른 사람들이 내 인생에서 내가 능력을 발휘하는 것을 방해한다					
내게 일어나는 일은 좋건 나쁘건 팔자소관이다					
내가 실패한 것은 재수가 없어서이다					
나는 내가 어쩔 수 없는 주위환경 때문에 희생되었다					
내 인생에서 나에게 일어나는 일은 운명에 의해 결정된다					
나는 사회환경의 희생자이다					
내 인생의 결과는 정말 내가 어쩔 수 없는 것이다					

II. 다음은 귀하의 느낌이나 상태에 관한 질문입니다. 각 문항에 대해 여러분이 얼마나 자주 이러한 현상을 느끼는지 해당하는 곳에 V표시 해주십시오.

문 항	항상 느낀다	가끔 느낀다	보통 이다	별로 느끼지 않는다	전혀 느끼지 않는다
기분이 울적하다					
기운이 없고 침체된 느낌이다					
죽고 싶은 생각이 든다					
울기를 잘한다					
함정에 빠져 헤어날 수 없는 기분이 든다					
자책을 잘 한다					
허무한 느낌이 든다					
장래가 희망이 없게 느껴진다					
매사가 힘들다					
외롭다					
매사에 걱정이 많다					
매사에 관심과 흥미가 없다					

III. 다음은 귀하의 건강 및 음주와 관련된 사항입니다.

III-1. 귀하는 1주일에 1회 이상 음주를 합니까?
    □ ① 예   □ ② 아니오

III-2. 귀하는 술과 담배 이외에 마약이나 환각제 같은 약물을 복용해 본 적이 있습니까?
    □ ① 예   □ ② 아니오

III-3. 귀하는 건강한 편입니까?
    □ ① 매우 건강하다   □ ② 건강한 편이다
    □ ③ 보통이다   □ ④ 건강하지 않은 편이다
    □ ⑤ 전혀 건강하지 않다

Ⅲ-4. 다음 문항에 대해 해당하는 곳에 V표시를 해주시기 바랍니다.

문 항	예	아니오
1 슬프거나 우울한 경우가 자주 있고, 이럴 때는 좋지 않은 기분을 술로 해결하려고 한다		
2 혼자 술 마시는 것을 좋아한다		
3 술 마신 다음날 해장술을 마신다		
4 일단 술 한 잔을 마시면 계속 마시고 싶다		
5 술이 생각나면 거의 참을 수 없다		
6 최근 6개월간 2회 이상 술 마실 때 일어났던 일을 기억하지 못한 적이 있다		
7 술 때문에 대인관계나 사회생활에서 지장이 있었다고 느낀다		
8 술로 인해 일하는 데 어려움이 많다		
9 술로 인해 가족이 떠났거나 떠나겠다고 위협한다		
10 술이 깨면 진땀, 손 떨림, 불안을 느끼거나 잠을 못 잔다		
11 술이 깨면서 공포나 몸떨림을 경험하고 헛것이 보이거나 헛소리가 들린 적이 있다		
12 술로 인해 생긴 문제로 치료받은 적이 있다		

Ⅳ. 다음은 귀하의 노숙생활에 관한 질문입니다.

Ⅳ-1. 귀하가 노숙을 하기 시작한 것은 언제부터입니까?

（＿＿＿＿＿＿＿ 년 ＿＿＿＿＿ 월부터）

Ⅳ-2. 귀하가 노숙자 숙소를 사용하지 않고 길거리나 그 외의 장소(역, 지하도, 공원 등)에서 노숙을 한 기간은 얼마동안 입니까?

（＿＿＿＿＿＿＿ 일간）

Ⅳ-3. 귀하가 이 노숙자 숙소(희망의 집)에 들어온 것은 언제입니까?

(__________ 년 _______ 월 ____ 일)

Ⅳ-4. 귀하가 이 노숙자 숙소 이외에 다른 노숙자 숙소에서 머무른 기간은 얼마나 됩니까?

(__________일간)

Ⅳ-5. 다음은 귀하가 노숙생활에 대해 느끼는 점입니다. 해당하는 곳에 V표시해 주십시오.

문 항	매우 그렇다	대체로 그렇다	보통 이다	별로 그렇지 않다	전혀 그렇지 않다
1 나는 길에서 노숙할 때, 언제 어디에서 무료로 식사를 제공하는지 잘 알고 있다					
2 집이 아닌 곳에서 잠을 자는 것이 많이 힘들지 않다					
3 길거리에 있을 때, 주변 사람들의 시선이 매우 신경 쓰인다					
4 노숙을 할 때, 어떤 곳이 잠자기에 좋은지 잘 알고 있어 그곳에서 잤다					
5 이런 노숙 생활이 오래갈 것 같다					

V-1. 다음 문항을 잘 읽고 해당하는 사람의 수를 오른쪽에 각각 적어주십시오.

1. 귀하가 개인적인 일을 마음 놓고 이야기할 수 있는 사람 중 얼굴과 이름이 기억나는 사람의 수를 적어주십시오	(　 명)
위에서 적은 사람 중에서 노숙을 하고 있는 사람의 수를 적어주십시오	(　 명)
2. 귀하가 필요할 때 돈이나 물품을 제공해 줄 수 있는 사람 중 얼굴과 이름이 기억나는 사람의 수를 적어주십시오	(　 명)
위에서 적은 사람 중에서 노숙을 하고 있는 사람의 수를 적어주십시오	(　 명)
3. 귀하가 어려운 일이 있을 때, 의논하고 조언을 해줄 수 있는 사람 중 얼굴과 이름이 기억나는 사람의 수를 적어주십시오	(　 명)
위에서 적은 사람 중에서 노숙을 하고 있는 사람의 수를 적어주십시오	(　 명)
4. 귀하가 어려운 일이 있을 때, 이를 해결하기 위해 함께 노력해줄 수 있는 사람 중 얼굴과 이름이 기억나는 사람의 수를 적어주십시오	(　 명)
위에서 적은 사람 중에서 노숙을 하고 있는 사람의 수를 적어주십시오	(　 명)
5. 귀하가 함께 있으면 즐겁고 위안이 되는 사람 중 얼굴과 이름이 기억나는 사람의 수를 적어주십시오	(　 명)
위에서 적은 사람 중에서 노숙을 하고 있는 사람의 수를 적어주십시오	(　 명)
6. 귀하가 함께 있으면 불쾌하고 화를 내게 되어 싸우는 사람, 귀하가 싫어하는 사람 중 얼굴과 이름이 기억나는 사람의 수를 적어주십시오.	(　 명)
위에서 적은 사람 중에서 노숙을 하고 있는 사람의 수를 적어주십시오	(　 명)

V-2. 다음은 귀하가 '**가족과 친척**'에 대해 느끼는 것과 관련된 사항입니다. 각 문항에 대해 해당하는 곳에 V표시 해주십시오.

문 항	매우 그렇다	약간 그렇다	보통 이다	별로 그렇지 않다	전혀 그렇지 않다
1 내가 사랑받고 있다고 느끼게 해준다					
2 내가 필요로 하면 돈을 마련해 준다					
3 함께 있으면 친밀감이 느껴진다					
4 배울 점이 많은 존경할만한 사람이다					
5 자신이 직접 도움을 줄 수 없을 때는 다른 사람을 보내서라도 나를 돕는다					
6 내가 마음 놓고 의지할 수 있는 사람들이다					
7 내가 잘 했을 때는 칭찬을 아끼지 않는다					
8 무슨 일이건 대가를 바라지 않고 최선을 다해 나를 돕는다					
9 어려울 때, 현명하게 문제를 해결할 방법을 가르쳐준다					
10 항상 내일에 관심을 갖고 걱정해준다					
11 내가 망설이고 결단을 못 내릴 때 용기를 준다					
12 내가 사회생활에 적응할 수 있게 충고해 준다					
13 내 문제의 원인을 찾도록 정보를 준다					
14 내가 아플 때 일을 대신해 준다					
15 내가 합리적인 결정을 하도록 조언해준다					
16 내가 기분이 안 좋을 때는 나를 이해하고 기분을 좋게 해주려고 애쓴다					

V-3. 다음은 귀하가 '<u>주변 친구나 동료들 중에서 노숙을 하지 않는 사람</u>' 에 대해 느끼는 것과 관련된 사항입니다. 각 문항에 대해 해당하는 곳에 V 표시 해주십시오.

문 항	매우 그렇다	약간 그렇다	보통 이다	별로 그렇지 않다	전혀 그렇지 않다
1 내가 사랑받고 있다고 느끼게 해준다					
2 내가 필요로 하면 돈을 마련해 준다					
3 함께 있으면 친밀감이 느껴진다					
4 배울 점이 많은 존경할만한 사람이다					
5 자신이 직접 도움을 줄 수 없을 때는 다른 사람을 보내서라도 나를 돕는다					
6 내가 마음 놓고 의지할 수 있는 사람들이다					
7 내가 잘 했을 때는 칭찬을 아끼지 않는다					
8 무슨 일이건 대가를 바라지 않고 최선을 다해 나를 돕는다					
9 어려울 때, 현명하게 문제를 해결할 방법을 가르쳐준다					
10 항상 내일에 관심을 갖고 걱정해준다					
11 내가 망설이고 결단을 못 내릴 때 용기를 준다					
12 내가 사회생활에 적응할 수 있게 충고해준다					
13 내 문제의 원인을 찾도록 정보를 준다					
14 내가 아플 때 일을 대신해 준다					
15 내가 합리적인 결정을 하도록 조언해준다					
16 내가 기분이 안 좋을 때는 나를 이해하고 기분을 좋게 해주려고 애쓴다					

V-4. 다음은 귀하가 '<u>노숙을 하고 있는 동료나 친구</u>' 에 대해 느끼는 것과 관련된 사항입니다. 각 문항에 대해 해당하는 곳에 V표시 해주십시오.

문 항	매우 그렇다	약간 그렇다	보통 이다	별로 그렇지 않다	전혀 그렇지 않다
1 내가 사랑받고 있다고 느끼게 해준다					
2 내가 필요로 하면 돈을 마련해 준다					
3 함께 있으면 친밀감이 느껴진다					
4 배울 점이 많은 존경할만한 사람이다					
5 자신이 직접 도움을 줄 수 없을 때는 다른 사람을 보내서라도 나를 돕는다					
6 내가 마음 놓고 의지할 수 있는 사람들이다					
7 내가 잘 했을 때는 칭찬을 아끼지 않는다					
8 무슨 일이건 대가를 바라지 않고 최선을 다해 나를 돕는다					
9 어려울 때, 현명하게 문제를 해결할 방법을 가르쳐준다					
10 항상 내일에 관심을 갖고 걱정해준다					
11 내가 망설이고 결단을 못 내릴 때 용기를 준다					
12 내가 사회생활에 적응할 수 있게 충고해준다					
13 내 문제의 원인을 찾도록 정보를 준다					
14 내가 아플 때 일을 대신해 준다					
15 내가 합리적인 결정을 하도록 조언해준다					
16 내가 기분이 안 좋을 때는 나를 이해하고 기분을 좋게 해주려고 애쓴다					

VI. 마지막으로 귀하의 개인적 사항에 관한 질문입니다.

VI-1. 귀하는 결혼관계가 다음 중 어디에 해당합니까?
    □ ① 결혼한 상태　　　□ ② 결혼했지만 오래전부터 별거
    □ ③ 결혼했었지만 이혼　□ ④ 사별
    □ ⑤ 결혼한 적이 없다　□ ⑥ 기타
                   (________________________)

VI-2. 귀하는 자녀가 몇 명이나 있습니까?
    □ ① 1명　　　　　□ ② 2명
    □ ③ 3명 이상　　□ ④ 없다

VI-3. 귀하는 연락이 닿는 가족이 있습니까? 해당하는 곳에 <u>모두 V표시</u>해 주십시오.
    □ ① 부모님　　　□ ② 형제
    □ ③ 배우자　　　□ ④ 자녀
    □ ⑤ 기타
                   (________________________)

VI-4. 귀하가 18세가 되기 전까지 가족들과 함께 생활했습니까?
    □ ① 예　　　　　　□ ② 아니오

VI-5. 귀하가 노숙을 하기 직전에 함께 생활하던 사람은 누구였습니까? 해당하는 곳에 <u>모두 V표시</u>해 주십시오.
    □ ① 원가족(부모님)　　□ ② 결혼한 가족(배우자 / 자녀)
    □ ③ 형제　　　　　　　□ ④ 가까운 친척
    □ ⑤ 친구나 동료　　　　□ ⑥ 혼자 지냈다
    □ ⑦ 기타　　(________________________)

VI-6. 귀하의 최종학력은 다음 중 어디에 해당합니까?

□ ① 무학 □ ② 초등학교 중퇴

□ ③ 초등학교 졸업 □ ④ 중학교 중퇴

□ ⑤ 중학교 졸업 □ ⑥ 고등학교 중퇴

□ ⑦ 고등학교 졸업 □ ⑧ 전문대 및 대학교 중퇴

□ ⑨ 대학졸업 이상 □ ⑩ 기타

(______________________________)

VI-7. 귀하는 최근 3개월간 일주일에 1일 이상씩 일을 하고 있습니까?

□ ① 예 □ ② 아니오

VI-8. (일을 하고 있다면) 귀하가 하고 있는 일은 다음 중 어디에 해당합니까?

□ ① 주로 공공근로에 참여

□ ② 공공근로 외에 취업하여 일함

□ ③ 취업은 아니지만 아는 사람의 일을 돕고 있음

□ ④ 기타 (______________________)

VI-9. 귀하는 일과 관련된 기술이나 자격증을 가지고 있습니까?

□ ① 예(어떤 것인지 적어주십시오: ________________)

□ ② 아니오

지금까지 응답해주셔서 대단히 감사합니다.
마지막으로 빠진 문항이 없는지 다시 한번 확인해 주십시오.

· **저자약력** ·

남기철 (南基澈)

학력
  1991. 서울대학교 사회복지학과 졸업(문학사)
  2000. 서울대학교 대학원 사회복지학과 졸업(문학박사 및 문학석사)

경력
  1999.-2002. 서울대학교 사회복지연구소 상근연구원
  2002.-현재. 동덕여자대학교 사회복지학전공 교수
  2002.-2004. 보건복지부 노숙자대책 민관협의회 위원
  2002.-현재. 참여연대 사회복지위원회 위원

노숙인의 심리사회적 외상과 보호시설

- 초판 인쇄 │ 2006년 10월 30일
- 초판 발행 │ 2006년 10월 30일

- 지 은 이 │ 남기철
- 펴 낸 이 │ 채종준
- 펴 낸 곳 │ 한국학술정보㈜
         경기도 파주시 교하읍 문발리 526-2
         파주출판문화정보산업단지
         전화 031)908-3181(대표)·팩스 031)908-3189
         홈페이지 http://www.kstudy.com
         e-mail(e-Book사업부) ebook@kstudy.com
- 등   록 │ 제일산-115호(2000. 6. 19)
- 가   격 │ 13,000원

ISBN   89-534-5846-3 93330 (Paper Book)
          89-534-5847-1 98330 (e-Book)